LE MOINE
MARCHAND
G. Quireau. j. f.

LE MOINE MARCHAND

Ou Traité contre le Commerce

DES RELIGIEUX.

Composé en Latin par THEOPHILE REINAUD Jesuite, sous le nom de *Renatus à Valle*, & nouvellement traduit en François.

A AMSTERDAM,

Chez PIERRE BRUNEL, sur le Dam.

M. DCC. XIV.

AVERTISSEMENT.

AU

LECTEUR.

„IL n'y a point d'Auteur qui ait
„ tant écrit que le Pere Theophi-
„ le Reinaud , dit le Journal des
„ Savans de Paris de l'an 1667. dix
„ neuf Volumes in Folio, compo-
„ fent le recueil de fes ouvrages.
„ Les matiéres qu'il traite ont été
„ la plus part épuifées , mais il les
„ traite d'une maniére très fuccincte,
„ par exemple il a fait un traité du
„ Scapulaire où il montre cette pro-
„ fonde erudition. Il a fait encore
„ un effais de Sermons fur les fept
„ Antiennes qui fe chantent avant
„ Noël qui commencent par O. &
„ dans la fterilité du fujet il trou-
„ ve

„ ve une infinité de belles cho-
„ ses.

Le Journaliste fait ensuite le por-
trait de son Auteur, il dit qu'il est
d'un esprit hardi & decisif, d'une i-
magination vive & d'une memoire
prodigieuse, qu'il a vécu jusques à
quatre vingt dix sept ans & il conclut qu'il étoit un des plus habiles
hommes de son siécle, mais ajoûte
t'il, il étoit trop Satirique & trop
piquant. Il y a de l'aparence que
plusieurs Traités qui ont été rejettés
du recueil de ses ouvrages se ressen-
toient de ce défaut. Il seroit dommage que celui que nous donnons
au public se perdît & qu'il demeurât
enseveli dans l'oubli. Il est digne
de son Auteur, qui y fait paroître
un désinteressement, & une liberté
toute particuliere. Il a caché son
nom pour éviter les Censures de la
Cour de Rome, qui en avoit fait
plusieurs contre lui en d'autres occasions, & pour ne point soufrir le
re-

refus de l'approbation, qu'on lui a-
voit déja refusée pour le Traité où il
fait voir que ceux qui meurent en
secourant les pestiferés sont de véritables Martirs.

Ce Traité est intitulé Hipparchus
à l'imitation de Platon. Il examine
la question, s'il est permis aux Religieux de se mêler de Commerce,
il le dedie au Pape Urbain VIII.
Mais il le produit sous le nom emprunté de *Renatus à Valle* imprimé à
Francopolis. Son stile, comme
remarque l'Auteur du Journal, paroît obscur parce qu'il se sert de termes qui ne sont gueres en usage. Ses
pensées sont tout à fait extraordinaires, voulant, par exemple, traiter de
la bonté de Nôtre Seigneur, il inti-
tule le Chapître *Christus bonus, bo-
na, bonum.* Le 15 Volume est intitulé *Heteroclita Spiritualia*, il y traite des matiéres communes & particulieres, il en censure les unes & a-
prouve les autres avec beaucoup de
liberté.   On

AVERTISSEMENT

On ne s'eft pas cru obligé de fuivre l'Auteur trop fcrupuleufement dans la verfion des termes, dont il fe fert & on s'eft plus attaché à fes penfées qu'à fes paroles, rendant le fens du Texte avec le plus de fidelité qu'il a été poffible. On a crû ne devoir point rejetter quelques termes nouveaux, dont il s'eft fervi comme celui de Giefite, dont il fait un Sinonyme femblable à celui de Simoniaque, parce que Giefi voulut comme Simon le Magicien, tirer du profit temporel des chofes fpirituelles. Celui-ci voulut donner de l'argent pour les acheter & Giefi reçeut de Naaman la recompenfe de la fanté que le Prophete Elifée lui avoit renduë. Sans rien exaggerer on pourroit dire qu'aprés avoir découvert les abus des Ordres, ce qu'il y auroit à faire feroit fans doute d'y remedier.

En premier lieu les Reformés ont tranché le nœud de la queftion en
abo-

AU LECTEUR.

aboliſſant tous ces ordres, conſiderant
que les vœux qu'on a introduits ſont
des obligations volontaires, où l'on
eſt entré par un choix particulier
contre l'ordre de Dieu en changeant
les Conſeils Evangeliques en commandemens ; que le vœu de chaſteté,
qui ſe reduit au celibat, eſt la ſour-
ce de toutes ſortes d'impuretés ; que
celui de l'obéïſſance conſiſte dans
la ſoumiſſion à la volonté des hommes très ſouvent differente & oppo-
ſée à celle de Dieu ; & qu'enfin le
vœu de pauvreté n'eſt qu'une promeſſe feinte & ſimulée, de ne point
poſſeder en particulier & en propre ce qu'on retrouve en commun d'u-
ne maniére plus douce, plus tran-
quile & plus aſſurée, en faiſant un
amas & un uſage très criminel des
richeſſes ; ce qui a fait reſoudre à
abolir tous les ordres.

En ſecond lieu, nous voions que
ceux qui ont conſervé les anciens
Ordres, introduits dans la Religion,
ont été contraints de faire des Re-
**
for-

formes, qui toutefois n'ont pas retranché les principaux defordres qui étoient furvenus. Ces defordres ont été quelquefois fi exceffifs, qu'on a été obligé d'abolir des Regles anciennes quelques inviolables qu'elles paruffent. Comme la Regle des Humiliez établie l'an 1180. fuprimée en l'an 1570. parce qu'un Moine de cet Ordre avoit voulu tuer Charles Borromée d'un coup de fufil qui le manqua, & tous les Benefices de l'Ordre lui furent donnez. L'Ordre des Jefuites inftitué l'an 1355. fut aboli l'an 1668. feulement, parce qu'il étoit tombé en decadence. L'Ordre des Templiers qui avoit amaffé des richeffes immenfes fut auffi fupprimé par le Concile de Vienne l'an 1312.

En troifiéme lieu, on peut confiderer qu'il y a longtemps qu'on a remarqué que la multiplication des Moines, eft très pernicieufe à l'Etat, comme il eft raporté dans l'Hiftoire de Henri le Grand par Mr. l'Archevêque de Paris, qui avoüe l'impuiffance des

Evé-

Evêques à empêcher cette multiplication des Moines , il dit dans la pag.
426. „ La Seigneurie de Venise avoit
„ fait un Decret , qui defendoit aux
„ Moines d'aquerir des terres dans son
„ obéïssance , elle en ajoûta un autre
„ qui défendoit de bâtir de nouvelles
„ Eglises , Convens & Monasteres. Il
„ étoit veritablement de la fonction des
„ Evêques d'empêcher cette grande
„ multiplication , mais par negligence
„ ou par trop de facilité, ils en don-
„ noient tout autant de permissions
„ qu'on leur en demandoit , de sorte
„ que la Republique au defaut des Pre-
„ lats se trouva contrainte d'y mettre la
„ main elle-même , autrement il fût
„ arrivé que tous les revenus qui
„ servent à la nourriture des gens
„ mariés, lesquels fournissent des Sol-
„ dats , des Marchans & des Labou-
„ reurs, n'eussent plus servi qu'à l'en-
„ tretien des Religieux & des Religieu-
„ ses. A quoi on peut ajoûter avec une
„ très-serieuse reflexion, ce beau passa-

** 2

ge

ge du Prophete Ifaïe chap. 11. vers
,, 8. Malheur à ceux qui joignent mai-
,, fon à maifon, qui aprochent un
,, champ de l'autre jufqu'à ce qu'il n'y
,, ait plus de lieu & que vous vous
,, rendiez les feuls habitans du païs.

En quatriéme lieu, on peut confiderer comment le Pape a voulu remedier à ces defordres, faifant une cet
Bulle raportée à la fin de cet Ouvrage
contre toute forte de Religieux exerçant comme des Seculiers toute forte
de Commerce pour le gain. Il condamne dans la ville de Rome & fon diftrict
le Commerce des Moines, feulement
parce qu'il eft contraire aux pauvres
Artifans, fans parler des plus grands
dommages que toute la Chrétienté
en reçoit, comme s'il fe vouloit reduire
au foin de fon propre Diocefe, fuivant
fon origine, ou comme s'il avoit voulu faire une épreuve de Reformation
fans pratique ni ufage, afin qu'il fût
dit qu'il n'aprouvoit pas ces defordres.

Enfin

AU LECTEUR.

Enfin *Theophile Reinaud* après avoir parlé en veritable Casuiste contre ces abus, demande au Pape la Reformation d'une maniere si foible, qu'il emploie son autorité pour les reprimer, & il donne des distinctions & des definitions si propres à éluder toutes les autoritez les plus fortes qu'il a raportées, qu'il est aisé de voir que le mal dont il se plaint est sans remede.

En ce temps-là il n'y aura plus de Marchands dans la maison du Seigneur.

Zach. c. 14.

AU

A U

TRES-SAINT

ET

TRES-HEUREUX

URBAIN VIII.

Le Pere des Peres, l'Evêque des Evêques, l'unique Souverain, & le seul Universel, l'Inspecteur de tous, le Conseiller necessaire des Chrétiens, le Pierre de nôtre tems, le souverain Chef des Eglises de Dieu, la Ceinture qui lie tous les Chrétiens.

J'Entreprens très Saint Pere de decouvrir une très-vilaine maladie, qui deshonnore les membres du corps mistique de Jesus-Christ, dont vous êtes le Chef après lui, & que vous avez

re-

retranchée avec beaucoup de raison
par une Cenſure publique. Je ne pre-
tens point me ſervir du témoignage d'un
homme qui eſt le dernier des mortels pour
apuier le ſentiment du Chef, dont le
jugement eſt fondé ſur l'autorité celeſte ;
je ne veux point ajoûter la foible lueur
d'une chandelle à la grande clarté du
Soleil, ni enrichir la mer par les petits
ruiſſeaux formez des petites gouttes de
la pluie. J'ay ſeulement deſſein de louer
ſuivant ma foible portée la bonne œuvre que Vôtre Sainteté a établie par
ſon autorité Souveraine, dont tous les
gens de bien ſe réjouïſſent. En effet
en faiſant reſſentir le fouet que Dieu
vous a mis en main à ces Marchands
qui ſe couvrant fauſſement du nom de
Religieux, font de la maiſon d'Oraiſon une maiſon de Commerce, vous
avez fait une choſe que toutes les Loix
declarent juſte & équitable. Vous avez
pourvû par là qu'on n'aportât des ſouillures dans le Sanctuaire, & que la
puanteur de l'avarice n'infectât les
lieux

lieux Sacrez. Il n'y a que les Giesites frapez de la maladie honteuse du trafic qui puissent s'en plaindre. Mais il ne falloit point souffrir que la pureté qui vient de l'eloignement des affaires Seculieres & la bonne odeur qui en est une suite agreable à Dieu, & aprouvee par les saints Fondateurs, fût corrompuë par la mauvaise odeur du Commerce. J'espere donc, Très Saint Pere, faire voir dans ce petit Ouvrage, que le soin que vos Ministres ont de conserver la pureté des saints Instituts est conforme à la doctrine des Apôtres que vous conservez comme depositaire & Gardien du tresor de la foi, aux Decrets des Conciles & aux Oracles des Peres.

Mais quoique j'aye preparé tout ce qui est necessaire pour un traité sur ce sujet, je dirai comme faisoit Anastase au Pape Nicolas I. Je n'ai point osé achever ce Volume avant que d'en avoir obtenu la permission de vôtre Seigneurie ô très Saint, car il n'est point permis de rien faire & de rien publier

blier sans le consentement du Vicaire
de Dieu , du Portier du Ciel, du conducteur & du chariot d'Israël , du
Pontife Universel , du seul Pape , du
Pasteur unique, du Pere & du juge de
tous. Vous tenez les clefs de David,
& vous avez reçeu les clefs de la science.
Les tables du Testament & la manne d'un
goût celeste reposent dans l'arche de vôtre cœur. Personne ne delie ce que vous
deliez, vous ouvrez & personne ne ferme,
vous fermez & personne n'ouvre. Vous
tenez la place de Dieu en terre. Etant
donc prosterné aux piés très heureux de
vôtre Sainteté élevée au haut faîte de
l'Univers, je n'oublie point l'avertissement de l'Evêque de Chartres que je
parle au Souverain Pontife chargé du
pesant fardeau de tout le monde, je lui
soûhaite le comble de toute sorte de biens
& un grand nombre d'années comme
son très devoüé Serviteur.

RENATUS A VALLE.

** 4   APPRO-

APPROBATION.

BIen loin que le Livre intitulé *Hipparchus du Religieux Marchand*, contienne une Doctrine contraire à celle de l'Eglise Romaine, au contraire tout ce qu'il renferme ne respirant que le grand desir que son Auteur a de preserver les Maisons Religieuses des souillures, dont le Diable tâche sous divers pretextes de les infecter & après avoir corrompu la pureté de leur saintes Institutions, nous declarons par nôtre jugement tel qu'il peut-étre, que cet Ouvrage est très-digne non seulement d'être mis au jour, mais aussi de toute recommendation. De nôtre Cabinet 1642.

JEAN DU CHESNE,
Docteur en Théologie.

PHILIBERT TATIUS,
Docteur en Théologie.

TA-

TABLE DES SECTIONS.

SECTION. I.
Introduction dans la Dispute.   Pag. 1

SECTION. II.
Distinction du Commerce de ceux qui achetent les Dignités Religieuses par des presen.   7

SECTION. III.
Dispute de Mediastin, qui veut prouver que le Commerce à parler en general n'est point contraire à l'état Religieux.   25

SECTION. IV.
Les Raisons raportées par Timothée, pour prouver que le Commerce est absolument contraire a l'état Religieux.   42

SECTION. V.
Des choses qui doivent être supposées pour le jugement de la Controverse.   81

SECTION. VI.
Jugement general sur les deux opinions proposés dans les deux disputes précedentes. 110

SEC-

SECTION. VII.

Du Commerce en particulier qui se fait par la vente des Ouvrages que les Religieux font par le travail de leurs mains. 147

SECTION. VIII.

Des Pensionnaires des Religieux. 164

SECTION. IX.

On examine en particulier la cause des Religieux Apoticaires qui negotient. 191

SECTION. X.

En particulier des profits des Religieuses & de leurs differens Commerces. 216

SECTION. XI.

Du Commerce pieux & irreprehensible des Religieux. 242

LE

LE
MOINE
MARCHAND.

SECTION I.

Introduction dans la Dispute.

IL y a entre les Oeuvres de Platon un Dialogue qui a pour titre, *Hipparchus*, parceque Socrate y dispute avec ce Philosophe du desir du gain, s'il est honête, ou deshonête. Il semble que je puis me servir de ce titre, dans une dispute toute semblable, savoir si le gain du commerce convient à l'état Religieux. *Mediastin*, c'est le nom de l'Avocat du commerce des Religieux, soutient que le gain de quelques manieres qu'il vienne a une bonne odeur & qu'il peut augmenter le fonds d'une maison Religieuse sans aucune tache & sans aucun reproche. Celui, à qui Salvien a donné le nom de Timothée dans sa preface sur les Livres de l'Eglise, prouve aucontraire que le gain est indigne de la noblesse religieuse, & ne peut

A

être

être souffert dans une maison bien reglée. C'est le sujet de la dispute presente que des amateurs de la perfection religieuse, ont estimée digne de leur pieté, convenable au tems où nous sommes & même necessaire, parceque la molesse, ou pour mieux dire la prophanation, de quelques Superieurs a introduit dans des saintes communautés ces desordres, qui afoiblissent l'esprit religieux & causent la ruine des institutions pieuses qui en doivent être très éloignées & prouver par des effects sensibles l'oracle de l'Apôtre : *La pieté avec contentement d'esprit est un grand gain.*

2. Certainement nous ne pouvons nier qu'en ce tems on ne donne une juste occasion de renouveller la plainte que faisoit Pierre de Blois dans son Traité sur *Job* ; les Moines & les Chanoines Reguliers qui ont choisi une vie retirée & une sainte oisiveté, à la verité sont simples en aparence comme des colombes, mais ils n'ont pas cette simplicité dans leurs actions, ils sont simples dans leur habit, mais non pas dans leurs affections, *ils viendront à vous*, dit Jesus Christ, *comme des brebis, mais au dedans ils seront des Loups ravissans.* Il n'y a point aujourdhui de tribunal, ni de marché où les Religieux ne se mêlent, & où ils ne se presentent d'une maniere très insuportable, ils trompent les hommes par quelque aparence de pieté morts au monde ils negotient & poursuivent les choses de la terre : il ajoute quelques autres choses sur le même sujet en des termes très lamentables ; Il est donc necessaire de racler cette impureté qui peut être apellée une gale du corps de l'Eglise.

3. Cependant il ne faut pas qu'on se pique de
nôtre

nôtre maniere de difputer, comme fi elle pouvoit faire naitre du fcandale parmi les infirmes, ou comme fi c'étoit attaquer quelques ordres facrés plûtôt par impudence que par une fainte liberté de parler. On fe plaindroit injuftement, puifque Caſſien L. 1. c. 13. nie qu'il faille craindre le fcandale domeftique & raporte fans fcrupule plufieurs fouilleures des Moines qui procedent d'une aveugle cupidité de l'argent : mais pour le fcandale des Etrangers qu'il craignoit dans le même endroit, il defend à la verité de leur communiquer fon livre, mais il protefte qu'il n'y a rien, à craindre puifqu'il ne doit rien avancer qui de foi même ne fe prefente aux yeux des Etrangers. C'eft pour cela que je puis d'abord prononcer hardiment ce beau mot de St. Bernard Ep. 78. à Suggerius Abbé de St. Denis, avant que de publier quelques reproches contre des perfonnes facrées qui donnoient du fcandale : Je ne fai pas à quoi bon je me tairois pendant que tout le monde crie ; diffimulerai-je feul une pefte que tout le monde fent, fans ofer m'empêcher d'en fentir l'odeur. On objecte mal à propos le fcandale qu'on peut donner aux infirmes, & ce n'eft pas plus à propos qu'on opofe la reprehenfion de quelque ordre Religieux, car qu'eft-ce que nous avons à produire ici qui foit deshonorable à l'état Religieux ? Quoi-qu'il y aît des chofes qui femblent pratiquées dans un ordre, à Dieu ne plaife que nous difions qu'elles font de l'ordre, car aucun ordre ne fouffre rien de defordonné. C'eft pourquoi il ne faut pas dire que je difpute contre l'ordre, mais au contraire pour l'ordre, reprenant non l'ordre dans les hommes, mais leurs vices. Je ne crains donc point d'of-

fen-

fencer en ceci ceux qui aiment l'ordre, mais au contraire ils receveront fans doute du plaifir fi nous pourfuivons des pechés qu'ils haiffent eux même, & s'il y en a à qui la chofe puiffe deplaire ils fe manifefteront par là eux même, qu'ils n'aiment point l'ordre, dont ils ne peuvent pas entendre blamer la corruption, c'eft à dire, les vices. Je repons à ceux-la même ce que dit S. Gregoire, il vaut mieux que le fcandale naiffe plûtôt qu'on abandonne la verité. Voici les paroles de St. Bernard dans l'apologie à Guillaume Abbé qui font propres à ce lieu & à l'affaire que nous traitons, d'autant plus qu'il ne diffimule point quelques defauts dans les ordres : Car on agit, dit-il, d'autant plus honorablement envers les ordres même qu'on reconnoit que les vertus fubfiftent fous la cendre des defauts, autrement on s'abftiendroit de vouloir par un vain effort rallumer le feu en foufflant fur les cendres.

4. Il y a comme remarque Eunapius des flateurs, des hommes nez pour la complaifance, qui approuvent toutes chofes quelques abfurdes qu'elles puiffent être, afin de plaire à ceux dont ils flatent le pouvoir, dans l'efperance d'ocuper toûjours le Gouvernement ; ces gens là donnent le nom d'impudence au defir fincere d'extirper la corruption & ils difament très malicieufement la liberté & l'ingenuité de parler, pendant qu'ils font triompher la folie & la malice & comme Ifidore de Peloufe dit l. 2. Ep. 237. Il y a même des Superieurs qui ne peuvent fouffrir qu'on parle, quoi que leur vie foit très éloignée des dereglemens qu'ils foutiennent, & fi quelqu'un prononce quelque parole avec liberté, ils ne
le

le croient pas digne de pardon. Car, dit-il, craignant qu'il ne se trouve quelqu'un qui reprenne ce qu'ils font ils s'éforcent de repousser toutes les bonnes choses. mais sur tout la liberté de parler afin qu'ils puissent librement pécher & sans aucune crainte, ils atribuent à l'impudence & à l'insolence la liberté de parler la plus sainte, lors même qu'elle est confite dans le sel de la prudence. Mais c'est par un esprit mal n & tout à fait renversé, car comme le même Isidore traité de la sorte par Maron , Sosime & leurs semblables dit fort bien l. 5. ep. 421. La liberté de parler n'est pas une impudence, l'efronterie ne doit pas être aussi apellée liberté , mais reprendre charitablement ceux qui sont tombés, c'est ce qui doit être proprement nommé liberté , & l'action de ceux qui outragent mal à propos les gens de bien , doit être apellée impudence, celle-la en effet est comme une medecine, mais celle-ci, doit être comparée à un poison dangereux, celle là rend les malades sains mais celle ci altere ceux qui se portent bien. Voilà ce qui doit faire cesser la derniere plainte qui imputoit à l'impudence la discution des abus tant de ceux qui s'offencent de l'expression de la verité , que de ceux qui n'osant parler ni condamner le vice gardent un silence honteux & une lache flaterie veritablement digne des bêtes ou des plus vils mercenaires. Jean de Sarisbury ,disant que ces sortes de flateurs égalent la profession de la verité au crime de leze Majesté ,ajoûte au L. 7. C. 24. que toutes les personnes bien reglées aprouvent une sainte liberté, & qu'elles ont en horreur & empêchent autant qu'elles peuvent la tirannie, il appelle tirannie le renverſement du Gouvernement Sacré. C'eſt ce qu'en penſe Iſidore de Pelouſe L. 2. Ep. 125. & 234 ajoûtant nommement qu'elle eſt rejetée de ceux qui parlent librement & aſſurant que c'eſt une preuve maifeſte de tirannie que de vouloir empêcher cette liberté.

5. Après avoir éloigné ainſi les obſtacles qui pouvoient empêcher la diſpute entrons maintenant dans le champ de bataille, armés du bras droit de la Croix contre le commerce qui chemine dans les tenebres, c'eſt ainſi que St. Bernard nous avertit qu'il faut faire Ser. 2. de St. André, on envelope, dit il, de l'aparence de l'honnêteté le poiſon mortel du Gain, afin qu'il ſoit plus ſeurement avalé, car dit-il encore, ſi quelqu'un eſſaie de me perſuader quelque choſe mauvaiſe, comme ſi elle étoit juſte, celui là ſe preſente à ma droite, mais comme Judas il me trahit par un baiſer, il faut que je le repouſſe par le bras droit de la Croix, armé de cette force il ni a rien à craindre ni dans l'attaque, ni dans le combat pour la juſtice oprimée par le commerce cheminant dans les tenebres. En effet Tomas de Chantepré dans le 2. L. des Abeilles C. 2. N. 2. après avoir appellé à ſon ſecours la ſolicitude des Conducteurs de l'Egliſe par cette voix animée. O qui eſt ce qui viendra ? Quant eſt-ce qu'il y aura un Souverain Pontife pour corriger par ſon équité cette miſere & cette folie ? Il ajoûte mais peut être on me dira, & je ne doute point qu'on ne le diſe, qui eſt celui ci qui a ouvert ſa bouche contre le Ciel qui eſt cet indigne qui a oſé étendre ſa main pour ſoutenir l'arche panchante ? peut être qu'on ſe metra en colere contre moi; mais ce ne ſera pas le Seigneur pour qui je reſens & reſ-

fen-

fentirai toûjours de la douleur, pour la verité, & pour
la juftice duquel pleût à Dieu que je fuffe trouvé
digne d'être dechiré de tous mes membres. Je fai
que celui qui fera coupable, quoi qu'il foit offen-
cé de ces écrits, fe jugera lui même digne de
reprehenfion.

SECTION. II.

Diftinction du Commerce de ceux qui achetent les dignités Religieufes par des prefens.

6. ON ne pretend pas toutefois étendre cette
difpute à toute forte de Commerce mais
à celui la feulement qu'on nomme communement & dans le langage du peuple, negoce
qui eft honête, mais qu'on peut douter s'il l'eft
à legard des perfonnes Religieufes. C'eft donc
une autre queftion & il faut traiter feparement de
ce trafic manifeftement honteux, & de ce Negoce certainement mauvais par plufieurs endroits,
je veux dire le Commerce que font ceux qui font
dans l'ordre Religieux, des dignités & des Charges Ecclefiaftiques, en donnant, & en recevant des
prefens à ce deffein.

Ce que je produis font des chofes certaines &
il ne faut pas qu'on s'imagine qu'elles font in-
croyables, car nous lifons dans Saint Anfelme qu'il
y avoit de fon temps des Religieux qui exerçoient cette efpece de trafic, comme auffi dans l'Auteur, qu'on prend pour Saint Ciprien, dans l'a-

vant propos des œuvres Cardinales de Chrift ; je ne parle pas de petis prefans tels que St. Antoine en envoioit à fes bienfaiteurs, comme nous l'aprenons de St. Athanafe en fa vie C. 26. ou tels que Euftochium en envoioit à St. Hierome Ep. 19. des braffelets, des colombes, des paniers remplis de cerifes, ou tels que ceux que Marcella lui envoioit, des cierges, une chaife, un fac, des calices dont il la remercie, Ep. 20. on peut mettre dans ce rang des chofes de même nature comme une petite boite remplie de petits agneaux de cire, un breviaire ou quelque petis livres de devotion, ou de femblables chofes qui ne font point de grand prix qu'on envoioit pour gages d'amitié ou pour preuve de refpect, qui peuvent etre données fans foupçon fur tout quand elles font offertes degagées de toute veue d'intcrêt, & principalement fi l'efprit de celui qui fait ces prefents ne les offre point comme un hameçon afin de furprendre celui dont on efpere quelque retour : Ce que Philon le Juif condamne L. *de plantat nué* où il les compare à des pêcheurs qui aprêtent une petite viande au poiffon pour le prendre tout entier. Je laiffe ces minuties de prefens, pour lefquels on ne doit pas condamner celui qui confere les benefices s'il n'y a point d'accord comme le dit Alexand. 3. dans la par. 50. du Conc. de Latran. Je parle donc des prefens de grande valeur, comme nous favons qu'on en à quelquefois donnez & reçûs, par exemple de cent doublons d'or d'Efpagne, de cinquante breviaires bien reliés & d'une forme très belle, qui ne font pas de petits prefens & qui ne peuvent pas être confiderés, comme de fimples témoignages d'une charité religieufe & d'un refpect humain, lors qu'ils font offers à un grand Seigneur, qui eft en

état

état de reconnoître le prefent, & qu'ils font don-
nés pour adoucir l'efprit de celui qui les reçoit, ou
pour le porter à donner ce qui eft en fa difpofition,
ou enfin pour lui faire trouver aimable la perfonne qui fe prefente d'une maniere fi agreable. On
pourroit bien dire que parler ainfi c'eft mettre le
feu aux étoupes & allumer le brafier d'un grand
reffentiment; mais d'un autre côté on eft obligé
fi expreffémentt à ne point retenir la verité en
injuftice, que l'Apotre eftime que faire le contraire eft la chofe du monde la plus criminelle.

7. Quoi que le Commerce des Dignités puiffe
avoir le nom de Negoce, & qu'il foit pleinement
acompli par une vente & par un achat proprre-
ment dit, ce qui fait la denomination des autres
marchés, on ne pourroit que difficilement pour-
fuivre cette efpece de Commerce, qui étant un
achapt & une vente des dignités facrées ne diffe-
re point d'une veritable & pure Simonie, dont on
fera voir la monftruofité. D'ailleurs c'eft une chofe fi baffe & fi honteufe que perfonne ne voudroit
confeffer qu'il y trempât, car ceux qui pratiquent
cela prenent un très grand foin de le cacher, ou
de le couvrir par quelque pretexte fpecieux
comme d'une aumône, ou d'un moien convenable pour foutenir quelque grande dignité Cependant ces pretextes & ces couleurs ne lavent
point la Simonie, lors que le prefent en argent ou en quelque autre chofe de la valeur, eft
ou donné ou receu pour le prix de la dignité
Religieufe, quoi qu'on éloigne l'accord formel &
fenfible du prix du benefice, il fera toûjours manifefte par la notion de la Simonie mentale &
par l'eftime du benefice, que s'il entre dans l'efprit

de l'un ou de l'autre de conferer ou d'acepter en veuë du prefent, tous les deux feront Simoniaques. Si donc on cherche de femblables pretextes ou même fi quelqu'un étoit aflez effronté pour faire ouvertement profeffion d'un tel commerce, ce feroit une preuve manifefte qu'il n'a pas deffein de fe cacher & il ne trouvera pas mauvais qu'on mette cette queftion dans un plus grand jour. Nous ferons donc ici la diftinction de ce trafic reprouvé qui eft de deux fortes l'un proprement dit, qui fe fait par un veritable achat, & par une veritable vente, au moins de la penfée, l'autre de reffemblance qui a du raport & qui approche de la premiere, qui n'eft pas en rigueur une vente, mais qui produit le même effet.

8. Parceque l'un & l'autre fe gliffe fous divers pretextes dans des Religions d'ailleurs bien reglées. Remarquons en paffant que la premiere n'eft pas feulement baffe & ridicule, mais ouvertement facrilege & deteftable, comme contenant une vente & un achat de la jurisdiction Spirituelle qui eft d'un prix ineftimable, puisqu'elle tire fon origine du fang de Jefus Chrift, & fon inftitution de lui même. Outre cela nous pouvons raporter contre cette iniquité les raifons qu'on employe contre la frequente & honteufe vente des charges féculieres, qui font purement humaines & fans comparaifon plus meprifables que celles ci. Nous parlons à la verité contre le fentiment de la plupart de ceux qui traitent de la Politique, & qui examinent cette queftion fi les offices purement humains, & fi les dignités féculieres peuvent être expofées en vente fans reproche & fans crime, & fi elles peuvent être vendues à ceux qui fe prefentent pour les acheter fuivant l'ufa-

l'ufage établi en plufieurs lieux. Plufieurs Theologiens déchargent cette pratique d'un grand peché, & même de quelque faute que ce foit , &
d'autres la condamnent confiderant la chofe en
elle même , comme *Adrien L. 4. fent. de Ufura.
Medina p. 4. de ufur.* Caietan femble avoir donné au but lors qu'il enfeigne qu'à parler fpecula-
tivement le Commerce de ces Charges eft
fans reproche lors que la neceffité publique le demande ainfi, parceque la venalité des offices, peut ê-
tre confiderée par raport à plufieurs motifs qui y font
attachez, favoir eu egard à la préminence des uns
fur les autres, ce qui peut être eftimé à un prix, &
auffi eu égard à l'excès d'une jufte recompenfe ,
car les gages principalement des offices les plus
élevez font ordinairement augmentez au delà de
ce qui feroit deu precifement, parcequ'il eft de la
dignité des Princes & de l'élevation de leur rang
d'en agir ainfi, d'où vient qu'à raifon de l'exce-
dent de ces gages, la charge peut être juftement
mife en vente. Il femble encore qu'on peut faire
cette vente afin d'augmenter fes fonds domeftiques
d'avancer fa Famille & d'obliger plufieurs par des
voies honnêtes : c'eft ce qui fait qu'à confiderer
les chofes en elles mêmes, les charges feculieres
font fujettes au commerce, & à être vendues fi la
neceffité publique y contraint, cependant par accident & par plufieurs autres confiderations la vente des charges feculieres peut être contraire au
bien public & peut même fouvent aller jufqu'au
peché mortel, comme Caietan le foutient & St.
Thomas avant lui, à quoi plufieurs ont foufcri dans
la fuite.

9. La raifon qu'on en peut donner eft qu'à
cauſe

cauſe de la vente des charges, faites à des perſonnes, qui achetent à beaux deniers comptans ce qu'ils auroient dû recevoir gratuitement par leur merite, il arrive très ſouvent que ceux qui en ſont dignes en ſont privez avec deshonneur & avec confuſion au prejudice du bien public, & qu'au contraire ceux qui en ſont indignes ſont facilement avancés à cauſe de leurs richeſſes, ce qui eſt ſans doute un très grand malheur pour la republique dans l'adminiſtration de la juſtice, ce qui oblige à la reſtitution, comme Leſſius la très bien remarqué, L. de Inſt. c. 12. n. 129. De plus cette vente des charges empêche l'aplication de l'eſprit, diminue l'emulation avec laquelle on pourroit par l'etude & par les talens convenables parvenir aux charges publiques, & on exclut ainſi des honneurs ceux qui les pourroient meriter. Enfin il arrive ordinairement que celui qui a acheté un office & qui ne l'a acheté que par interêt & pour y gagner, comme dit l'Empereur Baſile dans l'avertiſſement à ſon fils, c. 43. vend en detail dans l'exercice de ſa charge, ce qu'il à acheté en gros, & cherche aux depens de la juſtice de quoi remplir ſa bourſe. Ce qui eſt une eſpece de Simonie ſuivant la penſée de Pierre de Blois, & c'eſt en effet une choſe tout à fait baſſe & injuſte. Voilà ce qui rend très ſouvent la vente des offices ſeculiers vicieuſe & blamable, lors qu'elle n'eſt point rendue honnête & permiſe par la neceſſité publique; Ce qu'on peut encore dire avec beaucoup plus de raiſon des dignitez religieuſes, quand même leur vente ne ſeroit pas toûjours ſacrilege par elle même, comme quelqu'uns le pretendent.

10. La derniere ſorte de vente que j'ai apellée de reſſemblance & dont l'uſage eſt plus dange-

reux

:ux, s'eſt introduite en ce temps, en beaucoup de
anieres, mêmes dans des Familles d'ailleurs bien
eglées.   Or je dis premierement contre cet abus
ue toutes les choſes , qui rendent criminelle la
ente des charges ſeculieres, comme nous venons
e le voir, ont encore ici plus de lieu : car par ce
ioien les indignes s'élevent aux dignitez & ceux
ui en ſont eſtimez dignes en ſont rejettez, il n'y
plus d'émulation ni d'aplication ; lors qu'il fau-
iroit ſe roidir on ſe relache en faveur des perſon-
ies indignes, & lors qu'il faudroit uſer de ſeverité,
a forme de la diſcipline preſente demande qu'on
iſe d'indulgence ; on ſe rend facile par les preſens
ju'on reçoit afin de perpetuer & de conſerver les
lignités, & pour s'elever à de plus hauts degrez.
Ainſi les inconveniens ſe multiplient à l'infini, *le
reſent & le don aveuglent*, comme il eſt dit dans
'Exode c. 23. ou comme il eſt ajoûté c. 20: les
reſens ſont un mors en la bouche du ſage qui
'empêchent d'uſer de repréhenſion.   Le Sens de
ce paſſage eſt, ſelon Jean de Sarisburi. L. 1. po-
lychr. c. 11. qua. les preſens ſont en la bouche de
celui qui les reçoit comme un frein qui lie ſa parole
& qui rend l'homme muet de ſorte qu'il ne peut
corriger celui que ſans cela il auroit repris avec
de grands cris.   Voici une penſée de ce dernier
& de Nicolas de Lira qui eſt ingenieuſe, ſi elle
étoit ſolide, par le preſent dans la bouche, il entend une eſpece de grenoüille que les Grecs apellent *Calamita*, que l'on met dans la gueule d'un
chien pour l'empecher d'aboier, & Albert ajoûte
L. 26 de anim. que ſi un petit os de cette grenoüille
eſt jetté dans un chauderon d'eau bouillante, à l'in-
ſtant le bouillon ceſſe, l'eau s'abaiſſe & ſe refroi-
dit, de même quelque fervent que ſoit un Supe-

rieur

rieur & quelque porté qu'il foit à s'élever contre les coupables s'il reçoit quelque prefent , il apaifera fur le champ fa colere , il ceffera d'aboier contre le criminel & le prefent l'adoucira & le rendra indulgent. Je veux même que ce Superieur qui reçoit des prefens foit d'ailleurs fage & jufte, qu'il foit un homme prudent & moderé , je dis que ces prefens peuvent le corrompre & l'aveugler, comme le S. Efprit en avertit expreffement Exod. c. 33. Que fi les prefens furprennent & aveuglent les fages à quel excès ne porteront ils pas les impies & les mechans? c'eft l'argument d'Ifidore de Peloufe L. 5. Ep. 182. Quel avantage peut on tirer , pour la conduite d'un corps , de ces charges qui fe donnent pour de l'argent , fi ceux qui ont en main la diftribution des dignitez religieufes les conferent en fuivant la prudence de la chair , qui donne la mort & qui eft une pure folie devant Dieu , & s'ils choififfent pour être elevez aux honneurs ceux qui ont moins d'efprit, qui font les plus timides & les plus incapables de refifter aux entreprifes & aux nouveautez ? Où en fera-t'on s'il y a quelques Politiques dans l'Eglife ? helas ! n'y en a-t-il pas toûjours dans les maifons religieufes ? N'y a-t-il pas des Superieurs femblables à Theophile d'Alexandrie ce Prelat fin & rufé qui fuivant les loix de la chair obfervoit exactement celle de ne revêtir jamais des habits facrés des perfonnes douées d'un efprit doux & moderé, ou diftinguées par leur fageffe & par leur prudence : Mais qui leur preferoit ordinairement des ftupides, fur les quels il regnoit excerçant parmi eux une entiere domination, c'étoit ceux là qu'il avançoit ou qu'il avoit foin de faire élever aux dignitez. Par ce moyen il fe rendit maître de toute l'Eglife d'Orient, il s'opofa

St. Jean Chrisostome & se recria avec beaucoup
de rage contre son élection au Patriarchat de Constantinople, parcequ'il desesperoit de pouvoir tourner à son gré, par ses detours & par ses intrigues
le cœur de cet homme de Dieu, rempli de con-
stance, de force & de sagesse, comme George
d'Alexandrie le marque dans la vie de St. Chrisostome. Il faut donc avouer qu'il n'y aura plus de
dignités ni d'ordre dans l'Eglise si la distribution
de ces dignitez se fait par present, & si ceux qui
les possedent ne les obtiennent que par ces presens
qui sont comme de la glu, & par la Politique &
l'ambition qui sont comme un chancre qui les devore. Car si ces Politiques stupides, sans vertu &
sans force sont admis par ces voies à la superiorité, après avoir ainsi corrompu ceux qui conferent les Prelatures, ils occuperont seuls les pre-
mieres places. Et on ne peut expliquer combien
l'Eglise en sera ébranlée, ni qu'elle en sera sa chute
& sa corruption, on verra alors la preuve de ceque dit Thomas de Cantepré & ce que disoit le
Sage : *J'ai vû les serviteurs montés sur des chevaux
& les Princes qui marchoient à pied comme des serviteurs.* Eccl. 16. Il faut donc condamner cette
venalité des dignités religieuses qui n'est point
differente, ni moins criminelle que celle des
offices seculiers comme je le viens de faire
voir.

11. De plus il faut regarder comme enfans illegitimes ceux qui dans les familles religieuses
soutiennent cette seconde vente de Ressemblance,
tant ceux qui acceptent les presens que ceux qui
les offrent. Quant à ceux qui les reçoivent, il est
certain que l'avarice est entrée dans leur cœur
soit qu'ils les recherchent, soit qu'ils les acceptent

sans

fans les avoir recherchez. Et nous voions que de très faints perfonnages, qui non feulement ne demandoient point de prefens mais même qui les rejettoient, ont été loués comme exemps d'avarice pour les avoir meprifés. On peut voir fur ce fujet St. Bernard parlant à Eugene L. 3. de confid. c. 3. N'eft ce pas une tache bien noire dans un Religieux ? N'eft il pas honteux & indigne que celui qui a renoncé au monde rentre fur le fumier & dans la corruption des chofes de la terre en amaffant ce qu'il avoit abandonné ? La chofe parle d'elle même. Le St. Efprit declare qu'il n'y a rien de plus criminel qu'un avare, fi cela eft vrai en parlant generalement, combien l'avarice eft elle pernicieufe & mauvaife dans un homme qui a fait une fainte profeffion de s'eloigner de ce peché & qui en à fait folemnellement un pacte avec Dieu. Je ne veux point preffer davantage cette verité ni la pouffer plus loin, de peur d'interrompre ce difcours, car nous aurons lieu d'en parler dans la fuite.

12. Les Religieux qui font des prefens font voir leur ambition & leur orgueil comme le Pape Clement VIII. le remarque n. 8. de la Conftitution qu'il en a faite. Mais, ce qui eft deplorable elle a perdu fa force comme l'a obfervé Diana, Tit. de pauper. Relig. ref. 12. L'Auteur qu'on croioit autrefois être St Cyprien dans la preface des œuvres Cardinales de Chrift, après s'être plaint d'un Religieux qui avoit accepté quelque prefent ajoûte, à quoi tendent ces prefens n'eft ce pas afin que ceux qui les font, s'ingerent aux fuperioritez par toutes fortes de voies bonnes & mauvaifes? N'eft ce pas un aveuglement deteftable? N'eft ce pas l'effet d'une infatiable cupidité ?

Juf-

Jufqu'où va le defir de dominer fur les heritages du Seigneur, puifque ceux même qui font dans la maifon de l'humilité s'ouvrent par de mauvais artifices la porte à des honneurs qui font deûs à d'autres ? O fureur des paffions humaines ! s'écrie Pierre de Blois, ô puiffance de l'or de l'argent ! ô vaine gloire ! ô cupidité aveugle ! ô faim infatiable des honneurs de la terre ! ô Tigre cruel qui devore les cœurs ! ô malheureufe ambition des dignitez qui caufe la fubverfion des ames ! d'où eft fortie cette contagion ? Quelle eft la caufe de cette execrable préfomption ? Lifez le refte de ce que dit ce favant homme, qui emploie fon eloquence & fa pieté contre ces perfonnes plus brutaux que tous les animaux enfemble, qui recherchent l'honneur du gouvernement & qui font affis dans la chaire de peftilence, afin d'enveloper dans une même ruine ceux qui leur font foumis. S. Chrifoftome s'éleve fortement contre ce dereglement qui doit faire horreur, puifque ces offres & cette acceptation de prefent produifent & enfantent l'impieté.

13. Il me femble que ce feroit en vain que j'emploirois les temoignages de l'Ecriture & des S. Péres, pour rendre plus odieux ce venin des prefens, après l'avoir affez fait connoitre par fes effets & par fes caufes. Les Auteurs raportent plufieurs paffages fur ce fujet. Job. c. 15. affure que le feu devorera les tabernacles de ceux qui acceptent volontiers des prefens. S. Jean l'Aumonier, comme l'ecrit l'Auteur de fa vie, allegua ce paffage à ceux de fes gens qui recevoient des prefens , & David dans le Pfeaume 25. fouhaite d'être éloigné de ceux qui avoient l'iniquité dans leurs mains, dont la droite étoit remplie de prefens. Je

ne sai où Melece & Antiochus avoient pris cette belle sentence, Celui qui reçoit des presens se perd lui même, & celui qui a horreur d'en recevoir vivra. Le même Antiochus dit encore que la recherche des presens, la possession des richesses, l'avidité de l'argent & l'usure sont quatre chevaux indomptés qui trainent le même chariot, & que l'orgueil est le cocher qui les conduit. Celui la seroit tout à fait depourvu de bon sens qui se laisseroit emporter par ce cruel Conducteur qui ne manqueroit point de l'entrainer dans l'abîme. Voilà comment celui qui reçoit des presens, selon l'Ecriture que nous avons alleguée, se perd lui même. Il y a des Auteurs qui traitent de cette matiere plus amplement & avec beaucoup de force, celui qu'on a crû être St. Ambroise, & qui n'est autre que le Diacre Hilaire remarque que l'apotre ne vouloit pas recevoir des presens, de peur d'affoiblir l'autorité que le Seigneur lui avoit donnée, car l'on ne peut pas resister avec trop de force à celui qui est prêt à donner des presens pour se soumettre & pour gagner celui qui les reçoit, d'où vient que l'Apôtre dit, *je ne serai point sous la puissance d'un autre* & dans la 2. aux cor. c. 7. par ces paroles: Ils ont donné à Dieu & puis à nous, il aprend que ceux qui donnent des presens, engagent leurs Superieurs à suporter leurs vices, & les empêchent de leur faire la correction, parceque les presens aveuglent les yeux & diminuent la vigueur de l'Autorité. Cette maniere d'agir ne convient point à celui qui a l'esprit & le cœur d'un pere, suivant ce mot de Sarisburi au Pape Adrien, si vous êtes pere, pourquoi recevez vous des presens de vos enfans?

14. C'est donc avec justice que les Religieux de

de Cluni dans leurs conſtitutions publiées ſous Hugue V. *tit. de muneribus*, ont puni d'excommunication ceux qui introduiſent ce pernicieux uſage dans les maiſons Religieuſes, lors qu'il s'agit de faire des Elections, & cette excommunication devoit être lancée principalement contre ceux qui étant obligez par le devoir de leur charge de pourvoir à la pureté & à la conſervation de l'ordre, ſeroient trouvez coupables de ce crime. On doit raporter à cela le reproche court & vehement qu'Iſidore de Peluſe fait à Lucius Archidiacre qui profitoit des elections, lors qu'il accompagnoit ſon Eveque en cette qualité. Ce Prelat, ſoit à cauſe de ſon grand âge ou par molleſſe, & par une lache condeſcendance ſouffroit tout à ſon Archidiacre, homme avare, toûjours attentif & occupé à tirer de l'argent de ceux qui aſpiroient aux Dignitez Eccleſiaſtiques. Il faut remarquer avec Sotus ſur le L. 5. des Epitres d'Iſidore, que Lucius étoit Religieux de profeſſion, auſſi bien que Maron & Zozime, c'eſt pourquoi les dignitez dont il eſt ici parlé étoient auſſi religieuſes, comme autrefois celles des Chanoines Reguliers dans l'Egliſe occidentale. L'Epitre d'Iſidore vient donc ici fort à propos. *Les venerables Diacres de l'autel*, dit-il, *ſont les yeux de l'Eveque*, parce que vous êtes par la permiſſion divine le premier d'entre eux, vous devez être tout plein d'yeux, comme ces animaux miſtiques que vous devez imiter, en vous aprochant de Dieu, & dans les fonctions ſacrées de votre charge, ſans répandre des tenebres ſur cette venerable aſſemblée, & ſur l'Eveque qui ſuit aveuglement ſon conſeil ; Ne ſouillez point les autels par vôtre avarice & ne vous enrichiſſez point du prix des Elections, Jesus Christ chaſſa du temple ceux qui vendoient des Colombes, ſi vous ne voulez point être traité de la même maniere, ceſſez d'a-maſſer par de telles voies des richeſſes qui doi-vent ſervir de matiere au feu éternel.

15. Je ne croi pas qu'il ſoit neceſſaire, pour la defence de cette cauſe, d'emploier l'autorité de ceux qui dans le Paganiſme ont defendu ce com-merce prophane aux Magiſtrats, qui épuiſoient les Provinces en recevant des preſens. Perſonne n'ignore quelle étoit autrefois la profuſion des pre-ſens, qui ſe faiſoient particulierement le jour de la naiſſance des perſonnes diſtinguées, & aux Sa-turnales; Martin de Roye dans le livre du jour de la naiſſance ſacrée & prophane. C. 12 & 13. raporte pluſieurs choſes qu'il a recueillies ſur ce ſujet. Un Poëte Eſpagnol, ſe moque agreable-ment d'un certain Clytus qui celebroit pluſieurs fois en un an le jour de ſa naiſſance, pour retirer ſous ce pretexte des preſens de ſes amis. Vous avez coutûme, ô Clytus de naitre huit fois en un an, afin de demander & de recevoir des preſens, & vous ne vous contentez pas de celebrer votre naiſſance deux, trois & quatre fois &c. Si vous con-tinuez ce jeu & que ce ne vous ſoit pas aſſés de naître une fois l'année, je douterai ſi vous êtes né.

Quoique cela ſe pratiquàt entre les particuliers, il eſt conſtant qu'il étoit defendu aux Magiſtrats de recevoir des preſens, ſoit le jour de leur naiſ-ſance, ſoit les jours des ſaturnales. Ce que Pli-ne nous aprend L. 4. Epiſt à Urſus parlant de Julius Baſſus que Bæbius Macer deſigné Con-ſul pourſuivit par la loi des reſtitutions des de-niers publics, parce qu'il avoit reçu des pre-ſens ces jours là. Baſſus pour s'excuſer appel-

loit

loit prefens ce que les autres regardoient comme
des larcins & des rapines, & Pline ajoute, que les
loix defendoient aulfi de recevoir des prefens, favoir la loi Cincia, des dons & des prefens, qui avoit
été faite contre la malice des anciens, qui en exi-
geoient & qui fous ce beau pretexte s'étoient rendu les inferieurs tributaires & debiteurs, comme
Tite live le raporte; Le catalogue des loix Ro-
maines fait aulfi mention de la loi Julia, touchant
les prefens.   Parce que chez les Grecs les juges
donnoient leur fuffrages avec des feves, Pitago-
re leur deffendoit d'en manger voulant marquer
par là qu'ils devoient s'abftenir de prefens, comme on le voit dans Nicetas *L. 1. Thefau. 4.*
Ceux de Thebes n'avoient ils pas ordonné, comme Plutarque le raporte, que les images des juges fuffent fans yeux, parce qu'ils ne doivent
point regarder les perfonnes, & fans mains, parce
qu'ils ne doivent point recevoir de prefens? Mais
maintenant, dit-il plaifament, qu'on monte à la
Magiftrature de même qu'à une moiffon d'or, les
juges ont des yeux aux mains, comme parle
Plaute dans une comedie, parce qu'ils ont les
jugemens entre les mains.   Je laiffe ces autoritez
étrangeres, je me contenterai du fuffrage de nos
Jurifconfultes, je veux dire des faints Peres que
Leon de Bifance apelle les confeillers admirables du St. Efprit, auxquels foufcrit Pierre de
Blois qui dit ces paroles remarquables, c'eft la
derniere infamie dans un Prince, & dans quelque
Superieur que ce foit, de fe rendre efclave & ado-
rateur des prefens. Ils ont des prefens dans leur
mains, felon le temoignage du Prophete, leur
main en eft pleine, mais leurs iniquités fe chan-
geront en peine, & leurs prefens en douleurs, par-

ce

ceque, comme dit Job, le feu devorera les tabernacles de ceux qui recoivent volontiers des preſens.

16. Au reſte nous produiſons en vain les Ecritures & les ſentimens des Peres, parceque ceux
qui commettent ces pechez, s'endurciſſent à ces
coups de tonnerre. Ce ſeroit donc une choſe qui
meriteroit que les vigilans Paſteurs & même le
Prince des Paſteurs donnaſſent leur attention &
leur ſoin pour remedier à ces deſordres. Pour
nous, qui ſommes ſans autorité & ſans aucune conſideration, nous ne devrions pas même
nous en apercevoir, mais d'en parler, ou de les
blamer ce ſeroit un crime manifeſte & qui ne ſeroit pas des plus petits. Ce que Bolſec écrit de
Calvin, exerçant ſa tirannie à Geneve, vient ici
bien à propos, ſavoir que ſi quelqu'un parloit un
peu librement, il étoit d'abord proſcrit comme un
libertin & un criminel de leze Majeſté divine,
& il étoit auſſi-tot chaſſé de la Republique. Cet
homme touché du zele de l'honneur de Dieu
ayant oſé parler dans une aſſemblée generale
de ceux de ſon parti contre cette peſte, qui s'é-
toit introduite dans l'ordre ſacré, non ſeulement
il fut privé de ſon rang, & exclu de toutes les
charges, ce qui lui étoit peu de choſe, mais auſſi,
par la faction de celui qui ſe croioit avoir été deſigné dans ſon diſcours, étant devenu ſuſpect aux
Principaux qui groſſiſſoient comme une poutre des
feſtus, de legers & de faux ſoupçons, il aprit par experience que dans la vigne il nait des ronces ſuivant le proverbe de Gregoire de Nazianze.

17. Je ne deſavoue pas cependant que les Inferieurs ne doivent faire des preſens aux Superieurs, à qui a été confiée la diſtribution des
dignitez Eccleſiaſtiques, mais tels que St. Gre-
goi-

goirè les ordonne *L. 4. in 1. Reg. c.* 10. Nous
donnons , dit-il des preſens ſpirituels à nos Superieurs , lorſque nous leur rendons l'honneur
que nous leur devons , & que nous gardons fi-
delement ce qu'ils nous commandent ; car le reſpect & l'obéiſſance ſont de grands preſens.
Lorſque par l'humilité nous nous ſoumettons à
eux au dedans, & qu'au dehors nous leur donnons des marques de reſpect , nous leur faiſons
un double preſent l'un du corps , & l'autre du
cœur. Afin donc que le Prophete deſigne les
ſuperbes , il ne dit point, *ils ne lui ont point a-*
porté un preſent , mais ils ne lui ont point aporté
des preſens , car lors qu'on mepriſe ceux qui
ſont élûs predicateurs, on leur refuſe & l'honneur exterieur du corps & l'humilité du cœur.
C'eſt avec raiſon que St. Gregoire ordonne aux
humbles ſujets de faire de tels preſens à leur
Superieurs. A Dieu ne plaiſe donc que nous
pretendions qu'on refuſe ces juſtes preſens , lors
que nous rejettons les autres qui viennent de
l'avarice des Superieurs & de l'orgueil des inferieurs. Que ce ne ſoit pas par ces preſens
qu'un bon & ſage Religieux oſe aprocher de
ſon Superieur, & qu'il ne ſe gliſſe point en ca-
chette dans le ſein de l'Egliſe Reguliere par u-
ne pluie d'or, comme Jupiter qui ſe gliſſa par
le toit dans le ſein de Danaé. Si l'inferieur eſt
aſſez imprudent pour le faire , il faut que le Superieur ait un autre eſprit, faut il , dit S. Bernard ,
Ep. 42. qu'un Paſteur porte ſes penſées en
bas & qu'à la maniere des bêtes , il s'atache
aux ſens, & aux choſes de la terre , comme
fait celui qui reçoit des preſens? Ne doit il pas
plutòt ſe tenir droit comme un homme , por-

ter

ter ſes penſées au ciel , chercher & gouter les choſes qui ſont en haut , & non pas celles qui ſont ſur la terre. Je voi bien que parlant de la ſorte , j'éprouverai certainement ce que S. Bernard ajoûte de lui même, Au reſte, dit-il, ſi j'oſe faire le moindre ſigne , on s'indigne contre moi , on m'ordonne de me taire , on me dit que je ſuis Moine , que ce n'eſt point à moi à juger des Prelats. Je repond comme St. Bernard, en changeant un ou deux petits mots, plut à Dieu que vous me fermaſſiez les yeux , & que vous m'empechaſſiez de voir ce que vous me deffendez de reprendre. Mais , eſt-ce une trop grande preſomption, ſi n'étant que brebis & voiant un loup très cruel (je veux dire la vanité , & la curioſité, & même l'avarice , qui eſt la lepre de la Simonie,) ſe jetter ſur mon paſteur pour le devorer, je fremis, & je crie afin que quelqu'un s'oppoſe à ces bêtes carnaſſieres , & qu'on le vienne delivrer du peril ? Que feront elles de moi qui ne ſuis qu'une brebis, puiſqu'elles ſe jettent avec tant de fureur ſur le Paſteur même ? S'il ne veut point que je crie pour lui, ne me fera-t'il pas permis de le faire pour moi même ? Mais ſi je garde le ſilence, de peur qu'il ne ſemble que j'éleve ma voix contre le ciel, l'Egliſe ne laiſſera pas de crier, *Leur droite eſt pleine de preſens, ils ont l'iniquité dans leurs mains.*

S E C-

SECTION III.

Dispute de Mediaſtin, qui veut prouver que le Commerce a parler en general n'eſt point contraire a l'état Religieux.

18. ON ne peut point douter que le Commerce des dignitez de l'ordre Religieux que nous venons de rejetter, ne ſoit une production de la Simonie, de l'orgueil & de l'avarice. Il y a encore un autre commerce dont nous ne parlerons point ici, que St. Auguſtin dans le ſermon 5. ſur le Pſeaume 70. apelle *le deteſtable commerce* des Pelagiens qui ſe glorifioient de leurs œuvres. C'eſt pourquoi nous ne nous arreterons qu'à ce qu'on apelle communement commerce, qui, comme dit Gabriel, 4. *diſt.* 15. *q.* 10. *art.* 1. *notab.* 1., comprend toute ſorte d'achat de marchandiſe, & qui eſt quelque choſe de plus univerſel que le negoce qui à parler à la rigueur conſiſte dans la ſeule vente & revente avec profit de ce qui a été acheté. Toutefois on ne fait point ordinairement cette diſtinction & nous ne nous y atacherons point trop ſcrupuleuſement. Gutierres & les autres Juriſconſultes diſtinguent le Marchand du Negotiant, en ce que le dernier eſt reconnu tel par un ſeul acte, au lieu que le Marchand eſt celui qui fait profeſſion de trafiquer, & qui le pratique ſouvent. Ce qu'il importe beaucoup de remarquer, pour expliquer les Canons qui defendent le negoce aux perſon-

nes

nes sacrées ; sans distinguer assez le Negoce de
marchandise de tout autre Negoce, & qui n'ont
point eu intention de comprendre celui des
marchandises dans la defense qu'ils font, c'est
pourquoi en parlant generalement, ce Negoce
des marchandises n'est pas contraire à l'état Religieux, ce que Mediastin semble vouloir persua-
der par ses raisons.

19. Premierement le Negoce de marchandise
n'a rien de mauvais dans son objet, ni dans ce
qui en depend. C'est plûtot une chose avanta-
geuse & necessaire au genre humain, pour la vie
& pour pouvoir obtenir, par le moien des choses que l'on a abondament, celles dont on a besoin. C'est ainsi que les Scholastiques s'expliquent sur *le* 4. *sent. d.* 15. & Molina *tract.* 2.
d. 339. J'avouë qu'il y a quelque trafic qui par
raport à son objet, & à ce qui en depend n'est
point permis, comme par exemple celui que font
des impies en vendant des hommes libres, sans aucun titre, est très mauvais, de même que le commerce qui sert à l'Idolatrie, que Tertullien condamne. *L. de idol. c.* 11. Le commerce, dit-il,
est très convenable à un serviteur de Dieu, s'il se fait
sans cupidité & sans desir d'acquerir. S'il n'y a
point de desir il n'y aura point de necessité de negotier. Je veux donc qu'il puisse y avoir un gain juste,
exempt de cupidité & de mensonge, mais je dis que
ce gain est un crime d'idolatrie, s'il a quelque raport aux Idoles, & s'il engraisse le demon & l'entretient dans le cœur, qu'on voie si ce n'est point en
cela que consiste principalement l'idolatrie, lorsi-
que les même marchandises, je veux dire l'encens
& les autres choses qui viennent des païs étrangers
& qui servent au sacrifice des Idoles, nous servent
aussi

aussi dans nos medicamens & pour la sepulture. Certes si vos perils, vos pertes, vos incommoditez vos pensées, vos discours, vôtre negoce contribue aux pompes, aux Sacerdoces & aux Sacrifices des Idoles ne faites vous pas voir que vous étes leur procureur & leur protecteur ? Il paroît par ce que Tertullien ajoûte qu'il traite seulement du commerce dont j'ai parlé, que personne, dit-il, ne pretende qu'on doive condamner toute sorte de commerce : & un peu après, Il n'y a donc aucun art, aucune profession, ni aucun commerce qui serve ou à former ou à orner les Idoles, qu'on ne doive apeller idolatrie, à moins qu'on ne change la definition de l'idolatrie & qu'on ne dise qu'elle est autre chose que le culte & le service des Idoles. Tertullien condamne donc seulement le negoce qui sert à l'idolatrie, qui est mauvais dans son objet : quoique cela n'arrive point toujours même dans les choses dont les Idolatres se servent pour le culte de leurs fausses Divinités, il arrive neanmoins quelquefois, comme remarque Sanches, *l. 1. in decalo. c.* 7. mais sans doute très souvent par la faute des Negotians. C'est là seulement ce que quelques Peres, qui ont été ennemis du commerce ont pretendu ; comme Clement Alexandrin, *l. 1. pedagog.* S. Augustin, *in psal.* 70. Mais un abus, qui n'est qu'accidentel ne rend point une action mauvaise en elle même, autrement il n'y auroit rien de pur, & sans tache, n'y ayant rien de si saint, que nous ne puissions rendre mauvais par nôtre faute, & par un abus volontaire, comme S. Gregoire de Nazianze, *orat.* 20. & S. Augustin, *l. de vera Relig.* le remarquent.

20. Le Negoce des marchandises indifferentes n'étant point mauvais par son objet, mais seulement

ment

ment par accident, qu'est-ce qui empêche que les Religieux ne s'en mêlent ? Il semble qu'il est expedient que ce soit plutôt eux que d'autres, qui l'exercent, car ils le feront avec plus de bonne foi, & sans les defauts ordinaires au commerce, & il n'est point vrai qu'il faille pour cela leur ôter leur prééminence & leur noblesse, mais ils conserveront l'une & l'autre en vivant religieusement. Les Jurisconsultes sont partagez sur cette question. Louis Romain, Guillaume Benoit, Tiraquel & avant eux Salvien *l. 4. de provid.* soutiennent qu'ils peuvent, sans interesser leur noblesse, se mêler de marchandise, comme font les seculiers, qui le peuvent sans deroger à leur noblesse, comme plusieurs l'enseignent. On peut voir sur cela Turtura, Adam Gontzen, Cepola & les autres raportez par Tiraquel. Ils disent de si belles choses en faveur de ce trafic qu'il n'y a point à craindre que les Religieux, se rendent meprisables, & degenerent s'ils l'exercent avec pureté & avec sainteté.

22. Secondement de très saints personnages ont fait la marchandise non seulement avant que d'avoir quitté le monde, comme S. Francois, mais même après avoir mis la main à la charrue, & après s'être consacrez au service de Dieu. Ainsi S. Abraham de moine devenu Evêque, au raport de Theodoret, s'apliqua au commerce, pour assister le prochain. S. Francois Xavier s'atacha à un marchand pour le servir, afin de pouvoir penetrer dans la Chine. C'est aussi ce qui arrive tous les jours dans le même païs, où le Nom Chrétien & Catholique est haï, & où de savans & habiles ministres des choses di-

vi-

vines , quoi qu'ils ayent fait profession de l'état
religieux , font la marchandife. Et quoi qu'ils le
faffent plutôt à deffein d'avancer la Religion
Chrétienne, qu'à deffein de s'enrichir ; cependant on peut conclurre de leur conduite , que la
marchandife n'eft point une chofe blamable, ni
contraire à l'état Religieux ; autrement des hommes parfaitement morts au monde, & comme
parle Caffien, de Martirs vivans, ne fe feroient
point deguifez en Marchands même pour une
bonne fin extérieure. Comme auffi perfonne ,
ne voudroit pour une fin quelque fainte qu'elle
fut , fe proftituer, ou entretenir un lieu infame.

22. En troifiéme lieu , anciennement de très
faints Moines , quoiqu'ils ne fuffent point apellés
Marchands, expofoient toutefois en vente leurs
marchandifes, & faifoient toutes les fonctions de
Marchands. Dans la Conftitution de Juftinien
L. 12. c. Negotiatores ne militent. Ceux qui
prefident aux ouvrages publics, & aux manu-
factures font compris fous le nom de Negotians. Or il eft certain qu'une grande quantité de
Religieux , non feulement exerçoient des metiers ,
mais même qu'ils vendoient leurs ouvrages ,
& qu'ils en touchoient le prix. Ceft ainfi que les
Moines de l'Abbé Aphtone, s'apliquoient à toute forte d'Arts , qu'ils vendoient leurs ouvrages
pour vivre , & qu'ils diftribuoient ce qu'ils avoient
de refte aux femmes qui étoient retirées dans
les monafteres, & aux prifonniers ; comme l'é-
crit Palladius. On voit dans Caffien que la même coutume étoit en ufage parmi les Moines. On
le lit encore dans ce qu'il raporte des actions de
S. Pachome. Il écrit auffi qu'Archebius s'étant
prefcrit un travail trois fois plus grand que fa
tâ-

tâche ordinaire, aquita en un an une dette de cent
sols que sa mere avoit contractée. S. Vital abbé
étant venu à Alexandrie & ayant fait le catalogue
de toutes les femmes debauchées, il faisoit tous les
jours quelques petits ouvrages, dont il recevoit le
prix, & s'en servoit pour les retirer de leur infame
commerce. Les actes de St. Arsene Abbé, disent
qu'il faisoit de rameaux de palmier des houces &
qu'il les vendoit. Nous lisons de même que plusieurs Moines s'occupoient à faire, ou à écrire
des livres, & qu'ils en retiroient le prix pour vivre;
c'est ce que faisoit le Moine Lucien comme il est
marqué dans la vie de St. Epiphane. Caslien l'écrit
de même d'un certain Simon. Quelqu'un raporte
que Theodose le jeune à l'imitation des Moines vivoit de ce travail. Mais Nicephore qu'il allegue dit
seulement, qu'il relioit si proprement les livres qu'il
auroit pû vivre, s'il avoit voulu, de cette profession, comme faisoient la plûpart des S. Moines. S.
Hilarion, comme l'écrit St. Hierome, étant entré en Sicile, faisoit tous les jours, dans un champ
desert & abandonné, un fagot de bois, qu'il mettoit sur le dos de son Disciple, & ils l'alloient vendre dans la ville la plus proche, pour vivre, & ils en
achetoient aussi du pain pour ceux qui les venoient
visiter. Il n'y a rien enfin de plus ordinaire dans la
vie des anciens Solitaires, que d'en voir qui vivoient
du travail de leurs mains, & en vendant leurs ouvrages, qui même se servoient de leur gain à plusieurs œuvres saintes, ce qui est un veritable commerce. Et afin que personne ne croie que ces bons
moines ignorans tomboient par simplicité en
quelque péché, nous avons les plus grands Docteurs de l'Eglise, qui autorisent leur façon de
vivre. Car St. Basile recommande admirablement

de

de travailler à des ouvrages qui puſſent ſe vendre,
afin que le Moine pût ſubvenir aux neceſſités des
pauvres. St. Auguſtin *L. de oper. Monach. c.* 22. &
25. eſt d'avis qu'on reçoive dans les monaſteres
ceux qui étoient artiſans dans le ſiecle, pour y exercer les mêmes metiers lucratifs. St. Baſile à la verité doute ſi l'on peut entre les freres, c'eſt à dire
entre deux Monaſteres, exercer ce negoce & vendre ces ouvrages, & il conclud qu'on le peut, ſur
tout, ſi quelque neceſſité y oblige. Au reſte-il ſup-
poſe, comme une choſe certaine, l'honneteté de
ce commerce entre un monaſtere & les ſeculiers.
St. Benoit le reconnoit ouvertement *Reg. c* 48. S.
Pierre Damien à la verité deſaprouve que ſous
ce pretexte tout ſoit impunement permis aux freres, qui ſe rendent neceſſaires à cauſe de leurs
metiers, comme il le dit d'un certain Maur, qui
exercoit un ſemblable metier dans un Monaſtere.
Mais ces defauts viennent de ceux qui ont la direction des ouvrages & non du metier qui eſt honnête
en lui même. Il y avoit auſſi des Moines imprudens
qui s'accabloient de travail, & qui tournoient à la
ruine de la pieté, le prix de leurs ouvrages. Cependant cette imprudence, qui étouffe l'eſprit de Dieu,
ne fait aucun tort à l'aplication des autres qui par ce
moien, outre le petit gain neceſſaire à leur ſubſiſtance, evitent l'oiſiveté, car il n'y a point de peſte
plus fatale à un Religieux, comme le dit St. Hierome. Enfin il a ſemblé à quelques-uns que le travail
manuel, ſoit pour vivre, ſoit pour éviter l'oiſiveté,
étoit ſi neceſſaire aux Moines, qu'ils ſont obligez
par le droit naturel & par le droit divin de s'y apliquer; ſurquoi Caſſien *L.* 10. *c.* 8. & Iſidore de
Pelouſe font pluſieurs remarques. A la verité
Rupert & pluſieurs autres ne croient point que le
tra-

travail des mains soit de precepte aux Moines, neanmoins il est certain qu'il est digne de louange & meritoire, quoiqu'il contienne ce commerce des Religieux, & ce que dit Cassiodore peut bien trouver ici la place ; Qu'ils s'apliquent, dit-il, à un gain continuel par un travail assidu, sans craindre l'envie, car ce qui vient de l'art est exempt de crime.

23. En quatrieme lieu, il y a une autre ancienne pratique des saints ; qui prouve ouvertement que le commerce est permis. Autrefois plusieurs S. Religieux avoient chez eux des enfans seculiers qu'ils formoient dans leurs cloitres à la vertu & aux Lettres même humaines. Ils les nourrissoient & les élevoient pour le corps & pour l'ame. C'est ce qu'on voit dans St Basile non seulement *dans les petites Regles interrog.* 292. où il aprouve l'instruction des enfans, ce qu'on pourroit entendre de ceux de dehors & non pas des commençaux, mais *Reg.* 15. *Jus.* où il prescrit plus au long la maniere d'élever les enfans, qui vivoient dans les Monasteres, jusqu'à ce qu'étant devenus grands, ils pussent être admis au nombre des Moines, ou être congediez, s'ils vouloient. Ce qui a été imité par S. Benoit & par St. Gregoire qui raporte que S. Maur & S. Placide étoient du nombre des enfans des nobles Romains qui vivoient & qui étoient élevez dans le Monastere de S. Benoit. La même chose a été observée pendant plusieurs siecles dans le Mont Cassin, comme il paroit par la vie de S. Thomas d'Aquin qui dès son enfance vecu dans ce Monastere & sucça avec les belles Lettres, le lait de la plus sincere pieté.

24. En cinquieme lieu qui est ce qui voudroit nier qu'on ne pût vendre la plus part des choses super-

perfluës qui se trouvent dans les maisons Religieuses, & qui seroient perduës, si l'on ne les vendoit comme les fruits des jardins & des champs, le foin, le lin, la laine, le lait & le fromage qui vient des brebis, & les brebis mêmes, ou le bêtail qui ne manque point dans les maisons Religieuses, si ce n'est qu'on veuille qu'ils laissent leur paturages inutiles & infructueux? Il est certain que toutes ces choses peuvent être venduës; car d'où tireroit-on dequoi fournir aux dépenses des Communautez qui ne font point profession de mendicité, s'il ne leur étoit pas permis de tirer de l'argent de ces marchandises dont nous venons de parler? Ce qui est un veritable Negoce & un veritable Commerce. On peut dire la même chose de ce qui se pratique en plusieurs endroits à l'égard des livres composez par les Religieux, qui ne pourroient être imprimez s'ils n'avoient de quoi faire les frais de l'impression. Et parceque les livres imprimez, avec des depenses infinies causeroient le renversement des maisons Religieuses, si elles ne pouvoient en recevoir la valeur, elles les vendent à un certain prix, comme feroient les Libraires seculiers que personne ne peut nier être de veritables Marchands. Les Religieux sont donc à cet égard de vrais Marchands, sans qu'on leur puisse imputer en cela aucune faute.

25. En sixiéme lieu, traiter les malades & leur preparer des remedes, c'est une œuvre sainte & qui n'est point indigne des Religieux. Palladius même *L.* 14. & Heraclide *in parad. c.* 3. donnent de grandes loüanges au Moine Apollonius, qui tous les matins dès le point du jour sortoit & s'occupoit jusqu'à la neuviéme heure

C

à

à faire le tour des Monasteres des hommes &
des femmes, qui étoient sur le mont de Nitrie,
& où il y avoit jusqu'à cinq mille personnes;
il portoit avec lui pour les malades des remedes & des alimens; qu'il achetoit à Alexandrie.
Il laissa comme par testament à un autre qui
étoit habile dans la medecine, ce soin & cette
charité envers les Religieux & les Religieuses
malades, & il lui legua tous les meubles propres à ce ministére. Le nom même qui fut
donné à Apollonius designe que cet exercice
de charité, étoit un Negoce, car il fut nommé le Marchand. Ce n'est donc point sans
exemple que les Religieux habiles dans la medecine peuvent faire des remedes, même pour
les personnes du Sexe & pour les Vierges. Or
cela ne se peut faire sans recevoir le prix de la
depense qu'il faut pour cela & un profit moderé afin d'entrenir l'Apoticairerie & les meubles
necessaires à la Pharmacie. Le Negoce n'est
donc point encore de ce côté là contraire à l'é-
tat Religieux, On voit aussi dans les Religions
biens reglées, qu'à la vuë & avec l'aprobation
des Prelats & même à Rome, ce que le Souverain Pontife ne peut ignorer, il y a des bou-
tiques d'Apoticaire, où l'on fournit des remedes
& à plusieurs Seculiers, & aux Monasteres de
Filles & cela pour de l'argent, ce qui est un
veritable Negoce. Il est vrai que le soin &
comme parle l'Ecriture, *le traitement* des Religieuses malades, comme feroit un Medecin seculier, n'apartient point au Negoce. Un Religieux peut aussi faire cet office.

26. En septiéme lieu, les Religieuses exercent presque par tout, diverses sortes de Negoce,

ce, au feû de l'Evêque, & avec l'approbation
des Directeurs generaux & des personnes doc-
tes & pieuses. Il y en a qui font un grand profit d'Agnus de cire qu'elles travaillent avec beaucoup d'Art & de propreté, renfermant les par-
ticules de cette cire benite & les enchassant avec
de la soye, & du fil d'or ou d'argent, ce qu'elles vendent souvent à un prix qui excéde la valeur de la matiere, qui n'est point consacrée.
Et il est hors de doute qu'on peut ainsi vendre
les Agnus de cire comme Suares le prouve *l.
de Simonia c.* 14. *n.* 10. & Sanches *l.* 2. *in Decalog. c.* 43. *n.* 29. quoique Valentia le nie mal
à propos, 22. *d.* 6. *q.* 19. *p.* 2. *dub.* 5. Il y a
d'autres Religieuses qui prennent à tâche toute sorte d'ouvrages de toile, & j'ai ouï dire que
dans la Ville de Lion, plusieurs Religieuses de
divers instituts ont attiré à soi ce commerce qu'elles ont enlevé à plusieurs femmes & filles seculieres, non seulement pour éviter l'oisiveté,
mais même pour gagner dequoi entretenir une
communauté nombreuse. Je n'en impose point,
des témoins irreprochables & des personnes de-
sinteressées disent que les Marchands font ce
Negoce avec les Religieuses plûtôt qu'avec des
Seculieres; parce qu'elles font l'ouvrage à meilleur marché, ou parce qu'ils croyent leurs marchandises plus assurées entre les mains de ces
Religieuses. Un Marchand vient donc, par
exemple trouver une Superieure, & conve-
nant du prix, il donne tout à la fois à faire mille chemises, huit cent linceuils, mille paires de
bas de toile, six cent coëfes. La Superieure fait
couper l'ouvrage, & le distribue en un même
jour aux Sœurs qu'elle divise en plusieurs trou-

pes, établiſſant ſur chaque troupe, c'eſt-à-dire, par exemple ſur une dixaine une des Sœurs, pour preſider à l'ouvrage, qui ſoit induſtrieuſe & ſoigneuſe, & qui oblige les autres à s'aquiter de leur tâche, les preſſant d'autant plus qu'elle a envie de gagner les bonnes graces de la Superieure, afin d'être élevée dans la ſuite du tems à des emplois & à des offices plus conſidérables. Les Directeurs generaux & particuliers des filles ont connoiſſance de tout cela, ils permettent aux Sœurs le gain honnête qui provient de ce Negoce ſans ſe mettre en peine des plaintes & des murmures des filles ſeculieres, quoi que le bruit court que la plûpart de celles qui vivoient de ce travail, ſont contraintes d'expoſer leur honneur, & de ſe proſtituer pour vivre. Ce n'eſt donc point une choſe contraire à l'état Religieux, que le Negoce que faiſoient des filles ſeculiers, & qu'elles font encore lorſque les Religieuſes leur permettent. Il y a auſſi un autre Commerce bien plus lucratif, qui vient de la dote des Religieuſes & des preſens que l'on eſt convenu de donner au delà de la dote.

27. En huitiéme lieu, c'eſt une choſe ordinaire que les communautez Religieuſes de l'un & de l'autre Sexe, mettent leur argent par contrats de ſocieté, ſur les fonds de Banquiers & des Marchands qui s'en ſervent pour leur Negoce, & qui payent l'interêt après avoir aſſuré le capital & le revenu. Il eſt vrai qu'il y a des Docteurs qui font difficulté d'accorder aux Religieux un tel profit & un tel Negoce, mais la pratique univerſelle eſt au contraire, & de graves Theologiens l'aprouvent,

com-

comme Jean Medina *q. 30. de Restit.* Tabienna, Armilla, Lessius, Rebellus, & ceux qui ne l'aprouvent point comme Molina & Gutiers, n'osent la condamner absolument comme une chose bien mauvaise ; & ne reconnoissent qu'une faute legere dans ce Commerce des Religieux je dis Commerce, parce que le Banquier ou le Marchand qui met sa peine ou qui fournit une partie de l'argent, & qui en reçoit des Religieux fait un veritable Commerce. Il est donc certain que les Religieux qui sont en cela les associez du Banquier (comme il paroit par le nom du Contract de Societé) se mêlent de Negoce. Et quoi que dans le contract de Societé le Banquier seul ou le Marchand, doive mettre son travail & ses soins, toutefois parceque les Religieux concourrent avec lui, en sorte que s'ils se retiroient il ne pourroit agir, il est clair qu'ils peuvent avec autant de raison être appellez Negocians que le Marchand même, puis qu'ils fournissent les nerfs du Commerce, & le Marchand ne donne que son travail & son industrie qui est la moindre chose. Les Religieux sont en cela des veritables Marchands. Pourquoi donc ne pourront-t'ils pas negotier en toutre autre maniere honnête & legitime, s'ils le trouvent à propos.

28. En neuviéme lieu, nous avons l'exemple de Dieu & de son Fils Jesus Christ qui ont pratiqué le Commerce, & qui l'ont recommandé aux hommes. Hildebert *Epist. 5.* enseigne dequelle maniere Dieu a été Marchand. L'union, dit-il, du verbe avec l'humanité qu'êst-ce autre chose qu'un Negoce & un Commerce admirable? St. Augustin traite de la même chose plus

au long. *S.* 34. *ex novis.* Et S. Leon en peu de
mots, *S.* 3. *de paſſ. c.* 4. Il repreſente que ce riche & miſericordieux Negotiant du Ciel & de
la terre , à fait le Commerce de nôtre ſalut par
un change admirable. Toute la vie de Jeſus-
Chriſt n'a été qu'un commerce, & par là il nous
impoſe l'obligation de negotier, comme dit très
bien St. Pierre Damien & St. Paulin *Epiſt. S.* 59.
12. enſeigne que c'eſt le deſſein de Dieu que
tout le monde negotie , & que c'eſt pour cela
qu'il a établi l'union des pauvres & des riches qui
eſt le fondement du commerce. On peut donc
conclurre de ces choſes, que le Negoce conſideré en lui même & dans ce qui en eſt inſeparable, ne contient rien qui ſoit contraire à l'é-
tat Religieux , autrement Dieu n'y convieroit
point les hommes & ne les y obligeroit point en
leur propoſant des peines s'ils manquent de s'y
appliquer. Et quoi que la matiere du commerce
de Dieu & de Jeſus-Chriſt , ſoit differente de la
matiere du commerce dont nous parlons, la forme & la maniere n'eſt point differente. De
ſorte que Dieu & Jeſus-Chriſt ayant bien voulu
faire un commerce, qui eut de la reſſemblance
& de la proportion avec le nôtre , ils nous ont
donné une preuve ſuffiſante, que le commerce
eſt pur & qu'il n'aporte aucune tâche à l'état
Religieux.

29. Il y a ſeulement une choſe qu'on peut
alleguer avec quelque couleur contre un ſi grand
nombre d'argumens, qui ont tant de force &
que nous avons rapportez en faveur du commerce des Religieux , ſavoir la diſſipation & la
diſtraction de l'eſprit, qui eſt une ſuite du commerce, mais il n'y a rien à craindre de ce côté
là,

là, autrement ce feroit craindre fans fujet, car
St. Chrifoftome *hom. 35. in gen.* exhorte les
Moines au recueillement dans quelque multitude
d'affaires qu'ils fe trouvent, & pour faire voir que
non feulement cela eft poffible, mais même facile, il donne pour exemple l'Eunuque qui étoit
établi fur tous les trefors de la Reine d'Ethiopie,
& qui neanmoins dans le chemin même étoit
occupé à l'étude & à la lecture des divines Ecritures. Les Maîtres & les Peres de la vie fpirituelle, enfeignent auffi communement qu'on
peut au milieu des foires & des marchez, &
parmi la multitude des affaires vivre & fe comporter comme dans la folitude en élevant à Dieu
les yeux de leurs efprits & les y tenant fixement
attachez. Celui-là, dit Hugues de Foliet *l.* 4.
de clauftro animæ c. 36. n'eft point dans la Ville qui fe trouvant corporellement au milieu de
la foule du Peuple, ne fouffre dans fon cœur
aucune agitation & aucun trouble des foins &
des inquietudes du fiecle : & St. Bernard *f.* 40.
in Cant. dit ces paroles, on ne demande de vous
que la feule folitude de l'efprit & du cœur,
vous êtes feul fi vos penfées font differentes de
celles des autres, fi vous ne vous portez point aux
chofes prefentes, fi vous meprifez ce que d'autres eftiment, fi vous avez du degoût pour ce
qu'ils defirent, fi vous évitez les querelles, fi
vous êtes infenfible aux pertes & aux torts qu'on
vous fait, fi vous oubliez les injures, autrement
quand vous feriez feul de corps, on ne pouroit
point dire que vous feriez feul. Voyez vous
comment il fe peut faire que vous foyez feul,
même au milieu de la multitude, & que vous
foyez au milieu de la multitude quoique vous

 foyez

foyez feul ? Vous pouvez être feul quelque environné de monde que vous puiffiez être. Il avoit dit auparavant que l'ame pieufe, qui eft la tourterelle miftique, doit chercher la retraite & la folitude non du corps mais de l'efprit, parceque Jefus-Chrift qui eft l'efprit qui nous eft propofé, ne demande que la folitude de l'efprit. St. Gregoire de Nazianze *Orat.* 21. parlant du grand St. Athanafe & de la vifite qu'il fit des Monafteres d'Egipte, après avoir traité à part des Heremites, il ajoûta au fujet des Cenobites ces belles paroles. Ils gardent entre eux les loix de la charité par l'union & la focieté, ils font en même temps Solitaires & Cenobites, morts au monde & au refte des hommes, detachez de toutes affaires & des embarras qui font au milieu d'eux, ou qui les environnent & qui nous en impofent à nous par leurs changemens & leur inconftance. Ils fe tiennent lieu de monde lefuns aux autres, & ils s'excitent & s'animent mutuellement à la vertu par leurs exemples.

Ce grand homme les frequentoit fouvent, & avoit avec eux une grande habitude, & comme il favoit juger toutes chofes & les concilier enfemble, fuivant l'exemple de celui qui a concilié par fon fang tout ce qui étoit divifé. Il concilia de même la vie folitaire avec la Cenobitique, faifant voir que l'Epifcopat n'étoit point contraire à la contemplation qui eft la vraie Philofophie, & que cette Philofophie convenoit à l'inftitution d'un Prelat appliqué à fes devoirs, il unit & raffembla ainfi en fa perfonne ces deux chofes, favoir une action tranquille, & une tranquilité agiffante, pour faire voir à tout le monde que la profeffion de la vie monaftique, confif-

fiſtoit piûtûtôt dans la gravité & l'égalité des
mœurs que dans la retraite corporelle, & que
c'étoit ce qui la relevoit d'avantage. On peut
encore raporter à cela l'exemple de David, qui
ſavoit en même temps & agir & être ſeul, ſelon le ſentimeut de ceux qui crient que cette verité eſt prouvée & fortement établie par ce paſſage, *ſingulariter, ſum ego, donec tranſeam*. St.
Gregoire de Niſſe louë St. Baſile ſon frere, de ce
qu'il vivoit dans la ville comme au milieu de la
ſolitude, & de ce que le commerce des hommes ne bleſſoit aucunement ſa vertu. St. Baſile lui-même *in conſt. mon c.* 6 parlant des Moines qui exerçoient quelque mêtier, fait voir comment ils peuvent vivre avec autant de perfection
au milieu du marché, comme dans leur Monaſtere. S'il arrive, dit-il, qu'il ſoit neceſſaire de
travailler étant expoſé aux injures de l'air, cela
n'empêche point la Philoſophie, car celui qui
eſt veritablement Philoſophe à ſoin de ſon corps,
de telle ſorte qu'il ne perd point la fermeté & la
tranquilité de ſon ame, ſoit qu'il ſe trouve au
marché, ou dans quelque grande aſſemblée, ſoit
qu'il ſoit ſur une montagne, ou dans un champ
ou au milieu d'une grande quantité de monde, il
demeure conſtant & ferme en lui-même comme dans un Monaſtere naturel, ayant ſon eſprit
receuilli interieurement, & meditant des choſes
qui regardent ſes devoirs & ſes obligations; car il
peut arriver que celui qui demeure en ſon particulier, ſoit negligent & ſorte hors de lui-même par l'agitation & l'inconſtance de ſon eſprit,
& qu'au contraire celui qui ſe trouve au milieu
du marché, étant attentif à ſoi-même, ſoit comme s'ils étoit dans une grande ſolitude, parce

C 5

qu'en

qu'en effet il a toutes ses pensées recueillies en lui-même & en Dieu, & qu'il ne reçoit de ses sens aucun des troubles qui viennent ordinairement des objets sensibles. St. Chrisostome *in cath. ad illum.* confirme par l'autorité de l'Apôtre, que la boutique peut servir de Monastere à l'ouvrier, & dans le *Ps.* 140. sur ces paroles *Singulariter, sum ego, donec transeam*, il dit qu'un homme peut demeurer au milieu des villes de même que dans un Monastere, qu'il y peut être singulier, & comme il dit, recueilli & sans avoir l'esprit dissipé. Par conséquent la difficulté qu'on forme contre le commerce des Religieux, à cause de la dissipation qui vient de ce commerce, est levée & s'évanoüit entierement.

SECTION IV.

Les Raisons raportées par Timothée, pour prouver que le commerce est absolument contraire à l'état Religieux.

30. **T**Imothée produit beaucoup de choses contre Mediastin pour deraciner le commerce des maisons Religieuses, & il fait voir que dans quelques Ordres par la lacheté de quelques Superieurs, les Cloitres étoient devenus des Marchez, & Pierre de Blois Ep. 47. se plaint que cet abus n'est ni moins honteux, ni moins pernicieux & capable de detruire l'esprit de la Religion, que ce qu'il ajoûte au même

enrendroit, que les Cloîtres font devenus des Camps, où les Religieux n'étant pas moins ardens que les Seculiers à prendre part aux guerres, s'informent & parlent continuellement de l'exercice des armes, fe trouvent en efprit dans les combats, en viennent aux mains par la volonté & le defir fouvent avec les Heretiques contre les Catholiques, & ce que Guillaume de Paris *l. de Moribus c.* 8. regarde avec raifon comme une chofe horrible, ils tirent l'epée de la penfée & de la volonté, & tuent en imagination tous ceux qu'ils rencontrent, & plût à Dieu que des chofes fi monftrueufes n'euffent point paffé le tems de Guillaume de Paris ; mais nous parlerons dans un autre lieu de ce changement des Cloîtres en des Camps d'armée, par la negligence & le peu de Religion de ceux qui devroient s'y oppofer, nous en parlerons dis-je, lorfque nous traiterons de la ferocité du guerrier Edom, qui fignifie *Roux* felon l'interpretation de St. Hierome, c'eft-à-dire, fanguinaire, cruel & terreftre. Nous ne dirons rien auffi du changement des Cloîtres en barreaux par les procès, en quoi les Religieux font très-habiles, jufques là qu'un certain d'un ordre de Mendians, ayant acheté le procès d'un homme Seculier, contre un autre Seculier, entreprit de le pouffer en la Chambre des Comptes d'où il fut rejetté avec indignation, la permiffion qu'il avoit par écrit de fon Superieur ayant été biffée. Nous examinerons donc prefentemént le feul changement des Cloîtres en marchez par le Negoce & le Commerce, qui deshonnore l'état Religieux & qui doit être rejetté des Monafteres par le droit divin & humain, comme les raifons que nous allons raporter femblent le prouver.

31. Pre-

31. Premierement l'Ecriture condamne le Commerce exercé par des personnes de pieté, on se sert ordinairement à ce sujet du passage du *Ps.* 70. que David s'applique à lui même ; parceque je n'ai point connu le Negoce, j'entrerai dans les puissances du Seigneur. C'est ainsi que le vieux Pseautier Romain, St. Hierome, St. Augustin, Arnobius, Cassiodore, Gelase & St. Ambroise le lisent, ce qui revient à nôtre vulgate, où nous lisons, *Quoniam non cognovi litteraturam*, & à Pagninus & à l'Hebreux qui lisent *Quoniam non cognovi numerationes seu numeros.* Toutes ces differentes lectures reviennent à un même sens. Il semble qu'il pourroit y avoir de l'erreur dans le mot de *Litteratura*, à cause de la ressemblance du mot grec qui signifie Negoce qui se trouve dans plusieurs Bibles Greques, & de celui de Litterature qui se trouve aussi dans quelques autres Bibles Greques, toutefois en retenant comme on le doit la version Vulgate aprouvée par le Concile de Trente, le sens est le même que celui des autres Textes. On peut bien expliquer les Ecritures & accorder les termes de Litterature & de Compte qui sont en usage dans le Commerce. Car les livres de recepte & de mises, ou les livres de compte ne sont ils pas composez de lettres? aussi tout le Commerce consiste à faire des comptes & à écrire des nombres comme Tilleman, Genebrard, Busée, Pierre de Blois l'ont fort bien remarqué, en expliquant le passage du Psalmiste. Le St. Esprit selon toutes les differentes lectures de cet endroit du Pseaume, fait voir les dangers du Commerce & en quel peril est le salut éternel des Negotians, c'est pourquoi il enseigne assez

clai-

clairement qu'une telle occupation ne peut compatir avec l'état Religieux.

32. La même chofe eft enfeignée dans l'Ecclefiaftique *Ch. 26. & 27.* en ces termes; *Il y a deux chofes qui m'ont toujours paru difficiles & perilleufes. il eft difficile que le Marchand ne tombe dans la negligence & que le Cabaretier foit exemp de fante; dans fes paroles. Plufieurs à caufe de la pauvreté font tombés dans le peché, & celui qui cherche à s'enrichir detourne fes yeux* (de la loi de Dieu.) *De même qu'un pieu qui eft planté au milieu d'un monceau de pierre, eft preflé de toute part; auffi (le Marchand) fe trouvera engagé & chargé de peché au milieu* (de la vente & de l'achat.) Le fens eft qu'il y a deux fortes d'emploi ou de profeffion, ou il femble qu'il y a beaucoup de dangers & où il eft difficile de faire fon falut : favoir la profeffion du Marchand, & celle du Cabaretier. Il eft rare que le Marchand ne foit coupable de negligence, c'eft-à-dire de la faute qui fe commet par la negligence des vrais biens & du falut éternel. Ou bien par negligence on entend ici, le peu de foin à s'aquiter des devoirs de pieté, car l'efprit accablé par la multitude des affaires neglige facilement les fonctions de la pieté envers Dieu. C'eft ce qui fait qu'on voit peu de Marchands qui ne negligent & le frequent ufage des Sacremens, & l'exercice de la priere. De plus beaucoup de Marchands à caufe de leur grande avidité pour le profit negligent de garder la bonne foi, & de rendre ce qui eft dû à chacun fans faire tort à perfonne, ce qui eft la ruine de la pieté. Ce font ces negligences & de femblables dont il eft très difficile qu'un

Mar-

Marchand foit exempt. Le Cabaretier (qui
eft auffi Marchand en fa maniere parce qu'il
vend du vin & des viandes, & qu'il tire du gain
de l'ufage de fes meubles & de fes uftencilles)
eft auffi particulierement expofé aux pechez
de la langue, favoir au menfonge & au parjure. Comme ces deux fortes de profeffions font
les plus generales & les plus ordinaires, le fage
a eu raifon de dire que plufieurs Marchands &
Cabaretiers voulant éviter la pauvreté, & augmenter leurs biens tombent dans les pechés,
& dans la ruine & la perte éternelle de leur
falut. Car celui qui fe veut ainfi enrichir ne
fera point innocent, parce qu'il détournera
fes yeux pour ne point voir le ciel & pour
ne fe point fouvenir des juftes jugemens. On
peut donc auffi fort bien les comparer à un
pieu planté dans un monceau de pierre & qui
en eft preffé & ferré de toutes parts de forte
qu'il n'eft point facile de l'en retirer, car de
même il eft difficile & ce n'eft point une petite affaire d'arracher & d'ôter le peché du milieu des Marchands qui vendent & qui achetent.

33. Il faut bien remarquer que le S. Efprit
dans ces paffages que nous avons cités ne condamne point abfolument le commerce, comme s'il ne pouvoit être exercé fans offenfer
Dieu. Mais il enfeigne feulement que le
commerce eft plein de dangers & qu'il peut
très difficilement être exempt de peché. On
tire de là une forte raifon pour perfuader que
le commerce eft incompatible avec l'état Religieux. Suppofons qu'il foit utile & même neceffaire pour la Republique qu'il y ait des Marchands,

..chands, cependant à caufe du danger de peché qui y eft attaché, il eft convenable que ceux
qui afpirent à la perfection Chrétienne par leur inftitut & qui font profeffion d'éviter le peché, cherchent d'autres moiens & d'autres occupations
pour augmenter leurs biens, ou pour en acquerir,
& c'eft le confeil que nous donnons ici. Car quoiqu'une occupation foit d'elle même & de fa nature fans peché, fi elle porte ou engage au peché,
il eft convenable que ceux qui font profeffion d'a-
voir un grand éloignement du peché, ne s'y a-
pliquent point ; autrement on pourroit dire que le
jeu pouvant être fans peché, feroit permis à un
Religieux parce que quoiqu'il y ait dans le jeu
beaucoup de danger de tomber dans le peché
comme S. Ciprien ou celui qui eft l'auteur du traité des jeux qui fe trouve parmi les ouvrages de
ce Pere, Jean de Sarisburi *L. i. Polycrat. c. 5.*
& plufieurs autres avec Comirolus 3. *Refp.* 4.
7. le font voir.

34. On peut auffi à ce fujet raporter du nouveau Teftament cet Oracle de Jefus-Chrift *Luc.*
9. Perfonne qui met la main à la charrue & qui
regarde en arriere n'eft propre pour le Royaume des Cieux ; & quoique plufieurs expliquent
diverfement ce paffage, comme Suares *l. 2. de
voto c. 2.* neanmoins la veritable expofition eft
celle que S. Bafile infinue *in conft. Monaft. c.*
22. que ceux la ne font point propres au
Roiaume de Dieu, & font indignes d'entrer
dans le grand chemin de la perfection Chrétienne, qui veulent en même temps s'apliquer aux devoirs & à la pratique de la perfection, & donner leurs foins aux affaires
temporelles, & aux inquietudes de la vie comme

me font les Marchands. C'eft la veritablement regarder en arriere après avoir mis la main à la charrue. Car de même que le Laboureur après avoir
pris le manche de la charrue, ne pourroit conduire
droit les fillons, ni même labourer à amoins qu'il
ne foit attentif & qu'il ne trace des yeux le chemin
qu'il doit fuivre & de même qu'il ne manquera
point de fe tromper & de faire mal fon ouvrage, s'il
detourne fes yeux & qu'il regarde derniere lui :
auffi celui qui a refolu d'acquerir la perfection, n'y
eft point propre & ne pourra y arriver, s'il s'emba-
raffe en même temps des foins temporels. On peut
facilement juger par ce qui precéde que c'é-
toit la penfée de Jefus-Chrift. Car il avoit pro-
noncé cette fentence à l'occafion de celui qui
s'étoit offert à le fuivre en retenant le foin
de fes affaires domeftiques, ce que Jefus-
Chrift dit être impoffible. On peut donc dire de même, que ceux là ne font point propres au Roiaume de Dieu & regardent en arriere, qui veulent joindre avec la vie religieufe le Commerce, qui remplit l'efprit d'affaires
du fiecle & de foins temporels.

35. On peut ajoûter à cela la reprehenfion
de Jefus-Chrift, qui defend de faire de la maifon de fon pere une maifon de commerce. Or
qu'elle maifon peut on apeller plus veritablement la maifon de Dieu que la Religion ? Bede donne cette explication à ce paffage. La
même chofe fe prouve auffi par ces belles paroles du Sauveur ; *Perfonne ne peut fervir à deux
maîtres.* Le Concile de Conftantinople qui
eft apellé le premier & le fecond *c.* 11. fe
fert de ce paffage contre les perfonnes facrées
qui s'atachent aux affaires feculieres, & le Con-
ci-

cile veut qu'on les excluë des assemblées sacrées.
S. Paulin l'employe aussi pour montrer que les
personnes sacrées doivent fuir les embarras des
affaires seculieres, & Pierre de Blois Tract. *de
insti. Episc.* parle ainsi. *Personne*, dit-il, *ne
peut servir à deux maîtres, à Dieu & à mammon.* N'oubliez point de quelle maniere vous
avez renoncé à la bassesse seculiere, lorsque
vous avez reçu la tonsure, & que vous avez
été élu pour être l'héritage du Seigneur. Mais
le jour de votre consecration vous avez ajoûté
au renoncement des choses seculieres les vœux
que vos levres ont prononcés. Vous vous étes
lié par les paroles de votre bouche, lorsque
vous avez promis à celui qui vous consacroit, sans
aucune exception, que vous vous deporteriez
entierement dans la suite des affaires de la terre, &
du gain sordide & que vous emploïriez toûjours
tous vos soins aux affaires divines. Cela est dit à
un Evêque, mais on peut aussi l'adresser avec
plus de force & de justice à ceux qui veulent lier
le commerce avec la Religion. Enfin S. Paulin
se sert de la même autorité de Jesus-Christ & dans
le même dessein.

36. S. Paul 2 *Tim.* 2. condamne aussi ce ridicule assemblage du commerce & de la Religion,
car il parle ainsi à son Disciple bien aimé, travail-
lés comme un bon Soldat de Jesus-Christ, personne étant engagé en la milice de Dieu, ne
s'embarrasse des affaires du siecle afin de plaire à
celui au service du quel il est enrollé. S. Ciprien
Ep. 66. tourne un peu autrement ce passage,
mais toûjours dans le même sens; Personne, dit-
il, combattant pour Dieu ne s'oblige à des travaux du siecle. Gelase, S. Augustin, le Conci-

le

le 3. de Carthage l'emploient contre les Clercs qui negotient, & on peut l'emploier avec autant de justice contre les Religieux qui se melent de commerce, parce qu'ils ne font pas moins engagés à la milice & au service de Dieu que les Clercs. S. Basile represente les Religieux comme les Soldats de Dieu & leur donne cette qualité de même que S. Chrysostome, la Regle des Carmes, Delrio, & Marial. Afin donc de voir de quelle maniere l'Apôtre condamne les Religieux negotians, il faut examiner comment il parle à son Disciple, en lui disant qu'il se souvienne qu'il est Soldat de Jesus-Christ, qu'il doit travailler comme un genereux Soldat & tâcher de remporter la victoire. Or personne de ceux qui sont engagez à la guerre ne s'embarasse de negoce & de commerce pour avoir de quoi vivre : il ne se met point en peine de ce qu'il mangera, ou de ce qu'il boira, ou comment il achetera son boire & son manger. Car c'est à son Souverain à y pourvoir, mais il pense seulement comment il pourra rendre son service agreable à celui auquel il s'est engagé par le serment militaire; de même donc, selon l'Apôtre, il est necessaire que le Soldat de Dieu rejettant toutes les inquietudes mondaines, ait soin seulement de plaire à Dieu à la milice du quel il s'est inscrit. Le texte Grec porte ce sens, car il y a personne étant engagé à la milice de Dieu ne s'embarasse des affaires de la vie & de la nourriture; ni par consequent du commerce qui procure ce qui est necessaire à la vie, comme Bellarmin l'a bien remarqué. L'Apotre dit qu'aucun Soldat ne s'aplique à de telles choses & ne se couvre de ces épines de la foi, c'est ainsi que S. Hierome apelle les pensées qui regardent la nourriture. Quoique l'inl'Interprete Latin ait reſtraint cette milice à celle qui eſt ſous les ordres de Dieu ſeul, cependant les livres grecs omettent le mot *Dieu* & ont ſeulement ceux ci, *perſonne étant enrolé à la milice*, ce qui eſt la même choſe, car l'addition de l'Interprete Latin ne tend qu'à faire comprendre que la penſée de l'Apotre ſe doit entendre de la milice ſpirituelle qui s'exerce ſous l'empire & le commandement du grand Dieu, & que l'Apôtre veut que comme les Soldats du ſiecle laiſſent à leur Souverain le ſoin de pourvoir à leur nourriture, auſſi les Soldats de Dieu ayant renoncé aux ſoins de negotier & de pourvoir à ce qui leur eſt neceſſaire doivent entierement dependre de Dieu, éloignant d'eux les affaires & les ſoins de la vie que nôtre interprete apelle les affaires du ſiecle. S. Baſile donne cette interpretation de même que S. Chriſoſtome, c'eſt dans le même ſens que S. Epiphane dit que dans l'Egliſe Catholique on n'admet point aux ordres ſacrés *les vivans*; par ce qu'on ne reçoit point celui qui eſt engagé dans le mariage s'il ne ceſſe d'être le mari de ſa femme. Il entend par vivre, être engagé dans le mariage, s'apliquer aux choſes du ſiecle & aux affaires aux quelles les gens du monde s'apliquent pour pourvoir à leurs femmes & à leurs enfans & pour augmenter leurs biens. C'eſt ainſi que le P. Petau a reſtitué ce paſſage que Caſaubon & Saumaiſe nous avoient voulu enlever. Le Negoce eſt donc une choſe qui ne peut convenir à des Religieux parce qu'ils ſont engagez en la milice de Dieu, qu'ils ſont ſous l'autorite d'un Souverain plein de providence, qu'ils ne vivent plus mais qu'ils ſont morts & que par

con-

confequent ils ne doivent plus s'embaraffer dans
les foins & les inquietudes épineufes des vivans.
Nous fommes des Soldats, difoit Tertullien, dont
la difcipline eft d'autant plus grande & plus
exacte que nous avons un plus grand & plus
puiffant Souverain. S. Chrifoftome traite la
même chofe fort au long. S'ils difent cela
avec verité de tous les Chrétiens à plus forte raifon peut on le dire des Religieux.

37. C'eft à cela que fe raporte le paffage
de l'Apôtre qui defend que l'Evêque & tous
ceux qui font engagez à la milice divine, fe laiffent aller à la cupidité & au defir du gain fordide , *Epift. ad Titum* 2. Car quoique ce gain
fe puiffe entendre d'un gain injufte tel qu'il feroit
fi un Prelat fufcitoit à ceux qui font fous lui des
affaires & les engageoit dans des procès pour
pouvoir les fuccer, ce que les Peres du Concile d'Antioche reprocherent à Paul de Samofa-
te, comme on le voit dans Eufebe *L. 7. hift. c.*
26. neanmoins il faut diftinguer le gain fordide
du gain injufte ce qu'Abulenfis a remarqué *in*
cap. 25. *Matth.* p. 223. & 225. croiant que
le gain injufte eft celui par lequel on fait tort au
prochain par exemple , parce qu'une chofe fe
vend au de là du jufte prix. Mais le gain fordide eft celui qui, quoiqu'il ne combatte point
la juftice combat la bienfeance & l'honnêteté,
non qu'il foit mauvais en foi , mais parce que
de foi même étant quelque chofe d'indifferent
il n'eft ni honnête ni louable. Cette explication du gain fordide ne me plait point , parce
que felon cet auteur un tel gain n'eft point mauvais mais indifferent, d'où vient donc qu'il eft
apellé fordide ? Car ce qui n'a point de beauté
ni

ni de difformité ne peut être apellé difforme precisément parce qu'il n'eft pas beau. Il faut donc dire que le gain eft apellé fordide & malfeant à l'égard d'un certain état ou de certaines perfonnes, parce qu'il ne leur convient point, quoi qu'à l'égard d'un autre état au quel ce gain n'eft point contraire il ne peut être apellé fordide & deshonnête, & même s'il a une bonne fin, il pourra être jufte & honnête. Tel eft donc le gain à l'égard des perfonnes confacrées à Dieu, qui vient du commerce parce qu'il s'exerce pour le gain prefque par tous les Marchands. Ce gain eft apellé fordide & deshonnête par rapport aux perfonnes facrées parce que quoi qu'on fuppofe que ce ne foit point un gain injufte, il n'eft point bien feant à la nobleffe de l'état des Clercs & des Religieux de mêmequ'ordinairement, du moins en plufieurs pais, ce gain eft cenfé deshonorer l'état des Nobles, de quoi nous parlerons plus au long dans la fuite.

38. Après les témoignages de l'Ecriture, nous rapporterons les Oracles des Papes & des Conciles, qui ne défendent pas feulement le Commerce aux Religieux, mais même aux Clercs Car comme remarque Saint Thomas. 2. 2. *q*. 187. *art.* 2. Les Religieux, même ceux qui ne font que Laïques, ont en cela une femblable, pour ne pas dire une plus grande obligation que les Clercs, puifqu'ils font tous enrôlez dans une même Milice, & que la fin des Religieux les éloigne davantage du bruit du Commerce que les Clercs feculiers.

39. Le premier des Papes que nous pouvons alleguer eft Saint Silveftre, duquel Metaphrafte parle en cette maniere. Il prit foin d'établir un bon ordre dans l'Eglife, & ayant vû que les

Clercs

Clercs s'attachoient à des affaires mondaines &
seculieres, qu'ils s'appliquoient au Commerce,
à vendre & à acheter, il fut le premier qui établit la Loi qui ordonne que ceux qui ont été consacrez doivent s'en abstenir pour vaquer à la priere, disant souvent ce qui avoit été dit par le
Vaisseau d'élection, Personne étant engagé à la
guerre, ne s'embarasse des affaires qui regardent la vie, afin de plaire au Chef de l'Armée,
il repetoit aussi souvent les paroles de David;
vacate & cognoscite. Soyez desocupez & me-
ditez. Le Pape Gelase, raporté dans le Concile d'Aix, parle ainsi. Nous avons apris, dit-
il, par une Relation fidelle, que plusieurs Ecclesiastiques s'occupent au Commerce, & n'ont
point de honte de lire dans l'Evangile que le
Seigneur lui-même à chassé à coups de fouët les
Marchands du Temple, & ne se souvenant point
des paroles de l'Apôtre, que ceux qui combattent pour Dieu ne s'embarrassent point des Né-
goces du siécle, ils dissimulent & n'écoutent
point ce que chante le Psalmiste, parce que je
n'ai point connu le Commerce, j'entrerai dans
les puissances du Seigneur. Nous leur faisons
donc savoir qu'ils ayent dans la suite à s'abstenir
de ce trafic indigne, & à retrancher l'inclina-
tion & la passion du Commerce; de quelque
degré ou dignité qu'ils soient, qu'on les empêche d'exercer les Offices de la Clericature, parce que la Maison du Seigneur doit être une Maison d'Oraison, & on n'en doit point faire une
Boutique de Marchands, ou plûtôt une caverne de Larrons & de Voleurs. Il ne faut point
dire que ce que Gelase appelle commerce deshonnête, gain sordide, profit indigne se doit
en-

entendre du commerce qui est mauvais, & défendu par son objet. Car il ne seroit pas besoin de se servir contre un tel commerce des paroles du Psalmiste, & de l'Apôtre, ni de l'action de Jesus-Christ qui chassa du Temple les Vendeurs, puisque ce commerce a un objet blâmable. Gelase entend donc par le commerce deshonnête, & par le profit indigne, ce que l'Apôtre appelle gain sordide, lors qu'il dit que l'Evêque ne doit point être avide du gain sordide, c'est-à-dire d'un gain qui vient d'une action qui ne convient point à un Evêque. Selon la pensée de Gelase, le Commerce par rapport aux Clercs & aux Religieux est de cette nature. C'en est assez sur l'autorité des Papes, je passe aux Conciles.

40. Le Concile de Chalcedoine *c.* 3. défend aux Clercs & aux Moines de se mêler dans les affaires seculieres, ce qui se doit entendre du commerce & du trafic, comme la glose le remarque *dist.* 88. *initio.* dans l'Apendice du Concile Oecumenique de Latran sous Alexandre 3. *part.* 27. *c.* 3. Le même Alexandre 3. répondant à l'Evêque de Londre, dit, que suivant les Instructions de ses Prédecesseurs, il défend sur peine d'anathéme que les Moines & les Clercs negocient pour le gain, & qu'ils prennent des fermes des Laïques, c'est-à-dire, qu'ils prennent à rente annuelle des Heritages de la campagne, des Mines, ou des Salines, ou quelque chose de semblable, pour en recueillir les fruits ; & c'est ce qu'on appelle en France une Ferme, & le mot de Fermier est la même chose, que ce que les Latins nommoient *Manceps ou Redemptor.* Theodore Studite *Cath.* 9. fait mention des Religieux Fermiers, d'où l'on peut voir que le Con-

ci-

cile n'a point parlé en l'air, lors qu'il a défendu aux Moines d'être Fermiers.

Le troiſiéme Concile de Cologne, celebréſous Herman qui eſt tombé depuis, a dit, *p. 2. c. 32.* perſonne combattant pour Dieu, ne s'engage dans les affaires du ſiécle, afin qu'il puiſſe plaire à celui auquel il s'eſt engagé. C'eſt pourquoi on a défendu autrefois avec beaucoup de précaution que les Clercs & les Moines fuſſent Marchands, (ne diſons point uſuriers.) Il a en vûë le Décret du Concile de Latran que nous venons de rapporter.

Le Concile de Trente de l'année 1549. ſous Jean Archevêque *tit. de Rel.* dit; nous ordonnons, renouvellant les Canons des anciens Peres, qu'aucun Moine n'aye la hardieſſe de ſortir de ſon Monaſtere pour un gain terreſtre, & qu'il ne ſoit point ſi téméraire que de ſe mêler des affaires du ſiécle. C'eſt pourquoi nous commandons qu'on rappelle au Monaſtere les Religieux qui ſont dans les domaines, & qu'on donne l'adminiſtration de ces domaines à de ſideles Laïques.

41. Les Saints Peres ſont du même avis, & il me ſemble qu'il eſt à propos d'en examiner quelqu'un. Saint Denis *c. 6. Eccl. Hierac.* dit qu'il y a pluſieurs choſes permiſes aux Seculiers, défenduës aux Moines & aux Religieux, ſavoir, les Nôces, aller à la guerre, ſe mêler du Commerce, & ſe trouver dans d'autres choſes pour leſquelles le Laïque n'eſt point condamné.

Hilaire Diacre, Auteur des queſtions ſur le Vieux & le Nouveau Teſtament dit, qui ne ſait que chacun a ſa loi? Car il y a des choſes qui
ſont

font generalement defendues à tout le monde,
il y en d'autres qui font permifes à quelques uns,
& defendues à d'autres, enfin il y en a qui
font quelquefois permifes, & quelquefois qui
ne le font point: La fornication eſt defenduë
à tous, le commerce eſt quelque fois permis
& quelquefois defendu ; il eſt permis à celui qui
n'eſt point encore engagé à l'état Ecclefia-
ſtique de negocier, mais lors qu'il y eſt admis il ne lui eſt plus permis.

S. Ambroife 2. *off. c.* 21. avertit ainfi un
Prelat qu'il veut former au facerdoce : Un
Evêque, dit-il, doit faire des depenfes convenables à la mifericorde autant qu'il eſt neceſſaire,
il doit donner aux étrangers non fon fuperflu,
mais ce qui eſt honnête, non ce qu'il a de trop,
mais ce que l'humanité demande de peur qu'il
ne cherche aux depens des pauvres une gloire étrangere. Qu'il ne foit pas auſſi, ni trop
refferré ni trop liberal à l'égard des Clercs,
dans l'un il y a de l'inhumanité s'il manque
de fournir ce qui eſt neceſſaire à ceux qu'il veut
retirer par fon exemple du commerce fordide
& dans l'autre de la prodigalité, s'il donne
tout au plaifir avec profuſſion. Il veut que
le Prelat repande avec moderation aux étrangers les biens Ecclefiaſtiques, de peur que
les Clercs dont il doit avoir le premier foin
ne foient contraints de s'adonner au commerce
du quel les Evêques les doivent retirer. Le même S. Ambroife L. 3. *de Virg.* fur le paſſage, *Je chercherai par les ruës & par les places
publiques*, avance plufieurs chofes contre le
marché, les (marchandifes & le commerce

D 5

afin

afin d'eloigner les Clercs & toutes les personnes sacrées de semblables occupations.

42. S. Chrisostome *hom*. 20. parle ainsi des Marchands, ils joignent dans leur commerce, aux travaux louables l'iniquité des achats & des ventes, & ils mettent souvent avec l'avarice les juremens, les parjures & les mensonges, ils n'ont soin que des choses temporelles & ils demeurent attachez à la terre, & il n'y a rien qu'ils ne fassent pour gagner. Mais quand il s'agit de donner aux pauvres, ils ne s'en mettent point en peine voulant toujours augmenter leurs biens. Qui pourroit raconter sur ce sujet, les injures, les insultes, les usures, les contracts pleins de faussetés, les commerces honteux auxquels ils ont part? Jugez si S. Chrisostome permetteroit une telle occupation à un Clerc ou à un Religieux. Voici ce que dit sur cela l'auteur de l'ouvrage imparfait sur S. Matthieu *hom*. 38. Jesus-Christ, dit-il, chassa les Marchands du temple, signifiant qu'un Marchand ne peut jamais ou à grande peine plaire à Dieu, qu'à cause de cela aucun Chrétien ne doit être Marchand, ou s'il le veut être qu'il soit chassé de l'Eglise de Dieu, car le Prophete dit, parce que je n'ai point connu le Commerce j'entrerai dans les puissances du Seigneur. Et de même que celui qui marche entre deux ennemis voulant plaire à tous deux, se condamnera lui même, ne pouvant s'empecher de parler mal de l'un ou de l'autre, aussi celui qui achete & qui vend, ne peut s'empêcher ou de mentir ou de se parjurer, car il est necessaire que celui qui achete jure que la chose ne vaut pas

tant

tant qu'on lui fait, & que celui qui vend jure qu'elle vaut plus qu'il ne la vend. Mais un bien acquis de cette maniere n'est point stable, car ou ils le perdront pendant leur vie, ou la mauvaise conduite de leurs heritiers le dissipera, ou enfin des etrangers & leurs ennemis mêmes s'en empareront. Le bien mal aquis ne profite point. Il en est comme du froment ou quelque autre sorte de blé qu'on met dans un crible ; lors qu'on le remue & qu'on l'agite tout le grain tombe à bas & il ne reste rien dedans que de l'ordure ; aussi pendant que les Marchands vont & viennent, qu'ils vendent & qu'ils achettent à la fin ils n'ont rien de reste que le peché.

S. Epiphane decrivant les malheurs de l'Eglise Catholique parle ainsi des Marchands ; l'Eglise ne reçoit point de Marchands, mais elle les regarde comme les derniers de tous, ce n'est pas à dire que l'Eglise interdise le commerce à tous les Chrétiens, mais qu'elle ne l'accorde qu'aux plus meprisables, comme ce que l'Apôtre a dit des juges. Puis donc que les Ecclesiastiques tiennent le premier rang dans l'Eglise, il est clair suivant la pensée de S. Epiphane, qu'ils doivent être exclus du commerce.

43. S. Hierome dans l'Epître à Nepotien juge qu'il faut fuir comme une peste un Religieux Negotiant, & dans l'Epître à Rustique, j'ai vû, dit-il, quelques Moines qui après avoir renoncé au siecle seulement par l'habit & par la profession & non point en effet, n'avoient rien changé de leur premiere conversation, étant plus riches qu'ils n'étoient dans le monde. Et un peu après, la plûpart, dit il, ne peuvent se passer de leurs anciens metiers & de leur nego-

goce, & donnant de nouveaux noms aux choses, ils continuent de faire les mêmes commerces, ne se contentant point de gagner leur vivre & leurs vetemens comme l'Apôtre l'ordonne, mais recherchans de plus grands profits que les seculiers mêmes. Autrefois chez les Romains & chez les Grecs on mettoit des bornes à l'avarice & à l'injustice des Marchands & ils ne pechoient pas impunement, mais à present on exerce ordinairement sous le titre de la religion toute sorte de trafic injuste & ceux qui ont l'honneur de porter le nom de Chrétiens font plutôt du tort que d'en souffrir , & ce que j'ai honte de dire , car il faut au moins rougir de nôtre deshonneur, tendant publiquement la main , nous cachons l'or sous des haillons & contre l'opinion de tout le monde nous mourons riches & nous laissons des sacs d'argent, après avoir passé pour pauvres pendant notre vie.

S. Augustin dans le Pseaume. 70. sur ce passage *Quoniam non cognovi Negotiationes.* Parce que je n'ai point connu le commerce , dit-il, je vous loüerai Seigneur , pendant tout le jour. Quel est ce commerce ? Que les Marchands écoutent, & qu'ils changent de profession, qu'ils oublient ce qu'ils ont été , & si le commerce est un peché, qu'ils cessent de le louer & de l'aprouver , mais au contraire qu'ils le blament, qu'ils le condamnent, qu'ils le quittent. De la vient, ô Marchands, la grande avidité que vous avez d'aquerir, de la vient que lorsque vous faites quelque perte vous blasphemez & l'on ne peut dire de vous avec verité que vous avez pendant toute la journée la louange de Dieu dans la bouche. Et comment
cet-

cette loüange de Dieu feroit elle en vôtre bouche pendant que non feulement vous mentez,
mais auffi que vous faites de faux fermens pour
le prix des chofes que vous vendez ? Si donc
le Prophete loüe Dieu tout le jour, parce qu'il
ne connoît point le Commerce, que les Chrétiens fe corrigent donc & qu'ils ne Negotient
plus. Quoi qu'après cela St. Auguftin aprouve
le fentiment que les pechez & les deffauts qui
font dans le commerce, ne viennent point du
commerce & ne lui doivent point être attribués,
mais au Marchand qui en abufe & quoique pour
la même raifon il ne nie pas qu'il ne foit permis à un Chrétien de Negotier. Il paroît pourtant que St. Auguftin étoit bien éloigné de donner aux Clercs & aux Religieux cette liberté,
y ayant dans le commerce tant de facilité à pecher, & des occafions frequentes qui en font
infeparables. C'eft pourquoi nous pouvons bien
mettre ici ce que Salvien dit à la fin de fon troifiéme Livre de la Providence. Queftce que la
vie de tous les Marchands que fraude & que
parjure ?

44. St. Hierome deplore d'une maniere toute tragique employant même les larmes de Jeremie, la conduite des Religieux & des perfonnes confacrées à Dieu qui fe rependent dans les
affaires du fiecle & par confequent, fur tout dans
le Commerce & diffipe davantage l'efprit.
Ce Saint Docteur à l'imitation de l'Apôtre, s'applique toutes ces chofes afin de guerir les malades & les infirmes. Nous laiffons,
dit-il, les interets de Dieu, pour vaquer aux
affaires de la terre, nous fommes dans un lieu
de Sainteté & nous nous engageons dans des
occu-

occupations du Siecle, certainement nous voyons accompli en nous ce qui eſt écrit, *Le Prêtre ſera ſemblable au Peuple*, car il n'y a point de difference entre eux lorſque le Prêtre ne ſurpaſſe point par le merite de ſa vie les actions du Peuple. Il nous faudroit un Jeremie pour conſiderer nôtre mort, & pour nous deplorer en diſant. Comment l'or eſt il obſcurci, comment a-t-il perdu la belle couleur qu'il avoit? comment les Pierres du Santuaire, ont elles été diſperſées au milieu des ruës & dans toutes les places publiques? L'or eſt obſcurci, parceque la vie des Prêtres qui étoit autre fois éclatante par la gloire des vertus, eſt maintenant reprouvée par la baſſeſſe de leurs actions. La belle couleur eſt changée, parceque l'habit de Sainteté eſt devenu mepriſable à cauſe de leurs actions abjectes & honteuſes. Les Pierres du Sanctuaire étoient cachées en dedans, le grand Prêtre ne les voyoit point ſi ce n'eſt lors qu'il entroit dans le Saint des Saints, & qu'il paroiſſoit ſeul en la preſence de ſon Createur. C'eſt donc nous mes freres, c'eſt nous qui ſommes les Pierres du Sanctuaire, qui devons toûjours paroître en ſecret devant Dieu, qui ne devrions jamais être vûs dehors, c'eſt à dire, dans des actions exterieures & étrangeres; mais les Pierres du Sanctuaire ſont diſperſées, parceque ceux qui devoient toûjours être au dedans par la vie Religieuſe & par la priere, s'occupent au dehors par une vie reprouvée: Il n'y a preſque aucune action du ſiecle dont les Prêtres ne ſe mêlent, & ſe produiſant ainſi à l'exterieur avec l'habit ſaint dont ils ſont revêtus, ils ſont les Pierres du Sanctuaire qui ſont repan-

duës

dües dehors. Et suivant l'Etymologie Greque le mot de *Platea*, signifiant, place & étendue on peut dire que les Pierres du Sanctuaire sont, dans les places lorsque les Religieux suivent les grands chemins du monde, & non seulement ils sont repandus dans les places, mais au milieu des places, parce qu'en même tems ils veulent faire des actions mondaine, & être honorez, à cause de l'habit religieux qu'ils portent, ils sont donc repandus au milieu des places, parce qu'ils sont comme à terre à cause de la bassesse de leurs actions, & qu'ils veulent être honnorez à cause de l'apparence de leur Sainteté. C'est ainsi que ce St. Pape s'explique. *Hom.* 17. *in Evang.* Et l'Abbé Philippe *L. de dig. clerico c.*14. raporte ce passage, & souhaiteroit verser les larmes de Jeremie pour deplorer l'epanchement des Religieux, dans toute l'étendue des actions seculieres ou dans le commerce.

45 Pierre de Blois, *Epist..*17. crie fortement contre le Clerc qui se mêle de commerce, je rapporterai ici une partie de ce qu'il en écrit, Si vous faisiez reflexion, dit-il, à vôtre profession & à la grace de la vocation Divine, vous vous occuperiez plûtôt à la lecture qu'au Negoce, aux arts, & au travail, qu'au commerce. Il est dangereux à un laique; mais il est pernicieux & criminel à un Clerc d'amasser de l'argent par cette voie, & de s'exposer soi-même en vente au demon, en s'engageant par ambition dans les ventes & le trafic; le Clerc qui achete à un moindre prix, pour vendre à un prix plus haut, est le fils de l'avarice, il fait son dieu de l'argent & il est

ido-

idolatre, il est esclave de Mammon & vendu au peché. Donner à quelqu'un quelque chose pour en recevoir plus que sa valeur, c'est une espece d'usure, & je ne vois point qu'un Clerc qui cherche du gain aux depends d'autrui, puisse être exempt de ce crime & de porter le nom d'usurier. Certainement un usurier est pire qu'un larron & qu'un voleur de grand chemin, depouillant son prochain ouvertement & sans crainte, donnant du vin pour du bled, & un cheval pour du vin, & ainsi sous pretexte de change, de retardement de paiment, vous recevez du profit dans vôtre bourse & de la perte dans vôtre ame, en cela pire que les Juifs qui ne donnent à usure qu'aux étrangers, & vous vous le faite & aux étrangers & à vôtre prochain. Vous amasserez des richesses, & à la fin elle ne vous donneront point de plaisir, il vous arrivera ce que le Seigneur dit en Jeremie par une comparaison. La Perdrix a couvé les œufs qu'elle n'avoit point pondu, l'homme a amassé des richesses mais non pas avec justice, au milieu de sa vie elles l'abandonneront & à la fin de ses jours on trouvera qu'il étoit insensé. Car l'usurier aura une fin tout à fait triste, sa mort sera très detestable & la damnation la terminera. Vous tachez de diminuer le crime du commerce, & vous dites pour excuser vôtre peché, que si vous recevez plus que vous n'avez acheté, c'est parceque vous avez acheté lorsque la marchandise étoit a bon marché, & que c'est le fruit de vôtre travail & un effet de vôtre providence; qu'il ne doit point paroître étrange que vous tiriez du profit de vôtre travail & du gain du risque au quel vous

vous

vous étes expofé. Quoi que vous puiffiez dire , je vous declare que vous mettez par le
commerce vôtre falut en danger. Les faints
Canons ont en exécration le Clerc marchand ,
car fi celui-là eft bienheureux qui fait miféricorde
& qui prête , & qui ne donne point fon argent à
ufure, on peut bien juger que celui-là eft exclu de
la beatitude éternelle qui ne donne point les chofes pour le prix qu'il les a recuës ; qui ne fuit point
le confeil de l'Ecriture , de donner & de recevoir
gratuirèment. Vous ne devez donc point vous
glorifier de ce qui fait le comble de vôtre damnation. Plut à Dieu que vous n'euffiez jamais connu la damnable & maudite pratique du Commerce dont vous vous ventez , comme d'une grande prudence & d'une grande circonfpection. Le
Prophete dit , parceque je n'ai point connu le
commerce , j'entrerai dans les puiffances du
Seigneur. Il n'ignoroit point combien il y a
de danger dans le Negoce. Job qui efperoit auffi certainement d'entrer dans les puiffances du
Seigneur, difoit, Deux chofes m'ont paru difficiles & dangereufes ; difficilement le Marchand fe peut-il exempter de negliger Dieu, &
le Cabaretier ne fera point fans peché dans fes
paroles. Pierre de *Blois* s'eft trompé alleguant
Job au lieu de l'Eclefiaftique , mais il lui faut
pardonner cette faute puifque St. Auguftin &
d'autres attribuent une femblable erreur à St.
Matthieu, difant qu'il a cité un Prophete pour
un autre.

46. Pierre de Cluni *L. 1. Epift.* 20. decrivant un Religieux fans Religion condamne en
lui entre autre chofe le Commerce ; Du foin des
pauvres, dit-il, il monte au haut des édifices, de-

là il voit & ce qui est en bas il examine
tout avec soin , il jette les fondemens , il tient le
plomb , il mesure la longueur , la hauteur & la
largeur du bâtiment, comme un savant Geome-
tre. Il bâtit des Eglises , il fait enfermer les
Villes de murs , il fait faire des Ponts , il cou-
struit toutes choses & il se detruit lui-même.
C'est ainsi que celui qui a fait profession de la
solitude , demeure au milieu du siecle , il est
enfermé dans sa Cellule & il se trouve en esprit
au milieu des assemblées du Peuple , il court
par les foires & les marchez, comme un Marchand inquiete : Le repos lui est un supplice,
la tranquilité un travail , le silence une peine &
la clauture un enfer. Ainsi aveugle & privé de
lumiere comme un homme renfermé dans une
noire prison , il retourne de nouveau à son travail & à ses inquietudes , & de même que
Samson se rendit le joüet de ses ennemis, aussi
celui qui étoit autrefois un solitaire plein de force, devient la risée & le mepris des Demons.

Theodore Studite , *Serm. Cath.* declame fortement contre le Commerce des Religieux,
contre l'achapt des Esclaves, contre les ventes
& reventes , enfin contre le profit qu'ils font
en vendant leur vin au pot. Et au *Sermon* 13.
il crie contre cet abus comme contre une
marque certaine d'Apostasie.

De toutes ces autoritez des Peres & d'une
infinité d'autres , qu'on pourroit y ajouter s'il
étoit necessaire , qui ne voit combien le Commerce est peu convenable & même pernicieux
aux Religieux , aussi bien qu'à toute sorte de
Personnes consacrées à Dieu ? Or personne ne
peut nier que le Commerce ne soit, ce que
l'E-

l'Ecriture appelle, les affaires du siecle, & qu'il ne soit du nombre des soins de cette vie qui aggravent les cœurs des hommes. Tout cela fait voir aussi combien le Commerce donne de panchant au peché, & que par consequent les Religieux doivent en avoir une grande aversion, n'aiant point eu d'autre dessein en quitant le monde que de se retirer des attraits & des occasions du peché.

47. Il faut venir presentement aux raisons. La premiere & la plus forte se tire de ce que les Personnes sacrées, & sur tout les Religieux sont obligés en vertu de leurs vœux & de leurs engagemens à être toûjours avec Dieu pour lui rendre un culte parfait. Mais ce genre de vie est entierement opposé au Commerce qui partage l'esprit & lui donne une infinité de distractions qui le plongent dans un abîme de soins & de desirs inutiles. Car comme Sotus l'a très bien remarqué, *Lib. de Just. q. 2. art. 2.* Le Commerce est appellé en Latin *Negotiatio* qui veut dire *Negatio otii*, qui est un nom general, commun à tous les arts & mêtiers, & qui est rendu propre au Commerce, parce qu'il est principalement & éminemment opposé au repos, & que si on n'y prenoit garde, il étoufferoit & accableroit l'esprit. Rien ne peut rendre un Religieux plus miserable que cet accablement d'esprit, puisqu'il empêche la conversation avec Dieu, qui est le principal but de l'état Religieux, de la retraite & de la vie commune. C'est pourquoi St. Basile observe sur le Pseaume 45. que Dieu a dit par la bouche du Psalmiste. Soiez en repos & voyez que je suis Dieu. Car nous ne pouvons recevoir la connoissance

de

de Dieu si nous sommes appliquez à des choses
éloignées de Dieu ; & comment pourroit-on,
pendant qu'on est engagé dans les soins & les
inquietudes du monde, & plongé dans les differentes distractions de la chair être attentif aux
paroles de Dieu, & satisfaire à la grande aplication qu'il faut avoir pour les comprendre &
pour les mediter ? Ne voyez vous pas que la
parole qui tombe dans les épines en est étouf-
fée. Les plaisirs de la chair, les richesses & les
soins du monde sont ces épines. Il faut que celui qui desire de connoître Dieu soit exempt de
tout cela, il doit être libre de tous les troubles & de toutes les affections vicieuses, pour
arriver à cette science Divine. Car de quelle
maniere la conoissance de Dieu & même la pensée pourroit elle entrer dans une ame preoccu-
pée, & accablée de tant d'autres pensées & de
tant de distractions. C'est ainsi que St. Basile
applique au Commerce ce qui est dit des épines
qui étouffent la semence du pere de famille. L'a-
me devote s'éleve au dessus de ces épines comme un Lis qui ne travaille & ne file point, &
elle paroit blanche & belle devant Dieu. Cette comparaison est de Theotin dans St. Jean
Damascene L. 3. Parall. c. 74. St. Pierre Damien
L 6 Epist. 5. ad Cluniac. explique par une autre belle comparaison, ce qu'on doit entendre par
cet esprit étouffé & suffoqué par le Commerce du
siecle, faisant voir que ce Commerce rend le
Religieux aveugle dans les choses qui regardent Dieu, & qu'il lui creve les yeux, de telle sorte qu'il fait à ce Religieux ce que Naas
ce Prince cruel des Ammonites demandoit
aux habitans de Jabes Galaad, savoir de leur
arracher l'œil droit. Cet ennemi impie ne vouloit

loit point arracher les deux yeux mais feulement un feul, par ce que Satan fe contente d'ôter
la fainteté interieure & laiffe la fainteté exterieure & apparente, & il n'empêche point que
celui qu'il a privé de la divine lumiere n'ait
de bons yeux pour voir les chofes de la terre. Il eft dis-je, content d'avoir crevé l'œil
droit, parce qu'il laiffe la fainteté exterieure, l'ap-
parance & l'image de la vertu Religieufe, après
avoir ôté la fainteté interieure & la Religion
qui eft bien plus eftimable & qui eft comme
l'œil droit. Le même Auteur L. 2. Epift.
5. obferve encore, pour éclaircir cette verité, que le Roi Sedecias eut les yeux crevés
en *Reblatha* qui fignifie multitude. Que le
Religieux Marchand, dit il, reconnoiffe donc
en quel endroit il eft privé de la lumiere interieure. Enfin dans le l. 5. Epift. 8. Il apelle
les Religieux qui fe mélent de commerce, qui
s'engagent dans les foins du fiecle, & qui vivent dans cet aveuglement fpirituel, des *Her-*
mites de la ville, des Solitaires publics, & des
Moines qui fe trouvent par tout.

48. Le Commerce étant donc infeparable-
ment attaché à la diffipation exterieure & de-
tournant le Religieux de fon premier & principal devoir qui eft de s'apliquer à Dieu. Il eft
manifefte qu'il eft incompatible avec l'état Religieux. S. Gregoire aplique à ce fujet les paroles de Job. c. 39. Qui eft celui qui a laiffé aller
l'ane fauvage librement dans la folitude, & il
dit que cette liberté de l'ane fauvage & la demeure dans la folitude marquent que le Religieux
doit vivre dans le repos & eloigné des affaires du
fiecle. Olympiodore *in caten. Comiroli* rapor-

te aussi à cela ce qui est ajoûté de l'ane sauvage qu'il n'entend point la voix de l'exacteur; ce qu'il croit être dit des Marchands qui doivent payer des impots & qui sont exposez aux cris & aux exactions de ceux qui en levent les deniers. Ce qui est un grand empéchement du repos necessaire à ceux qui aspirent à la perfection Evangelique pour aller à Dieu, de sorte que St. Gregoire *in hom.* 38. *in Evang.* observe qu'un des empechement des noces de Jesus-Christ c'est d'aller à son commerce. C'est pourquoi le Commerce est contraire à l'état religieux, car comme je l'ai deja dit, le Marchand ne peut pas, seulement avec une grace commune éviter la distraction de l'esprit, qui est incompatible avec l'état religieux. Je dis, seulement avec une grace commune, car il s'est quelquefois trouvé dans le cours de plusieurs siecles un ou deux Marchands qui ont été très unis à Dieu. Tel fut celui qui fut comparé dans une revelation à S. Paphnuce, comme on le lit dans Palladius *S. 58. Lausf.* Mais c'est un de ces oiseaux rares qui étant seul ne fait point le printemps. Il fallut sans doute une grace bien extraordinaire à ce Marchand pour être élevé à un si haut degré de sainteté & à une si grande union avec Dieu qu'il étoit égal à ce très saint moine. Que si quelqu'un vouloit tirer de la comparaison de ce Marchand avec St. Paphnuce que le Commerce & l'état religieux s'accordent, il faudra de même dire que des fonctions tout à fait étrangeres & opposées à cet état lui conviennent. Le même Palladius raporte qu'un certain Comte avoit été egalé à St. Paphnuce, ce que Raderus in *virid.*

3.

. 3. *dec*. dit d'un Conroieur comparé à St. Antoine, & de Corneille Comedien à St. Theodule,
je ne croi pourtant pas qu'il y ait perfonne qui
veuille dire que la profeffion de Comte, de Conroieur ou de Comedien puiffe convenir à l'état
Religieux, car quoique quelquefois des perfonnes
pieufes foient dans des emplois qui regardent les
chofes de la terre & de Babylone comme St. Auguftin le fait voir fur le Pfeaume 5. neanmoins
il ne faut pas étendre à tous, ce qui eft accordé à
quelqu'un en particulier par un privilege fingu-
lier. C'eft pourquoi fi quelquefois, quoique très
rarement, quelques uns ont joint par des fecours
extraordinaires afin de faire paroitre la force de
la grace Celefte, le Commerce avec le recueillement d'efprit & avec l'union avec Dieu , on
n'en doit pas tirer cette confequence, que cela
arrive à tous ceux qui fe mêlent de negoce quoi
qu'ils fe glorifient de la profeffion Religieufe.

49. Je reprens l'éclairciffement de l'argument
contre le Commerce des Religieux que l'on tire
de la deftruction du faint repos & de la tranquilité
de l'efprit par le trafic & le Commerce , Nilus
comme on le voit *in Caten ad cap.* 1. *Job.* propofe Job comme l'exemple d'un homme qui a renoncé au monde & il le compare à un Athlete.
C'eft auffi pour cela que Job étoit tout nû fur
le fumier afin de reprefenter les Athletes qui vont
au combat tout nus. Celui qui eft nû ne peut
que très difficilement être arrêté, ainfi Jofeph
s'enfuit ayant quitté fon manteau & fut victorieux dans le combat de la chafteté. Adam étoit
nû tant qu'il fut un genereux Athlete , mais lorsqu'il fut vaincu par les ennemis qui vouloient le
porter à la tranfgreffion de la loi de Dieu , &

E. 4

qu'il

qu'il fut chaſſé du combat, il fut revetu & il perdit en même temps ſa nudité & la force. Le même Auteur ajoûte, celui qui s'engage au combat doit être nû, ou même oinct, il a cet avantage d'être nû, qu'il ne peut être arrêté par ſes adverſaires que très difficilement, & quand il ſeroit arrêté, s'il eſt oint il echapera facilement de leurs mains. C'eſt la raiſon pourquoi ceux qui ſont dans le combat s'efforcent de rependre de la pouſſiere ſur leurs adverſaires, afin que la rudeſſe & l'apreté de la pouſſiere, detruiſant la douceur & l'humeur gliſſante de l'huile, ils puiſſent plus facilement ſe ſaiſir d'eux. Ce que la pouſſiere fait dans le combat des Athletes, les choſes de la terre le font dans le combat ſpirituel, & l'huile repreſente la diverſité des ſoins & des inquietudes, de même donc que celui qui eſt oint ſe degagera facilement des liens & de ce qui pourra le ſaiſir, & que s'il ſe laiſſe couvrir de pouſſiere il aura de la peine à ſe debarraſſer des mains de ſon ennemi. Auſſi celui qui eſt exempt des ſoins & des inquietudes ne ſe laiſſera point ſurprendre par le demon, au lieu que celui qui eſt agité de ces ſoins & de ces inquietudes perdant la douceur & la tranquilité de l'ame, ne pourra que très difficilement éviter de tomber dans de les pieges du Diable. Origene remarque que Job qui avoit entierement renoncé aux affaires humaines dechira ſes habits, il ne les quitta pas ſeulement pour un temps, mais il les dechira afin qu'il ne pût s'en ſervir davantage, comme faiſoient ceux qui portoient les morts au ſepulcre, ils dechiroient les habits des defunts les plus precieux qu'ils regardoient comme des choſes devenues inutiles & afin qu'ils ne fuſſent point expoſés,

à

à l'avidité des voleurs. On voit donc par là à quel danger la poussiere des soins inseparables du Commerce, expose un Religieux qui est engagé dans le combat spirituel, detruisant & desseichant l'huile de la grace, dont l'Athlete mystique est oint divinement contre ses ennemis.

Philippe abbé *L. de obed. clerico c.* 4. demontre la même chose par une autre comparaison, faisant voir que le Religieux engagé dans les affections des choses Mondaines & seculieres est semblable à un oiseau qui vole, comme il est dit dans Osée 9. Il roule plusieurs desseins & plusieurs entreprises dans son esprit & même les execute ne pouvant demeurer en repos; mais devant Dieu, il perd sa cause & il est soumis au Demon, parce qu'il se laisse aller aux souillures, il ne se batit point un cellier mais un nid de bouë, par ses actions bourbeuses & corrompues qui ne sont point compatibles avec la pureté & la repos du cloitre. Ce que cet auteur poursuit plus au long & d'une maniere agréable & solide. Lisez aussi Pierre de Cluni qui est dans les mêmes sentimens *L.* 1. *Epist.* 20. où parlant à Giselbert, il se plaint que plusieurs qui sont morts au monde en apparence, au lieu d'être dans une oisiveté paisible, sont dans les affaires & dans de grands troubles; qu'on voit le monde dans la solitude, que le Religieux étant devenu Marchand, le repos lui est un suplice, être assis un travail, le silence une peine, la clauture un enfer & il retourne, comme un autre Samson aveuglé & privé de la lumiere, au travail & à la rouë des inquietudes & des folies du monde.

50. Je veux faire voir la force de l'argument

pro-

propofé, par une autre matiere qui y a quelque raport. L'Eglife afin de conferver l'unité d'efprit & la recollection dans les perfonnes religieufes a deffendu qu'on les chargea des tutelles, ce que St. Cyprien *Epift.* 66. enfeigne avoir été fait très à propos & il en donne une raifon qui eft auffi for-te contre l'office de Marchand que contre celui de Tuteur, je raporterai ici ce paffage y changeant quelques mots : Nous avons été fenfiblement tou-chés, mes très chers freres, dit St. Cyprien, moi & mes collegues qui étoient prefens & tout nô-tre Clergé qui étoit affemblé avec nous, lorf-que nous avons été informés que nôtre frere Ge-minius victor en mourant avoit nommé Tuteur par fon teftament le Prêtre Geminius Faufti-nus, quoi qu'il y ait deja long temps qu'il a été ordonné dans une affemblée des Evêques qu'au-cun ne put établir par fon teftament les Clercs & les Miniftres de Dieu pour être Tuteurs & curateurs puifque tous ceux qui font honno-rés du divin facerdoce & qui font dans le Miniftere de la clericature ne doivent rien faire autre chofe que de fervir à l'autel & aux Sacrifices & vaquer à la priere & à l'oraifon : car il eft écrit perfonne combattaut pour Dieu ne s'engage dans les embarras du fiecle, afin de plaire à celui au quel il s'eft enrollé. Ce qui étant dit de tous, on ne doit pas à plus forte rai-fon engager dans les embarras & dans les pieges du fiecle, ceux qui étant occupés aux chofes divines & fpirituelles ne peuvent point s'éloigner de l'Eglife, ni vaquer à des actions terreftres & feculieres ? Les Ifraelites dans la loi ont gardé autrefois cette forme de Gouver-nement & de Religion & lors qu'ils divi-

foient

foient la terre & diftribuoient les poffeffions
aux onze tribus, celle de Levi qui vaquoit au
temple, à l'autel & aux divins minifteres ne
recevoit rien dans ce partage; mais pendant
que les autres cultivoient la terre elle ne s'occupoit qu'à fervir Dieu & elle recevoit des
autres tribus pour fon vivre & pour fon entretien, les dixmes des fruits qu'ils recueilloient,
ce qui fe faifoit par l'autorité & la difpofition divine afin que ceux qui travailloient
continuellement au fervice de Dieu ne fuffent interrompus en aucune maniere & ne
fuffent point obligés de travailler & de penfer aux affaires du fiecle. On obferve maintenant dans le Clergé la même forme & la même conduite, qui eft que ceux qui font pro-
mus dans l'Eglife du Seigneur par l'ordination
Clericale, ne puiffent être detournés en aucune maniere du divin miniftere, ni être retenus
par aucun foin ni par aucune affaire du fiecle,
mais qu'ils recoivent par honneur leur fubfiftance des freres comme les dixmes de leurs
fruits & qu'ils ne quittent point l'autel & les fa-
crifices, mais que jour & nuit ils foient apliquez aux chofes celeftes & fpirituelles. Ce que
les évêques nos predeceffeurs ayant religieu-
fement confideré & y ayant falutairement
pourvû ils ont été d'avis qu'aucun frere en
mourant ne nommât Tuteur ou Curateur un
Clerc; & que fi quelqu'un faifoit cela, on
n'offrît point pour lui & qu'on ne celebrât
point le Sacrifice pour fon repos. Car celui
là ne merite pas d'être nommé à l'autel de Dieu
dans la priere des Prêtres, qui a voulu retirer
les Prêtres du Minifteres de l'autel.

51. A-

51. Afin de mettre le sceau à cette premiere raison que nous avons aportée contre le Commerce des Religieux, il faut adresser à celui qui
a quitté le monde & qui y retourne par le Commerce, ces paroles qu'Isidore de Pelouse adresse à un certain Cyrille qui étoit un faux Moine,
L. 9. Epist. 15. De quoi vous sert la retraite de
St. Jean dans le desert que vous avez autrefois soigneusement imité, puisque vous ne l'imitez plus,
mais que vous retournez à des soins particuliers,
que vous vous engagez de nouveau dans le tumulte au milieu de la solitude & que quoi que
vous soiez éloigné de la compagnie des hommes
vous êtes dans l'agitation & le trouble? Car enfin
avoir l'habit exterieur & l'apparence d'un homme qui est dans le repos & la tranquilité, & avoir
en même temps l'esprit souillé & rempli d'incon-
stance & d'agitations, n'est ce pas être dans l'a-
veuglement & dans les tenebres? N'est ce pas
perdre le merite & la gloire de tout son travail?
N'est ce pas donner la victoire aux inquietudes
de l'esprit? N'est ce pas être un Soldat qui jette les
armes & qui fuit? Au reste aucun de ceux qui vont
à la guerre ne s'embarasse des affaires du siecle,
afin de plaire à celui qui l'a engagé dans ses trou-
pes, il se fournit de toute sorte d'armes, se prepa-
rant au combat qu'il plaira au General d'entreprendre.

52. Voici une autre raison dont on peut se servir pour deraciner le Commerce des Religieux,
qui est que l'avarice ne convient point à des personnes qui font profession de pauvreté, or rien
n'aiguise davantage la faim de l'avarice, &
n'allume plus fortement cette malheureuse flamme qui brule le cœur de l'avare, que le Commerce.

ce. Il doit donc être banni des Religieux. Quand je dis que l'avarice ne convient point aux perſonnes ſacrées & ſur tout aux perſonnes religieuſes c'eſt un principe evident ſi on conſidere ce que c'eſt que l'état Eccleſiaſtique & en particulier l'état Religieux. S'Iſidore de Pelouſe l. 9. Epit. 27. admire un certain Phariſien homme de cour, qui étoit aſſidu à lire les divines Ecriture & qu'on diſoit être un homme fort avare. Il trouve que c'eſt une choſe très abſurde que celui qui eſt aſſidu à lire les livres ſacrez, ſoit affamé des biens periſſables dont l'Ecriture fait voir ſans ceſſe la baſſeſſe & le peu de ſolidité. Mais qu'il eſt bien plus abſurde, & bien plus étrange que ceux qui ont fait profeſſion de la nudité des biens exterieurs, amaſſent (des richeſſes) qui ſont comme de la bouë dont ils veulent ſe couvrir. Hildebert *Epiſt* 47. condamnant cette avarice monſtrueuſe & abſurde des ſerviteurs de Jeſus-Chriſt, qui combattent ſous un Chef pauvre & ſous l'étendart de la pauvreté, après pluſieurs choſes qu'il raporte, il conclut ainſi. Je ne doute point, dit il, que les plus groſſiers ne ſachent que l'avarice & la cupidité eſt une peſte, que c'eſt un renoncement à la vertu & un precipice qui conduit & qui fait deſcendre dans les enfers. Qu'il eſt honteux que celui qui eſt conſacré à Dieu par l'onction ſainte ſoit couvert de cette tache qui fait degenerer la Prophetie, qui diſſipe l'onction interieure du S. eſprit, qui obſcurcit l'intelligence miſtique de la loi, qui ôte le gout de la doctrine Evangelique & qui fait que ceux qui ſe glorifient d'être le Roiaume de Jeſus-Chriſt ſont le Roiaume de l'Antechriſt! Qu'il eſt dis-je honteux qu'uqu'une ame qui est faite à la ressemblance & à l'image de Dieu se prosterne devant l'Idole & flechisse les genoux devant Baal ! Qu'un homme sage se perde par ces enchantemens qui lui fassinent les yeux & l'empêchent de voir le Ciel & de se ressouvenir des justes jugemens.

Il est donc hors de doute, & c'est ce que j'avois à prouver, que l'avarice est très peu convenable aux personnes sacrées, il n'est pas moins certain, comme j'ai ajouté, que le Commerce excite l'avarice & la rend de jour en jour plus forte & plus âpre, ce que Sotus traite *L. 6. de justitia* q. 2. art. 2. Ce qui est confirmé par Anacharsis *apud Laert.* où il dit que la place du marché & le lieu ou se fait le Commerce est le sejour des mensonge & de l'avarice. La raison & l'experience nous le confirment. Car c'est le propre & la nature de toutes les mauvaises passions & particulierement de l'avarice, selon Cassien *l. 7. c. 7.* d'augmenter la faim & l'avidité par la nourriture qu'elle reçoit, & comme il ajoute *c. 10.* plus cette flamme en consume, plus elle devient insatiable & afamée. Ce que Cassien confirme par l'exemple du traitre Judas *ibid c. 24.* Ainsi la doctrine constante des Peres est qu'il est beaucoup plus facile d'éloigner entierement de soi la cupidité de s'enrichir, en renonçant absolument à tout, que d'y garder de la modération en faisant en sorte de ne faire que des profits mediocres. Il est donc aussi autant honteux aux personnes sacrées & autant contraire à leur état de negotier, qu'il leur est honteux & peu convenable d'être infectés d'avarice. Car l'avarice & la cupidité qui s'enflame & se nourrit par le commerce, est la racine de tous les maux. En effet tous les maux

con-

concourrent au Negoce & le Maire in 4.
d. 40. Concil. 4. parcourant tous les prédica-
mens fait voir que les pechez des Marchands
font de toutes les categories. Une racine de maux
fi etendue ne convient point à des perfonnes comme font les Religieux qui ont fait profeſſion de
s'apliquer à la vertu & d'éviter les veritables maux.

53. Enfin pluſieurs ont fait voir que le Commerce eſt quelque choſe de bas & de ſervile, fi ce
n'eſt point abſolument, du moins par raport à un
Religieux, non ſeulement lorſqu'il s'agit d'un
petit Commerce que Ciceron *L.* 1. *off.* convient être bas & ſervile, mais generalement de
toute forte de commerce & de trafic que ce puiſſe être comme Tiraquel. *L. de nobil. c.* 33.
& Stracha *L. de merc* p. 2. n. 17. le font voir,
& il paroit que les loix font diſtinction des nobles, & font decheoir les Marchands de leur Nobleſſe avec deshonneur, lors qu'après avoir
été annoblis ils retournent au commerce. C'eſt
donc une tache qui fait tort à la nobleſſe
& y deroge. Ariſtote eſt de ce ſentiment 7.
Polit. c. 9. établiſſant comme un choſe evi-
dente & inconteſtable, que dans une ville
bien reglée on doit éloigner des charges &
des dignitez les Marchands, parce, dit-il, que
c'eſt une vie baſſe & deshonorable & contraire à la vertu ; ſavoir à cauſe des frequens
engagemens au peché, & des dangers conti-
nuels de tomber, quand même, il ſeroit vrai
que le Commerce ne ſeroit point de lui même oppoſé à la vertu. Apollonius Tyanæus,
au raport de Philoſtrate l. 4. c. 9. dit qu'il
n'y a point de condition plus baſſe & plus
miſerable que celle de Marchand & il reprit
for-

fortement un certain gentilhomme de Sparte qui s'étoit mis au Commerce & l'exhorta puissamment à changer ce genre de vie qui deshonnoroit sa naissance ? Et au *L. 8. c.* 3. parlant d'un certain Euphrate il prononce avec assurance que le trafic & le Commerce sont indignes d'un Philosophe & d'un cœur noble. L'empereur Theophile en étoit aussi persuadé. Il fit une severe reprimande à sa femme qui s'apliquoit au Commerce comme si elle eut derogé à sa noblesse, & fit mettre le feu à un navire qu'elle avoit fait charger, & qui fut brulé avec toutes les marchandises, comme Constantinus Manasses le raporte dans ses Annales n. 188. & c'est mal à propos qu'Adam Guntzen l. 8. polit. c. 9. condamne Theophile & aprouve sa femme. Car, comme dit l'auteur qu'on a cru être S. Augustin, il n'est point seant à un homme qui est en dignité, des negotier. Qui est ce donc qui voudroit prétendre qu'un emploi qui ne peut s'accorder avec la noblesse seculiere & mondaine, peut être convenable à l'état Religieux que St. Chrisostome éleve avec justice au dessus de la condition des Rois & des Empereurs.

54. Il faut donc conclurre de tout ce qui a été dit qu'il semble qu'il ne faut point souffrir en aucune maniere que les Religieux se mêlent de Commerce & comme St. Pierre de Cluni le disoit à St. Bernard en une autre occasion mais qui vient bien à notre sujet. *Epist. Apol. pro* 20. *art.* N'est il pas indecent, dit-il, & même très indecent que les Freres qui doivent demeurer continuellement dans le Cloitre & s'apliquer avec tout le soin possible au silence à

l'ol'oraiſon, à la lecture à la meditation, à tous les autres préceptes de la regle, & aux Miniſteres Eccleſiaſtiques, quittent toutes ces obſervances pour s'engager dans des occupations Mondaines ; Et faut il que ceux qui devroient être revetus & ornés de la pourpre du Tabernacle par la précieuſe contemplation des choſes Celeſtes, ſe couvrent d'un habit groſſier & s'expoſent aux vents, à la pluie & à toutes les injures du temps c'eſt à dire aux occupations ſeculieres & mondaines qui les detournent des choſes interieures & ſpirituelles.

SECTION V.

Des choſes qui doivent être ſuppoſées pour le jugement de la Controverſe.

JUſques ici nous avons raporté ce qui a été propoſé de part & d'autre ſavoir toutes les raiſons en general, ſuivant l'opinion de Mediaſtin, qui ſemblent prouver que l'état Religieux peut s'accorder avec le Commerce ; & d'un autre côté, ſuivant le ſentiment de Timothée, tout ce qui fait voir qu'il y a une entiere incompatibilité entre ces deux choſes. Maintenant pour porter un jugement ſolide ſur cette controverſe il faut avant toute choſe propoſer quelques reflexions neceſſaires & convenables au ſujet.

55. Avant que de mettre la main à l'œuvre,

il me femble qui je dois premierement avertir
la prudence du lecteur Religieux qu'on ne doit
point blamer le defir que j'ai d'ôter les taches
des corps Religieux, ni m'accufer d'avoir de l'a-
nimofité ou de mauvaifes difpofitions pour de
S. ordres parce que je decouvre la honte de quelques uns qui vivent dans le dereglement. Je
me deffendrai feulement de cette accufation
comme Philippe Abbé. *L. de Contin. Cler. c.*
89. Si quelqu'un, dit-il, m'apelle arrogant &
temeraire, de ce que j'ofe ouvrir la bouche contre les mœurs des Moines, (car il femble que
c'eft une prefomption de vouloir attaquer la vie
des perfonnes qui font meilleures que nous.) Je
produirai de faints perfonnages qui n'ont pas
craint de reprendre les Moines, animés & pouf-
fés non par une envie envenimée, mais par le
zele de la juftice, & par une fainte ferveur. S.
Gregoire & S. Hierome qui fe font diftingués
par leur vie & par leur fcience & qui ont été
Moines de nom & d'effet, aimoient comme ils
le devoient l'ordre Monaftique, toutefois ni une
trop grande crainte, ni un amour pernicieux,
n'ont pû les obliger à taire les vices des Moines.
Philippe cite plufieurs paffages de ces faints Peres, dans lefquels il paroît qu'ils n'ont point flatté
par une fauffe mifericorde les plaies des Religieux, mais qu'ils y ont apliqué à propos la lan-
cette & les cauteres, & quoique ma vie foit bien
éloignée de l'imitation de ces faints Peres, je me
fervirai pourtant de leur exemple & de leur autorité pour me deffendre. Car je ne raporterai prefque que les defauts des Religieux & les reproches
que je trouve dans les livres des faints Peres, je
me fervirai même de leurs propres paroles, afin
que

que perſonne ne puiſſe me condamner ſans offen-
ſer & condamner les ſains Peres. J'ay encore
tout prêt & à la main le bouclier que Cantepré
me fournit *L. 1. apum. c.* 20. *n.* 9. Si quelqu'un ſe ſentant coupable ſe plaint de la dureté
de mes paroles, qu'il ſe corrige & elles n'auront
point été dites contre lui. Ceux au contraire qui
liront ceci & qui ſe trouveront innocens des vices qu'on reprend ici d'une maniere ſi piquan-
te & ſi mordante ne doivent point ſe mettre en
colere contre moi, mais ils doivent ſe rejouir que
les vices dont ils ſont exemps ſoient repris en ceux
qui en ſont coupables : Mais ſi quelqu'un ne
peut ſouffrir ces diſcours qu'avec indignation, il
fera voir par ſes propres paroles qu'il eſt blamable & qu'il combat une verité conſtante. Après
cet avertiſſement je viens au fait.

56. Il faut donc premierement établir que quoique les Religieux faſſent profeſſion par leur vœu
de pauvreté & par leur état de combattre infati-
gablement & ſans relache l'avarice , neanmoins
quelque fois aveuglés & ſeduits & par Satan ſous
prétexte du bien commun ils en ſont infectez,
& voulant aquerir du bien ou augmenter celui
qu'ils ont déja , ils cherchent quelquefois des
moiens peu honnêtes & peu convenables à leur
profeſſion, je n'en excepte pas même les Ana-
choretes qu'Iſidore de Pelouſe écrit *L.* 3. *Epiſt.*
234. n'avoir pas même connu ce que c'étoit que
l'avarice, j'ai honte de le dire & il ſembleroit que
je propoſerois un paradoxe incroiable, ſi l'experience journaliere & les reprehenſions des ſaints
Peres, ne le confirmoient auſſi bien que les reproches & les railleries des étrangers, je veux dite des infidels.

                              Cer-

Certainement Julien l'Apôstat *orat. 7.* contre les Philosophes Ciniques taxe d'avarice les Religieux qui étoient de son temps parmi les Chretiens. Il y a longtemps, dit-il, à ces Philosophes que je vous ai donné le nom des personnes dont je vais vous parler. Il y a une sorte d'hommes que les malheureux Galileens apellent communement, *Renonciateurs*. La pluspart après avoir quitté un peu de bien dont ils se sont depouillez, en amassent beaucoup & en prennent par tout de sorte qu'ils sont celebres par les honneurs qu'on leur rend, par leurs grands équipages, & par les services qu'ils recoivent. Vous faites à peu près la même chose, qu'eux excepté le gain de l'argent, que vous ne pouvez faire comme eux, mais ce n'est pas vôtre faute, c'est plûtôt à nous qu'il faut l'attribuer qui ne sommes pas si fous que les Chrétiens, & peut être aussi parce que vous n'avez pas les mêmes prétextes qu'eux d'en exiger comme ils font, ce qu'il apellent aumones je ne sais pas par quelle raison. En tout le reste vous êtes semblables à eux, vous quittez comme eux vôtre patrie, vous allez comme eux par tout comme des vagabonds, vous êtes pourtant plus importuns qu'eux à la suite du Prince, car eux ils ne font à charge que lorsqu'on les invite, mais vous lors même qu'on vous rejette vous ne vous rebutez point & vous vous rendez encore incommodes.

57. L'autorité des saints Peres étant plus éloignée de la calomnie aura plus de force dans cette affaire. Cassien cet illustre maître de la vie monastique à emploié tout le septieme livre pour deraciner ce vice de l'esprit des Moines, supposant comme une chose certaine qu'ils y étoient sujets. Il raporte les prétextes des Moines corrompus

par

par l'avarice favoir qu'il veulent fonder un nouveau Monaftere pour le gouverner, les befoins
de leurs freres & de leur domeftiques, & de
femblables chofes qui ont l'apparence de la charité.

S. Hierome reprend fouvent & condamne
bien au long l'avarice des Moines & les raifons honteufes & indignes dont ils fe fervent
pour amaffer des richeffes contre la juftice,
j'ai deja raporté le paffage de l'Epitre à Ruf-
tique. Ce même St. Docteur *Epift. ad Ne-
pot.* attribue à l'avarice des Moines & des
Clercs les loix civiles qui les excluent des fucceffions, j'ai honte de le dire, dit-il, il eft permis aux Prêtres des Idoles, aux comediens
aux cochers, aux perfonnes de mauvaife vie,
de fucceder & d'hériter il n'y a que les Clers
& les Moines à qui cela eft deffendu par
les loix & ce ne font point les perfecuteurs qui
ont fait ces loix, mais les Princes Chrétiens je
ne me plaint pas auffi de cette loi, mais, je fuis
faché que nous aions merité cette loi. Y a-t'il
rien de plus falutaire qu'un cautere mais que
doit on penfer de la plaie qui fait que j'en
ai befoin ? la precaution de la loi eft fevere &
fage & toutefois elle n'eft pas capable d'ar-
reter l'avarice. Nous nous moquons des loix
par le moien des *Fidei-commis*, & comme fi
les arrêts des Empereurs étoient plus grands
que ceux de J. C. nous craignons les loix &
nous meprifons Jefus-Chrift; & fon Saint E-
vangile.

58. L'Auteur des œuvres Cardinales de Jefus-Chrift dit que dans les perfonnes mêmes qui
font profeffion de fainteté, la Religion ne fer-

me

me poins les mains aux prefens qu'on lui of=
fre, que la folitude ne bouche point les oreilles aux difcours agreables & favorables, que
la gourmandife ne fe contente point des gouts
ordinaires & communs, que l'humilité corrompue par l'orgueil, fe laiffe aller avec fureur aux injures par un efprit enivré du venin de
fes defirs, & le même auteur ajoûte qu'on ne
rougit point de ces dereglemens & que rarement on en fait penitence. Mais, dit-il,
l'avare ne fe raffafie point de fon avarice ni
de fon gain, il ne fe repent point d'avoir
amaffé, ce qu'il voudroit voir toujours augmenter fans jamais diminuer, cet Idolatre endurci
amaffe avec foin de quoi immoler fans cette à
fon Idole. Ainfi cette foif des richeffes vient fe
loger dans ces cœurs miferables, & l'ambition
comme un fel rongeant s'empare de ces ames
fi infatiables & fi alterées qu'elles s'ingerent aux
dignitez par toute forte de voies juftes ou injuftes, on fort même du fond du defert pour fe
produire, & par tout où on voit quelque jour &
quelque ouverture on fe prefente avec empref-
fement, on va folliciter les juges, on fe procure
des protecteurs par la flaterie & par la complaifance, on achete le credit des perfonnes, & il n'y a
rien qu'on ne faffe pour s'affeoir avec les
Princes; Mais ils ne gagnent à cela rien autre chofe, fi non que Dieu maudit ce que ces
perfonnes beniffent & qu'il benit ce qu'elles
maudiffent.

Jean de Sarisburi 7. Polyc. c. 17. traite fort
au long cette matiere & entre autre chofe il dit,
Il y en à qui ne fe mettent point en peine d'e-
viter le peché d'avarice & qui font tout ce qu'ils
peu-

peuvent pour ne point avoir le nom & la ré-
putation d'avares, car il femble qu'ils s'abftiennent du bien d'autrui & qu'ils ne veulent fe fervir que du leur, lorfque la neceffité le demande Mais le vice fort de cette fource de maux &
detourne leur voie du chemin de la vraie felicité.
Car comme dans le jardin des delices d'une feule fontaine il fort des fleuves qui arrofent le
champ agreable que Dieu a beni , de même
auffi dans les lieux d'horreur & dans la vafte
folitude, c'eft-à-dire, dans la terre d'oubli, qui
eft habitée de ceux qui vivent dans l'oubli
d'eux même & qui font dans le monde comme les fpeétateurs qui admirent les folies &
la vanité des fpeétales du theatre , dans cette terre, dis-je, tous les vices fortent de l'avarice comme d'une feule fource, elle eft le pui
d'iniquité.

59. S. Auguftin *L. de bono viduit. c.* 21,
dit des chofes remarquables fur ce fujet & il donne la raifon du grand panchant que les Religieux
de l'un & de l'autre fexe ont à l'avarice, A Dieu
ne plaife , dit-il , que vous privant du mariage
vous vous laiffiez aller au defir des richeffes & que
l'amour de l'argent prenne dans vôtre cœur la
place de l'amour de vôtre mari. Car par l'experience & par la connoiffance que nous avons de
la conduite des hommes , nous avons fouvent
remarqué qu'il y a des perfonnes qui après avoir
reprimé la chair laiffent croitre en eux l'avarice, & de même qu'il arrive dans les fens que ceux
qui ne voient point entendent mieux , & qu'ils
difcernent par le toucher beaucoup de chofes que
ceux qui ont l'ufage de la vuë ne pourroient dif-
cerner avec affés de vivacité, parce que l'aplica-

& l'ufage des yeux ayant ceffé les autres fens en deviennent plus fubtils & plus penetrans, comme fi la nature vouloit fupléer dans l'un des fens à ce qui manque à l'autre, auffi fouvent il arrive qu'après avoir furmonté la volonté & le plaifir du mariage, la cupidité & la paffion fe portent avec plus d'ardeur & de force au defir & à l'amour de l'argent. S. Anfelme *L. de vita E-remit. ad Sor. c. 5.* decrit en cette maniere l'avarice des Religieufes, tant de celles qui vivent en commun que des Reclufes. Les autres, dit il, ne fe fouciant point de tout cela, car ce vice fe gliffe prefentement même parmis celles qui font reclufes, & elles s'apliquent à amaffer de l'argent & à multiplier leurs troupeaux, elles s'atachent avec tant de foin à ce travail que vous les prendriez pour des meres de familles, & pour des femmes de menage & non pas pour des Religieufes, on leur cherche des paturages, & des bergers pour avoir foin & pour garder les troupeaux, elles font rendre comte à ces bergers des fruits & du profit qui leur revient, elles exigent d'eux le prix, le poids & le nombre. Enfuite on achete & on vend afin d'amaffer & d'accumuler ecu fur ecu, & d'allumer la foif de l'avarice. Le Malin Efprit les trompe leur perfuadant que cela eft utile & neceffaire, pour faire des aumones, pour nourrir des Orphelins, pour exercer la charité & l'hofpitalite envers fes parens & fes amis, & pour recevoir des Religieufes.

60. On pourroit produire mille exemples de ce defaut des Religieux s'ils n'étoient communs & ordinaires. S. Hierome dans la vie de S. Hilarion en raporte un remarquable d'un Moine

ne avare dont les premices avoient une si grande puanteur que les bœufs mêmes ne les pouvoient suporter. Le même S. Hierome dans
l'Epitre à Rustique *de mon. instit.* raporte en ces
termes l'exemple de la grande avarice & de
l'inhumanité sacrilege d'un Moine. Nous
avons vû, dit-il, il n'y a pas long temps avec
douleur, les richesses d'un autre Croesus qui
ont été decouvertes à sa mort, c'étoient les aumones de la ville qu'il avoit amassées comme
pour l'usage des pauvres, mais qu'il a laissé à sa
famille & à sa posterité. On a vû alors venir
sur l'eau le fer qui étoit au fond & on a trouvé
parmi les Palmiers l'amertume de la Mirrhe.
Il n'en faut point être supris car il avoit pour
compagnon & pour maître celui qui fit ses richesses de la faim des pauvres & qui reserva à
son propre malheur ce qui avoit été destiné pour
les miserables , dont les plaintes & les cris mon-
terent enfin au ciel, se firent entendre à Dieu,
& vainquirent sa patience, c'est pourquoi il envoia un mauvais ange à ce Nabal pour lui dire
Insensé que tu es, cette nuit t'on ame te sera
ôtée & les biens que tu as preparez , à qui
seront-ils ?

Ce n'est donc pas seulement la pauvreté for-
cée qui est un mal insatiable, comme S. Chrysostome le fait voir *L. 3. de Sacerd. sub finem.*
mais aussi la pauvreté volontaire, si l'on n'y
prend garde, est souvent corrompue par la même avidité & insatiabilité sous differens pretextes que St. Anselme que nous avons citez raporte en partie, & en partie Cassien que nous
avons aussi deja citez. *Coll.* 4. *c.* 20. On peut
le voir encore *L.* 7. *c.* 7. *&* 16. Et quoique

sou-

souvent l'avarice des Religieux semble ne point attaquer la pauvreté, parce que le particulier ne cherche point les richesses pour lui même, mais pour le convent & pour la communauté, (ce qui peut aussi arriver sur tout aux superieurs negligens & aux officiers des monasteres) cependant par cette pretendue charité, on ne s'exemte point de la tache de l'avarice, parce que l'on conserve la cupidité & le desir d'accumuler richesses sur richesses, & la faim insatiable des biens de la terre ; ce qui est la fleur de l'avarice qui fait que plus on est riche plus on est pauvre, n'aiant l'usage ni de ce qu'on possède ni de ce qui est éloigné, comme dit Barlaam dans St. Jean Damascene in hist. c. 18. & l'Auteur qu'on croit être S. Prosper *L.* 2. *de vit. contemp. c.* 13. *&* 15. fait voir que ce vice des Ecclesiastiques & des Religieux ne s'accorde point avec le repos & la paix qui conviennent à leur état.

61. Puisque nous avons fait voir assez clairement que les Religieux qui font profession de la pauvreté peuvent être en danger de tomber dans l'avarice, & être poussés du desir d'amasser du bien par des voies illegitimes & peu convenables ; Il faut supposer en second lieu que ces voies sont de differentes sortes, car les unes sont ouvertement mauvaises & impies, & les autres ne sont point si noires & sont couvertes de quelque apparence de bien. On doit raporter au premier ordre le larcin sacrilege de ceux qui à l'imitation de Judas par une étrange avarice s'emparent de la bourse de Jesus-Christ, qui leur
avoit

avoit été confiée. Ce fut par ce chemin
qu'un certain Moine nommé Euprepien alla
au malheur éternel. Le S. homme Theodore ftu-
dite qui étoit fon fuperieur en parle en ces termes *Serm.* 9. *Catecl.* après avoir raporté fort
au long de quelle maniere ce Moine s'étoit au
commencement rendu célebre par fa fainteté
& par la confeffion de la foi. Après cela, dit-
il, que lui arriva t'il? Aiant comme Econome
la Bourfe & l'argent du Monaftere, attiré par
l'or & pouffé par l'avarice, helas! à l'exemple
de Judas, il trahit Jefus-Chrift, laiffant fon
vœu de Chafteté, & comme un autre Giezi,
il acheta des terres, des vignes, des bœufs &
des moutons, c'eft pourquoi il n'en contracta
pas feulement la lepre mais à ce que je croi
quelque chofe de plus trifte & de plus funefte.
Voilà, mes freres, ce qu'a fait l'avarice. Fuions
je vous prie ce vice qui eft la caufe de la tra-
hifon & de l'Apoftafie.

62. Je trouve que les S. Peres fe font encore fervis d'une autre raifon pour condamner le
Larcin facrilege de la plus part des Religieux,
qui retiennent entre leur mains avares les aumones qu'on leur avoit confiées pour les diftri-
buer aux pauvres. Palladius S. 19. *laus.* Ecrit
qu'un certain Jean Moine de St. Marchaire l'E-
giptien avoit été rongé par le vilain chancre
de l'avarice. Obeiffant, dit-il, à celui qui mit
la corde au cou à Judas lorfqu'il ufurpa & qu'il
s'empara du bien des pauvres, il fut fi fort frappé de lepre qu'il n'avoit pas fur tout fon corps
l'efpace d'un pouce qui n'en fut couvert. C'étoit
la Prophetie de St. Machaire. Car ce St. homme lui avoit predit que s'il fuccomboit à l'efprit
d'a-

d'avarice, il ne manqueroit point d'avoir la lepre de Giezi. L'Auteur qu'on a cru être St. Prosper *L. 2. de vita cont. c.* 4. après avoir fait plusieurs remontrances aux convers, c'est-à-dire aux Religieux, il se plaint qu'il y en avoit de son temps plusieurs semblables à celui là qui, comme il dit, ont changé d'habit mais non pas d'esprit, de robe mais non pas d'action, qui contens d'avoir renoncé au monde de parole mais non pas d'effet, vivent d'une maniere toute seculiere & cachent leurs vices sous la vaine profession d'une vie meilleure, & se couvrant du manteau d'une Religion imaginaire ils prennent l'apparence de la vertu pour la vertu même. Parmi les quels il ajoûte qu'il y avoit des voleurs sacrileges qui avoient detourné les aumones sacrées. Qui pourroit suporter ces personnes que sous l'image & sous l'ombre de l'honneteté, par une pieté simulée & affectée se chargent de la defense & de la cause des pupilles & des veuves, afin de se saisir de leurs biens; & de pauvres qu'ils étoient devenant riches, ou s'ils étoient riches augmentant encore par là leurs richesses, ils grossissent ainsi leur revenus par le crime jusqu'à ce qu'ils soient devenus assez puissans & que leur patrimoine soit assez considerable, afin de pouvoir toujours avoir de quoi fournir au plaisir & à la bonne chere?

Isidore de Pelouse L. 3. Epist. 277. écrit ainsi contre ces mêmes sacrileges; Il faut regarder comme des miserables & des impies ceux qui aiant commencé par la vertu finissent enfin par le vice. Tels sont ceux qui ayant au commencement pris le soin & la protection des pauvres se laissent dans la suite aller à l'avarice & prennent occasion

sion de là d'en tirer du profit. L'Oracle divin les reprend lorsqu'il dit, faites justement *ce qui est juste*. Car il n'est point convenable que ceux qui sont chargés du soin des pauvres & qui en font profession, les depouillent & les trompent, & qu'ils s'emparent de ce qui leur apartient quand même ils auroient fait quelque perte à leur service. Le même Auteur condamne avec beaucoup de force ce dereglement *L. 5 Epist.* 183. il dit aussi, dans l'Epitre 210. à un certain Zozime qu'il reprend de ce sacrilege. Qu'il efface par ses larmes cette tache plus noire que de l'Ancre. Il parle encore dans l'Epistre 301. d'un certain Eusebe coupable du même crime. On doit raporter à cela le conseil de S. Hierome écrivant à Paulin. Distribuez, dit-il, aux pauvres & aux freres de vos propres mains les rafraichissemens & les aumones. Il est rare de trouver des personnes fideles, ne croiez vous pas que ce que je dis est vrai ? Pensez à la bourse de Judas. Jean de Sarisburi raporte d'autres exemples qu'il condamne fortement *L. 7. Polycr. c.* 17. Vous pouvez voir aussi dans St. Augustin *Epist.* 199. un autre exemple de deux faux Moines aux quels le mari d'Edicia demandoit comte pour ce sujet.

63. C'a été la raison entre autres pour laquelle de saints & prudens Religieux craignant que l'avarice se glissant en eux ils ne vinssent à diminuer ce qu'on offroit à Dieu, refusoient la charge de distribuer aux pauvres ce que les riches donnoient pour l'amour de Dieu, pour être divisé selon leurs besoins. Les S. Péres leur ont souvent conseillé de ne point se charger de ce soin. S. Hierome écrit que S. Hilarion s'en defendoit & il recommande à Nepotien d'en faire de même.

Les

Les actes de St. Estienne le jeune disent la même chose de lui. Voici comme St. Basile instruisoit Chilon ; Fuiez, l'or avec grand soin, lui disoit il , fuiez le en toute maniere comme l'ennemi flateur & seduisant de votre ame, comme le pere du peché, comme le valet du Diable. Prenez garde, que sous pretexte de soulager la necessité des pauvres, vous ne vous rendiez coupable d'avarice & du desir d'amasser de l'argent. De sorte que si quelqu'un vous en aporte afin de le distribuer aux pauvres, & que vous connoissiez certainement des personnes destituées des secours neeessaires à la vie & dans l'indigence, faites en sorte que vous acompagniez celui qui donne cet argent, afin qu'il le distribue lui même aux pauvres freres ; de peur que s'il vous arrivoit de les recevoir pour en faire la distribution , vous n'y eussiez quelque attache & que par là la pureté de votre conscience ne fût ternie & souillée. Pierre de Cluni L. 2. Epist. 20. le recommande très expressement au Moine Gillebert & il lui dit même que quand son superieur lui commanderoit il ne seroit point obligé de lui obéir en cela.

C'est encore à ce premier ordre des voies injustes d'amasser du bien qu'on doit attribuer l'impieté de certains Moines qui ont pour cela supposé des miracles. Plut à Dieu que tous les exemples qu'on en raporte fussent aussi faux & supposez, mais il est certain qu'il s'est commis en cela plusieurs friponneries par des personnes religieuses, qui ont deguisé leurs noms & qui ont estimé que le gain étoit pieté. Nancelius à la fin du livre, *de risu*, écrit
qu'il

qu'il y a eu en quelques uns de ceux dont nous parlons qui voulant imiter la Vigne qui pleure dans les temples, comme parle Virgile *L.* 1. *Georg.* & St. Auguftin *L.* 5. *de civit. c.* 12. ont pris d. la gomme qui diftille des incifions qui ont été faites aux arbres, & en ont mis aux yeux d'une image, ce qui fit croire qu'elle pleuroit. Polidore Virgile *L* 5. *de prodigiis fub finem*, confirme la même chofe par un exemple arrivé de fon temps. Mais je ne veux pas preffer davantage cet ulcere quoique je n'ignore pas, fans parler de plufieurs faux miracles qui ont été malicieufemeut inventés par les Heretiques & par les demi chretiens & en particulier par Henri Eftienne dans fon livre, qui eft un magafin de menfonges qu'il à ramaffez contre les perfonnes facrées auquel il a donné ce titre. *Præparatio ad Apolagiam pro Herodoto.* Preparation à l'Apologie pour Herodotè ; je n'ignore pas, dis je, qu'il y a quelques exemples qu'on peut raporter qui meritent le fouët ou la potence, ou même qui font dignes du feu, mais qu'il vaut mieux condamner par le filence. Cependant St. Profper *in dimid. temp. c.* 9. n'a point eu honte d'en écrire deux exemples l'un arrivé à Carthage & l'autre en Afie, par l'entreprife criminele des faux Moines.

64. Il faut mettre dans le même rang les vendeurs de Reliques facrées, tels qu'ont été quelques Moines Grecs dont parle St. Gregoire *L.* 3. *Epift.* 30. & comme il paroit par l'argument qui eft à la tete de cette Epitre. Les Circoncellions, forte de Moines impies & deteftables faifoient le même trafic, c'eft à dire qu'ils vendoient des os de morts pour de vraies Reli-

ques

ques des Martirs, comme l'écrit St. Iſidore *L.* *2. de off. Eccleſ. c.* 15. ce qu'il avoit apris de St. Auguſtin *L. de opere Monach. c.* 28. où il inſinue aſſez clairement, ques ces productions de l'avarice ne venoient point des Moines mais de certains vagabonds qui prenoient fauſſement le nom de Moines. Il écrit ainſi : O ſerviteurs de Dieu, Soldats de Jeſus-Chriſt, eſt ce ainſi que vous diſſimulez les embuches & les ruſes de l'ennemi ? Ce mechant voulant detruire vôtre bonne reputation & la bonne odeur de Jeſus Chriſt, afin que les bonnes ames ne puiſſent dire nous courrons après l'odeur de vos parfums & qu'elles ne puiſſent éviter ſes pieges, à infecté de ſes maximes beaucoup d'Hypocrites qu'il a repandus de toute parts ſous l'habit de Moines, qui courrent par les provinces, toujours vagabonds ſans demeure fixe, ſans ſtabilité, ſans repos ; les uns vendent les membres des Martirs, s'ils ſont tels en effet ; les autres font parade de leurs Philacteres & de leur habit, il y en a qui mentent en diſant qu'ils vont trouver leurs Peres ou leurs parens qui demeurent dans une telle ou une telle province, ils demandent tous & même ils exigent dequoi s'enrichir ſous pretexte de pauvreté, & le prix de leur ſainteté affectée. Cependant lors qu'on les ſurprend dans de mauvaiſes actions ou qu'ils ſe font connoître par quelqu'autre maniere, il arrive ordinairement partout qu'on maudit vôtre profeſſion & qu'on la décrie ſous le nom general de Moines. Voila ce que dit St. Auguſtin de ces fripons qui ſe diſent Moines, & on peut s'en ſervir en pluſieurs occaſions pour exenter de la calomnie les vrais Religieux, quoique je ne nie point

point que l'avarice n'ait été jusque là dans ceux même qui avoient profeſſé la religion Durand L. 1. de Ritib. c. 25. n. 9. en raporte pluſieurs exemples qu'il a tiré des autres auteurs. C'eſt pourquoi le Concile de Latran ſous Innocent troiſiéme c. 6. a fait un decret que les nouvelles reliques devoient être aprouvées par l'autorité du Souverain Pontife. Ce que le Concile de Trente *Seſſ.* 25. laiſſe à l'examen des Evêques.

65. Il y a eu auſſi des Religieux qui vendoient à un certain prix contant l'entrée dans la vie Monaſtique contre leſquels crie le ſecond Concile de Nicée *Can.* 19. où il eſt dit que les Religieuſes faiſoient la même choſe. Alexandre III. au Concile de Latran p. 2. c. 10. le defend très ſeverement & auſſi Concile d'Oxone ſous innocent troiſiéme c. 32. & le Concile de Treves 2. c. 12. En particulier pour ce qui regarde les Religieuſes cette prophanation ſacrilege s'étoit ſi fortement établie du temps d'innocent troiſiéme qu'il parle ainſi dans le Concile de Latran c. 64. La tache de la Simonie a tant infecté la plûpart des Religieuſes qu'à peine en reçoivent elles au nombre des ſœurs ſans dote voulant couvrir ce vice du pretexte de pauvreté. Nous voions par laque ce malheureux fruit de l'avarice eſt né & a été produit dans les convents.

Sortons de ce ſale bourbier de l'avarice des faux Religieux. Il y a d'autres manieres moins groſſieres, mais illegitimes & ſordides dont les Moines ſe ſervent pour tirer du gain de la pieté. Les S. Peres leur en font ſouvent la guerre & leur reprochent S. Hierome dans l'Epitre à Nepotien decrit ainſi des Moines qui recherchoient des

ſucfucceſſions par des moiens tout à fait honteux. J'ai encore oui , dire, dit-il, qu'il y en a qui rendent des ſervices bas aux viellards & aux vielles femmes qui n'ont point d'enfans, juſque là qu'ils leur donnent le pot, qu'ils s'aſſoient ſur leur lit, qu'ils reçoivent avec leur mains les crachats pourris qu'ils tirent de leur eſtomac & les phlegmes de leurs poulmons. Ils craignent lorſqu'ils voient entrer le medecin, ils demandent en tremblant s'ils ſe portent mieux , & ſi cette perſonne agée ſe trouve un peu plus vigoureuſe tout eſt perdu, il font paroître au dehors de la joie, mais l'avarice les tourmente & les fait ſoufrir interieurement. Ils craignent de perdre leurs ſervices, & ils comparent ce viellard qui demeure trop long temps en vie, à Mathuſalem ! O quelle recompenſe ne recevroient ils pas de Dieu s'ils n'en eſperoient aucune preſentement ! Avec combien de peine & de ſueur tachent ils d'obtenir une ſucceſſion inutile ? Ils pourroient acheter avec moins de peine la perle de Jeſus-Chriſt. Il faut voir ſur cela le même St. Hierome *Epiſt.* 22. où il parle en particulier de deux Moines Anthime & Sophronius qui ſe ſont rendus inſignes dans cette infamie. La mauvaiſe odeur de leur avarice alla ſi loin qu'elle porta le Pape Damaſe à ſolliciter l'Empereur Valentinien d'arrêter par une loi expreſſe ces ſortes de ſucceſſions & de deffendre non pas aux Egliſes ni aux communautez mais aux perſonnes privées Eccleſiaſtiques & particulierement aux Moines de pouvoir heriter en vertu des teſtamens faits par des femmes qui à cauſe de la foibleſſe de leur eſprit ſe laiſſent plus facilement ſurprendre. Il y en a qui

ont

ont jugé mal de cette loi & de fa fin, croiant que Valentinien ne l'avoit faite qu'en haine des perfonnes facrées & que peu après elle avoit été abrogée. C'eft le fentiment de Molanus *L. de piis Teftam. c.* 34. Mais Baronius, *anno* 370. *n.* 120. & Nicolas le Maître *L.* 2. *de bonis Ecclef. c.* 1. ont très bien remarqué que la vraye caufe de cette loi étoit d'arrêter & de reprimer l'avarice des perfonnes facrées qui follicitoient des fucceffions & qu'en particulier elle étoit faite contre les Moines.

66. Jean de Sarisburi *L.* 7. *Polycrat. c.* 23. décrit un autre femblable dereglement de quelques Moines, ce qu'il a tiré de S Hierome, & il remarque qu'à caufe de cela S. Hierome étoit hai des Moines qui le regardoient comme un critique bifarre & mordant, & Severe *Dialog.* 4. dit qu'il avoit eu cette reputation. Sarifburi raportant le paffage de St. Hierome, dit que la régle irreguliere qui s'obfervoit alors avoit été condamnée longtemps auparavant par ce St. Docteur lorfqu'il difoit; C'eft une chofe ridicule & honteufe que vous vous glorifiez de n'avoir ni mouchoir ni oratoire pendant que vous avez la bourfe pleine. Il y en a qui donnent quelque peu aux pauvres afin de recevoir davantage, & qui fous le pretexte de l'aumone cherchent des richeffes, ce qui doit être apellé plutôt une chaffe qu'une aumone: c'eft ainfi qu'on prend les bêtes, les oifeaux & les poiffons; on met un peu d'apas dans l'amecon afin d'attirer la bourfe & l'argent des Dames, & certes il vaudroit mieux que vous n'euffiez point de quoi donner que de

de-

demander avec une telle impudence. C'eſt
une veritable uſure & la vraie production de
l'avarice car, dit le même Sarisburi *L. 8. c.*
13. L'Uſurier eſt celui qui donne quelque
choſe pour recevoir davantage , comme celui dont il eſt parlé dans l'Epigramme ſui-
vante.

> *Munera quod ſenibus viduiſque ingentia mittis,*
> *Vis te munificum , Gargiliane vocem?*
> *Sordidius nihil eſt , nihil eſt te Spurcius uno,*
> *Qui potes inſidias , dona vocare tuas.*
> *Sic avidis fallax indulget piſcibus hamus,*
> *Callida ſic ſtultas decipit eſca feras.*
> *Quid ſit largiri , quid ſit donare , docebo,*
> *Si neſcis ; dona Gargiliane mihi.*

Vous faites de grands preſens aux viellards &
aux Veuves afin de paſſer pour liberal , mais
rien n'eſt plus ſordide & plus vilain que vôtre
avarice qui vous fait apeller, preſens, les pieges que vous tendez pour ſurprendre le monde.
C'eſt ainſi que l'ameçon attire les poiſſons &
que l'apas trompe les ſottes bêtes. Si vous ne
ſavez point ce que c'eſt que faire un preſent,
je vous l'aprendrai, c'eſt de me le faire, (c'eſt
à dire, à une perſonne du quel vous n'eſperez
rien.)

Je ne veux point exagerer les paroles de Pierre de Cluni *L. 1. Epiſt.* 30. *ad Gilb.* Mais
leur donner un ſens plus favorable car quoi
qu'il ſemble qu'il parle du defaut dont nous
traitons comme d'un larcin ſacrilege, je con-
ſens qu'on diminue la force de ſes paroles &
qu'on conſidere comme une choſe moins hon-
teu-

teufe la conduite de ceux qui donnent quelque
chofe aux pauvres afin d'attirer à eux même la
liberalité des autres. L'orgueil , dit il parlant
d'un Religieux dereglé , le conduit infenfible-
ment à l'idolatrie de l'avarice , qui eft le commencement de tout peché , il a fait profeffion
de pauvreté & il amaffe peu à peu des richeffes & il n'a point de ceffe qu'il ne rempliffe fa
bourfe des pechés d'autrui, il fait femblant lors
qu'il recoit ces aumones que c'eft pour fubve-
nir à fes befoins & que le furplus fera pour
l'affiftance des pauvres ; ainfi celui qui avoit
abandonné fes propres biens veut être le difpen-
fateur de ceux de fon prochain & c'eft une occafion au ferviteur de Dieu de fe rendre le ferviteur & l'efclave de Mammon, car faifant femblant de pourvoir à l'avantage des pauvres, il
trouve les moiens de fatisfaire à fa cupidité & à
fon avarice. C'eft pourquoi il exhorte tout le
monde à fecourir les pauvres, afin que pendant
qu'on le croit un autre St. Paul apliqué au fervice des faints, on ne penfe point qu'il eft men-
teur & trompeur comme un autre Ananias.
Par cet artifice la cabane du pauvre devient un
trefor roial, la pauvreté du folitaire furpaffe les
richeffes de Salomon , & on tire de la caverne
de l'indigence les grands trefors des Indes.

67. Voici une autre forte d'avarice , qui eft
de la même efpece, par laquelle les Religieux
fuccent les novices de leurs ordres , contre ce
que pratiquoient autrefois les Moines d'Egipte,
comme on le voit dans Caffien *L. 4. c. 4. &*
5. qui ne permettoient pas même que leurs habits fuffent au profit du Monaftere , & qui ne
fouffroient point qu'ils aportaffent avec eux au-

cu-

cune chofe. Toutefois S. Serapion dans fa regle §. 2. eft d'un autre fentiment & je ne nie pas aufli qu'il ne foit jufte & convenable que ceux qui entrent en Religion & qui donnent leurs biens aux pauvres fuivant le confeil de Jefus-Chrift, ne mettent au nombre de ces pauvres le Monaftere où ils font receus, ce qui eft l'ancien ufage de l'Eglife dont Bellarmin parle L. de Monach. c. 43. S. Benoit, dit-il, au chapitre foixante cinquieme de fa regle ordonne que le Novice donne fes biens aux pauvres ou qu'il en faffe une donation folemnelle au Monaftere ; Il n'y a donc point de mal en cela. Et on ne peut fuporter la conduite des feculiers qui veulent que leurs enfans qui viennent au convent y entrent comme des étrangers & des bâtards & qui refufent de leur donner quelque chofe de leur heritage & de leur part pour être apliqué au bien du monaftere. Salvien *in oper. ad Calh. Eccl. l.* 3. *c.* 2. les pouffe fortement, & il fait voir que Macharentinus ne devoit rien laiffer à fes Parens. Je dis donc feulement ici qu'il eft peu convenable aux Religieux de fuccer avec trop d'avidité les novices & qu'ils doivent fe contenter de recevoir d'eux ce qu'ils donnent de leur propre mouvement & ce qu'ils peuvent faire commodement afin qu'il ne paroiffe pas qu'ils cherchent plutôt le bien que la perfonne comme font plufieurs qui s'engagent par ces vues dans le mariage. S. Bernard difoit fort bien à Thomas de Beverle novice de Citeaux. C'eft vous que nous aimons & non point vôtre bien , & dans fa premiere Epitre parlant de Robert qui avoit été , comme l'on difoit à Cluni dés fon enfance. On

mon-

montre, dit-il, la terre qu'on dit avoir été donnée avec lui & pour lui, mais s'ils l'ont receu avec la terre pourquoi ne l'ont ils pas aussi retenu avec la terre? N'est ce pas qu'ils recherchoient plutôt le present que le fruit, & qu'ils estimoient davantage la terre que l'ame? Cependant les Religieux de Citeaux ont taché d'éloigner d'eux ce defaut par un reglement qui fut fait sous l'Abbe Henri   On le trouve dans la Bibliotheque de Cluni pag. 1570. ou l'on excommunie tous ceux de Cluni qui seroient coupables d'avarice en la reception de ceux qui entroient dans l'ordre. Il faut donc que les Religieux fassent voir leur moderation & que les seculiers de leur côté temoignent à leurs enfans l'affection & l'humanité que St. Hierome *Epist. ad Demetr.* loue dans Sainte Julienne grand' Mere de Ste. Demetriade & dans Ste. Probe sa Mere, il assure qu'elles laisserent à Demetriade qui se retiroit du monde, tout ce qui avoit été preparé pour ses noces.

68. Les moiens bas & honteux de s'enrichir couverts de beaux pretextes exterieurs & apparens ne toucherent point cet Abbé de Villiers qui ne voulut en aucune maniere, comme le raporte Cantepré *L.* 2. *apum. c.* 26. *n.* 5. recevoir de grandes richesses qu'un usurier avoit leguées à son Monastere, quoi qu'on dit que cet usurier avoit d'ailleurs de quoi reparer les domages & le tort qu'il avoit fait par ses usures. Quoique dans une telle conjoncture St. Bonaventure reconnoisse, *in deter. circa Reg. S. Franf.* 26. qu'on peut recevoir le leg d'un avare, neanmoins ce St Abbé refusa constamment la largesse de cet avare, ne voulant point avoir de

com-

communication avec cet homme ſordide quoi qu'il lui donnât des richeſſes qui étoient de ſon propre & qui ne venoient point de rapine auſſi Dieu ne laiſſa pas ſans recompenſe la pieté & la generoſité de ce St. Abbé, comme le dis le même Auteur.

69. Parce qu'on met le commerce entre ces moiens ſordides de s'enrichir qu'on ne regarde pas comme injuſtes & criminels. Il faut en troiſiéme lieu preſuppoſer ce que c'eſt que le commerce & combien il y en a de fortes L'Auteur de l'ouvrage imparfait ſur St. Matthieu hom. 38. ſur ce paſſage, il chaſſoit dehors ceux qui achetoient & qui vendoient dans le temple ; après avoir porté pluſieurs coups contre les Marchands , il fait parler ſes auditeurs comme s'ils l'interrogeoient : Faites nous donc voir qui eſt celui qui eſt Marchand? car il ſemble que tous les hommes le ſont. Le laboureur achete des bœufs pour vendre ſon bled , l'ouvrier en bois achete du bois pour vendre ſon ouvrage , celui qui travaille en linge achete de la toile pour la vendre lorſqu'il l'aura employée, & celui qui emprunte ne le fait qu'afin d'en tirer de l'uſure & du profit. Et commant les anciens juifs & les apôtres auroient ils pu louer les arts & les metiers? n'eſt ce pas parce qu'ils s'exercent ſans peché? C'eſt ainſi que St. Paul travailloit à faire des tentes & il recommande de faire de même diſant, qu'ils s'apliquent comme nous à de bons ouvrages. Nous liſons auſſi que les Apôtres étoient pécheurs. Le même Auteur repond ainſi à cette difficulté propoſée ; Je vous ferai voir qui eſt celui qui n'eſt point Marchand , afin que
vous

vous fachiez, que tous ceux qui ne fuivent point
la regle que je vais expliquer font Marchands,
C'eft-à-dire, que celui la n'eft point Marchand
qui achete quelque chofe non pour la revendre
toute entiere & fans y rien changer, mais pour
en faire quelqu'ouvrage ; parce que fi l'on achete une matiere pour la travailler, & pour en
faire quelqu'ouvrage, ce n'eft point la chofe
qu'on vend mais fon artifice & fon travail, &
le prix n'eft point dans la chofe mais dans l'ouvrage, & ce n'eft point la ce qu'on apelle commerce ; par exemple un forgeron achete du fer
& il en fait un ferrement, ce ferrement vaut
plus que le fer qui y eft emploié & il eft eftimé fuivant l'ouvrage. Mais celui là eft Marchand & doit être chaffé du temple de Dieu
qui achete une chofe pour la revendre toute
entiere & fans y rien changer & afin d'en retirer du gain & du profit.

On apelle donc proprement & en rigueur
Commerce & Negoce , acheter une Marchandife pour la revendre fans y faire aucun changement afin d'y gagner. Mais il y a un autre
commerce qui eft de vendre à un autre ce
qu'on avoit acheté après y avoir fait quelque
changement comme par exemple , lorfqu'on
emploie du fer à faire une coignée, ou du
bois à faire un banc & qu'en fuite on le
vend. On peut dire la même chofe d'un
poullain qu'on achete pour le nourrir & pour
en faire un cheval afin de le vendre. Cette
vente & cet achat font auffi apellez commerce lucratif parce qu'il arrive que dans la fuite
la chofe eft vendue plus cherement & cela fe
fait ou immediatement & par foi même , ou

me-

mediatement & par un autre.

70. Medina *cod. de Reſt.* q. 31. ajoûte deux autres ſortes de commerce qu'il nomme commerce Economique & Politique. Il dit que le premier eſt celui qui s'exerce pour ſa propre ſubſiſtance & pour celle de ſa maiſon ſelon que la neceſſité le requiert, il en donne un exemple de celui qui achete à prix les choſes neceſſaires à ſa maiſon ou de celui qui vend de ſes revenus & de ſon ſuperflu autant qu'il lui en faut pour acheter les choſes les plus neceſſaires. Medina explique le Commerce Politique autrement que les autres qui entendent par ce terme le commerce naturel qui regarde l'achat des choſes neceſſaires à la vie, ou la vente de celles dans leſquelles il y a du changement. C'eſt la notion que Rebellus nous donne de ce terme 2. *p. l.* 9. *q.* 18. *ſ* 2. *n.* 2. Au lieu que Medina dit que le Commerce Politique eſt celui par lequel on ſubvient aux neceſſitez publiques du peuple. Au reſte cette diviſion du Commerce eſt purement materielle & ne regarde point la diviſion formelle. Car que quelqu'un exerce le commerce au profit de ſa famille ou de la ville, c'eſt une différence purement materielle & qui ne donne pas une idée des differentes ſortes de commerce comme la diviſion que nous avons propoſée ci-deſſus. De plus ſi cette diviſion étoit juſte il auroit fallu ajouter un autre membre qui eſt le commerce Monaſtique ou particulier, par lequel on achete ſes propres beſoins; On peut pourtant conclurre de la qu'il y a une troiſiéme eſpece de Commerce commun à la diviſion de Medina, ſavoir le Commerce de ceux qui achettent les choſes neceſ-

ſaifaires à eux & aux leurs ou qui vendent ce qui leur est superflu.

71. Ainsi nous pouvons voir qu'il y a trois sortes de Commerce. Premierement le Commerce simple par lequel on achete les choses necessaires ou par lequel on vend les superflues, ce qu'on ne peut apeller Commerce qu'en general, & improprement & qui est opposé au Commerce lucratif, comme remarque le Maire *in* 4. *dist.* 15. *q.* 40. *initio.* Secondement le Commerce lucratif qui est proprement & en rigueur ce qu'on apelle Commerce, par lequel on vend par soi même ou par un autre qu'on emploie, une chose qui est la même qu'on la achetée & qui n'a point changé de forme afin d'en tirer du profit. En troisiéme lieu le Commerce aussi lucratif, qui tient comme le milieu qui n'est point si reserré que le premier ni si étendu que le second, par lequel Commerce ou achete une chose pour lui faire changer de forme ou pour la rendre meilleure & qu'après ce changement on revend par soi-même ou par un autre afin d'en tirer du profit. C'est sur ces differentes sortes de Commerce qu'il faut établir la decision de la Controverse proposée, en decidant quel est le Commerce que les Religieux peuvent exercer sans être tachez d'avarice & sans faire deshonneur à l'état Religieux. Il n'est pas facile à le decider & le Maire *in* 4. *d.* 15. *q.* 41. avoue qu'on ne peut donner en cela une regle certaine par laquelle on puisse établir quel Commerce est deffendu ou permis aux personnes sacrées. Tout le monde convient à la verité que les Commerces seculiers, le gain sordide, le profit deshonnête sont defendus aux

Clercs

Clercs & aux Religieux mais il est difficile de definir quels font ces profits deshonnêtes & ces gains fordides. Il n'est point aussi bien facile de faire voir quels font les Commerces ou les affaires feculieres qui ne font point convenables aux personnes facrées Le premier Concile de Mayence fous Leon II. du temps de Charlemagne c. 14. a voulu l'expliquer, mais fa refolution ne contente pas tout à fait : car il dit, Nous avons jugé à propos que les Ministres de l'autel du Seigneur & les Moines s'abstiennent entierement des affaires feculieres Or il y a plufieurs fortes d'affaires feculieres, nous en raporterons ici quelques unes au nombre des quelles est premierement tout plaifir, non feulement celui de l'impureté mais même celui de la concupifcence de la chair, & de tous les defirs dereglez qu'un homme peut former; le gain deshonnête, recevoir & donner des prefens injuftes, engager quelqu'un pour faire quelque profit feculier, aimer les difputes les querelles, & les procès, foutenir des caufes au palais & au barreau, fi ce n'eft pour la defenfe des Orphelins & des veuves, être procureur ou fe mêler des affaires des feculiers, dire ou faire quelque chofe deshonnête pour rire, aimer la raillerie, être adonné au jeu, chercher des ornemens qui ne conviennent point à fa profeffion, vouloir vivre dans les delices, fe laiffer aller à la gourmandife & à l'Yvrognerie, avoir de faux poids & de fauffes mefures enfin faire quelque chofe d'injufte. Ce Concile parle enfuite du Commerce legitime & après il ajoute qu'il eft auffi fuperflu & inutile pour quelque caufe que ce foit d'aller à la chaffe avec des chiens & des oifeaux, Nous defendons, dit il, abfolulument ces choses & de semblables aux Ministres de l'autel du Seigneur & aux Moines, de qui l'Apôtre a dit, personne ne combat pour Dieu, & s'engage dans les affaires du siecle.

72. Cette explication des affaires seculieres ne satisfait point & ne vient point au sujet present. Car quoique les personnes sacrées doivent éviter tout ce que le Concile a raporté, neanmoins ils ne sont point les seuls qui doivent s'en éloigner mais aussi tous les Chretiens y sont obligez, du moins pour la plus grande partie. La plûpart des choses dont il y est fait mention ne regardent point le Commerce qui est deffendu aux personnes sacrées, quoiqu'il ne soit pas injuste ni deffendu aux seculiers. Je ne donnerai donc point d'autre explication que celle qui se trouve dans l'Epître qu'on atribue au Pape Melchiade quoi qu'elle cite le Concile de Nicée qui a été tenu sous le Pape Silvestre. Baronius *anno* 312. *n.* 80. l'attribue à Isidore Mercator. Voici ce qu'elle contient Les saints canons declarent & font voir quelles sont les affaires du siecle, enseignant clairement que quelques uns qui sembloient avoir été élus, dans le Clergé poussez par le gain sordide prennent des heritages à louage & s'engagent dans le soin des affaires du siecle. Negligeant le service du Seigneur ils vont par les maisons des seculiers se changeant par avarice du soin des successions. Le Concile dont nous avons parlé ordonna que d'orenavant aucun Clerc ne put prendre du bien à louage ou se meler des affaires du siecle si ce n'est pour la defense des pupilles, des Orphelins & des veuves. Cette explication des affaires seculieres que les personnes Ecclesiastiques doivent rejetter & dont parle ici Melchiade

sup-

supposé, est tres imparfaite. C'est pourquoi il nous faut encore rechercher quelque choses de plus exprès.

SECTION VI.

Jugement general sur les deux opinions propo-sées dans les deux disputes précedentes.

73. IL y a dans l'un & dans l'autre des deux sentimens que nous avons exposez quelque chose qu'on doit aprouver & quelque chose qu'on doit rejetter. C'est pourquoi nous raporterons ici, premierement en general & ensuite en particulier certains points qu'il est à propos d'établir touchant les diverses sortes de Commerce dont nous avons parlé.

PREMIERE PROPOSITION.

Le Commerce n'est point deffendu aux Religieux comme mauvais absolument & de soi même, ou par son objet & aussi à raison des choses qui y sont necessairement jointes.

Nous avons suffisament demontré cette proposition dans la troisiéme Section de ce livre, par la premiere raison qui y est établie, & il n'est point besoin de rechercher d'autres autorités des S. Peres ou des Scholastiques sur cette question que celles qui y sont raporportées. Un feul paſſage de St- Auguſtin *S. 1.* *in pſ.* 70. ſuffira pour tous , où expliquant ce verſet de la verſion des Septantes , *Quoniam non cognovi Negotiationem* , parce que je n'ai point connu le Commerce , il fait parler en faveur du Commerce un Marchand Chrétien offenſé de ce que S. Auguſtin ſembloit nier que les Marchands puſſent être ſauvez , & il lui fait repondre à tout ce qu'on peut objecter contre l'honnetêté du Commerce de quelque côté qu'on veuille le rendre deshonnorable: Mais me dira le Marchand , je tire mes marchandiſes de loin , je les fais venir dans les lieux où il n'y en a point , je veux les vendre plus cher que je ne les ai achetées je ne demande que la recompenſe de mon travail pour vivre. Car comment pourrois je ſubſiſter, n'eſt il pas écrit que l'ouvrier eſt digne de ſon ſalaire? Mais il s'agit du menſonge & du parjure, je dis qu'on doit m'attribuer ce defaut & non pas au commerce, car ſi je voulois je pourrois faire le commerce ſans ce vice, & puiſque j'en ſuis l'auteur, je n'en rejette point la faute ſur le Commerce , ſi je ments, c'eſt moi qui ments & non pas le Commerce. Ne puis je pas dire ſimplement je l'ai acheté tant, je veux le vendre tant, achetez le ſi vous voulez à ce prix? Une telle ſincerité n'éloigneroit point ceux qui voudroient acheter au contraire tout le monde y viendroit plutôt , aimant plus la bonne foi que la marchandiſe. Si vous me donnez donc des conſeils & des avis que ce ſoit pour m'avertir de ne point me ſervir de menſonge ni de parjure, mais non pas pour me porter à quitter le Commerce par lequel je gagne ma vie.

Quand

Quand vous voulez me retirer du Commerce où
voulez vous que j'aille, que voulez vous que je
devienne? Vous me conseillerez peut être de
prendre quelque metier? Je ferai donc cordon-
nier, je ferai des souliers, mais ne sont ils pas
aussi menteurs? Ne sont ils pas parjures? N'arrive t'il pas lors qu'ils se sont engagés à faire des
souliers à quelqu'un, que si un autre vient &
leur donne de l'argent, ils quittent l'ouvrage
qu'ils avoient commencé & travaillent pour
lui, trompant celui auquel ils avoient promis
de faire les souliers au plutôt ? Ne disent ils
pas ordinairement je les ferai aujourd'hui, je
les acheverai aujourd'hui ? peut être que ces
promesses ne font pas grand tort ? Voila ce
qu'ils disent & ce qu'ils font, mais on leur doit
attribuer ce mal & non point au metier dont ils
font profession vous voyez donc que tous les
artisans qui sont mechans, qui n'ont point la
crainte de Dieu mentent ou se parjurent pour le
gain, crainte de perdre ou de tomber dans la
pauvreté, la louange de Dieu n'est pas continuelle dans leur bouche. Pourquoi voulez
vous donc me retirer du Commerce ? Voulez
vous que je sois laboureur afin que je murmu-
re comme eux contre le tonnerre, & contre
Dieu qui en est l'auteur, que craignant la gre-
le j'aile consulter les sorciers & leur demander
ce qu'il faut faire contre le temps? Afin que je
souhaitte la famine aux pauvres pour vendre
mes reserves, n'est ce pas la à quoi vous voulez m'engager? Mais me direz vous, les bons
laboureurs ne font point cela, je vous dirai aussi
que les bons Marchands ne font pas le mal dont
il s'agit. Quoi ce sera donc aussi un mal d'a-
voir

voir des enfans parce que quand la tête leur fait
mal , les meres mechantes & infidelles cherchent des ligatures sacrileges & des pactes
pour les guerir. Il ne faut pas attribuer ces
pechés à d'autres causes qu'aux hommes. Voici donc ce que le Marchand me pourra dire: Il me semble , Monsieur l'Evêque , que
vous n'entendez pas le verset du Pseaume, cherchez donc quel en est le sens & ce qu'on doit entendre par le Commerce dont il y est parlé,& ces-
sez de me defendre le Negoce. Avertissez moi de
bien vivre , car si je vis bien tant mieux pour moi.
Je sai pourtant fort bien que si je suis mauvais c'est
ma mechanceté & non pas le Commerce qui me
rend tel St. Augustin après avoir fait ainsi parler le Marchand ajoute , quand on dit vrai il n'y a
rien à repondre , c'est-à-dire, le Marchand a
bien plaidé sa cause , en disant que le Commerce
n'est point mauvais par lui même; que si on y joint
quelques abus il faut les rejetter sans toucher au
Commerce dans lequel ces abus ne se rencontrent
qu'exterieurement par la faute du Marchand. Et
ne peut on pas dire la même chose de tous les Arts
& de toutes les sciences car il n'y a aucune profession quelque pure & innocente qu'elle soit par son
objet & par les circonstances interieures qui ne
puisse être corrompue & deshonorée par le vice
de celui qui l'exerce,neanmoins personne ne condamne ces arts ou ces sciences à cause des defauts
de ceux qui en abusent. De même l'Apôtre a
nié qu'il fallut regarder la loi comme mauvaise
parce qu'il y a des hommes qui en abusent pour
leur perte. Qu'il soit donc indubitable en parlant
generalement que le Commerce n'est point de-
 fen-

fendu aux perſonnes ſacrées comme une choſe mauvaiſe d'elle même ou par ſon objet.

SECONDE PROPOSITION.

Le Commerce ſimple, ou cette eſpece de Commerce qui eſt la premiere de celles que nous avons raportées dans la diviſion du Commerce en trois membres, n'eſt point defendu aux perſonnes ſacrées, c'eſt-à-dire aux Religieux & aux Clercs.

74. Il eſt auſſi hors de doute qu'il n'eſt point defendu aux perſonnes ſacrées d'acheter pour eux ce qui leur eſt neceſſaire, ou de vendre leur ſuperflu. C'eſt là la notion de ce Commerce ſimple de quelque maniere qu'il ſe faſſe. Nous avons raporté beaucoup de choſes ſur cette matiere dans la troiſiéme & cinquiéme raiſon de la troiſiéme Section, & le bon ſens le dicte. Car comment les perſonnes ſacrées pourroient elles vivre, ſi elles n'achetoient ce qui eſt neceſſaire à la vie ? Et d'où pourroient elles avoir de quoi acheter leurs beſoins, ſi elles ne vendoient ce qu'elles ont de trop ou ce qui leur eſt moins neceſſaire ? Il faudroit donc laiſſer perir mal à propos pluſieurs choſes qui pourroient ſervir à d'autres ou les donner liberalement, ce qui ne pourroit ſe faire ſans un grand dommage pour le monaſtere ſi on ne les pouvoit vendre, ou ſi les Religieux n'en pouvoient faire une eſpece de Commerce, ce qui paroit abſurde à moins qu'il n'y ait quelque reglement particulier ou quelque inde-
cen-

cence qui empêche une telle vente.

75. Ce que j'ajoute, premierement parce qu'il y a quelques ordres religieux qui par l'amour d'une plus étroite pauvreté quoi qu'ils accordent à leurs maifons d'avoir des fonds ou des jardins pour la fanté, & qu'il foit permis aux Religieux d'en tirer le meilleur pour leur fubfiftance, ils defendent toutefois de vendre ce qu'ils receuillent au de la de l'ufage immediat de ces fonds. C'eft ainfi que Suares *Tom.* 4. *de Rel. Trac. ult. l.* 4. *c.* 9. *n.* 12. & Sanches *L.* 7. *in decalog.* c. 27. n. 4 font voir qu'il eft defendu aux Maifons Profeffes de la Societé de Jefus, par une regle particuliere de leur inftitut de vendre les fruits qu'ils recueillent des petits fonds qu'on leur permet d'avoir. Il a fallu defendre cette vente pour empêcher de certains revenus qu'on vouloit exclurre. Mais les Religieux qui n'ont point de regles qui leur defendent de vendre les fruits de leurs fonds ne font point obligez de les donner gratuitement, mais ils les peuvent vendre à un prix convenable, comme des chofes fuperflues & non neeeflaires.

Secondement j'ai auffi ajoûté que quelquefois l'indecence doit empécher de vendre des chofes fuperflues, en voici un exemple que j'ai apris depuis peu. Un certain couvent de Religieufes avoit un jardin où il y avoit beaucoup de fleurs, elles en faifoient des bouquets qu'elles vendoient pour parer les demoifelles. Il femble que cette vente n'étoit point bienfeante à ces Religieufes, car fi ces chofes qui doivent être emploiées à l'ornement des autels & à des remedes, abondent & font en plus grande quantité qu'il ne faut, je ne fuis pas du fentiment qu'aucun couvent puiffe les vendre pour l'ufage de la vanité feculiere. Ceux qui fe fouviendont de ce que les Peres difent de ces fortes de bouquets feront de mon opinion. Vous pouvez voir Tertullien *de Coron. Mil. c.* 15. Clement Alexandrin 2. *Pædag. c.* 8. & ce que Cantepré *L.* 2. *apum c.* 1. *Num.* 8. écrit d'un Religieux de l'ordre de St. Duminique qui étoit un homme Apoftolique. Quoique tout ce qu'on lit dans ces auteurs regarde des couronnes de fleurs qu'ils pretendent n'être point convenables aux tetes des membres dont le Chef à été couronné d'épines, prefque tout ce qu'ils difent peut être apliqué à toute forte de bouquet de fleurs, que ces Religieufes ne peuvent vendre fans indecence pour fervir à l'ufage de la vanité des femmes. Lors donc, que ni les regles particulieres d'un inftitut, ni aucune indecence exterieure ne l'empêche, il eft permis aux Religieux de vendre leur fuperflu.

76. Il n'eft pas feulement permis aux Religieux de vendre les chofes fuperflues ou moins neceffaires qu'ils recueillent dans leurs terres, mais même celles qu'ils ont achetées pour leur ufage fans deffein de les revendre, s'il arrive qu'ils en reconnoiffent l'inutilité ou qu'il leur furvienne quelque caufe de les vendre. Car elles font alors fuperflues & les Religieux peuvent les vendre fans crime, & non feulement au même prix qu'ils les ont achetées mais même plus cherement & avec quelque profit, & quoique ces chofes foient abfolument les mêmes & qu'on n'y ait fait aucun changement par le travail & par l'induftrie. Abulenfis, *in c.* 25. *Matth.*

Matth. q. 224. Sa, Rebellus, font de ce fentiment. Molina *Trac*. 2. *de Juft*. d. 342. *Concl*. 2. avec Gutierres, Silveftre, Navarre & Laffart en tire cette confequence qu'il n'eft du pour ces fortes de ventes aucun tribut , car comme ce n'eft point un Commerce deffendu aux Religieux ils doivent jouir de leur immunité quoi qu'ils l'exercent. On pourra en ce cas fans injuftice augmenter le prix à caufe du changement de quelque circonftance dont parle Abulenfis *in cap*. 25. *Matth*. *q*. 223. *ad* 2. & c'eft auffi la raifon pour laquelle les Marchands peuvent vendre plus cher , ce que Soto montre auffi fort bien , *L. 6. de Juft. q. 2. art*. 2. *Concl*. 4. Une raifon legitime de vendre plus cherement n'eft point fondée précifement fur la perfonne qui vend , comme fi le Marchand parce qu'il eft Marchand pouvoit vendre plus cher que les autres qui ne font point Marchands & qui vendent quelque chofe. Mais fans avoir égard à celui qui vend la jufte raifon de vendre plus cherement doit être fondée fur le changement des circonftances fuivant les quelles le jufte prix peut varier & croitre.

77. Mais que doit on dire des Religieux qui vendroient des chofes qui ne leur font point fuperflues, que d'ailleurs ils retiendroient , & qu'ils ne vendent que parce qu'il y a du gain & qu'il fe préfente une occafion de vendre beaucoup plus cher à caufe du changement de circonftance les chofes qu'ils avoient achetées à vil prix fans deffein de les revendre? Je conviens avec Sylveftre *V. excomm*. 9. *n*. 46. & avec Gutierres dans fon traité des gabelles *q*. 93. *n*. 23. que les Religieux peuvent exercer fans faute

te

te ce Commerce parce que lors qu'ils ont acheté ces Marchandiſes iis n'avoient pas la volonté de les revendre & c'eſt cette volonté & cette intention qui rend le Commerce deffendu aux perſonnes ſacrées ; parce que c'eſt proprement ce Commerce qui eſt inſeparable de l'avarice & de la cupidité qu'il excite , qui cauſe la diſſipation exterieure & qui apporte avec ſoi d'autres inconveniens à cauſe des quels il n'eſt point convenable à l'état de ces ſortes de perſonnes. Mais la vente qui ſe fait à l'occaſion d'un gain qui ſe preſente & que l'on n'avoit point eu en vue lors qu'on à fait l'achat , eſt exempte de ces inconveniens ou du moins il ne s'y en rencontre point tant ni de ſi conſiderables. Il me ſemble que pluſieurs auteurs nouveaux ne ſont point éloignez de cette doctrine, Diana les ſuit & les cite 1. *part. Tract* 1. *reſol.* 27. Ils ſoutiennent que le Commerce dans lequel on a en vue le gain qu'on doit tirer de ce qu'on a acheté auparavant, eſt defendu aux perſonnes ſacrées & qu'un tel Commerce eſt ſujet au tribut s'il y en a qnelqu'un d'impoſé aux ſeculiers. Ce qui ne peut être veritable qu'on ne l'entende de l'achat qui a été fait dans le deſſein & dans l'intention de revendre , du quel deſſein & de laquelle intention nous avons dit que les Religieux doivent être exemps. Il faut prendre en ce ſens le ſecond Canon du Concile de Tarracone tenu ſous le Pape Hormiſda l'an 517. qui eſt conçu en ces termes. Puis qu'il a été établi par les reglemens des Canons, que celui qui voudra être dans le Clergé , ne doit point s'apliquer à acheter à un bas prix pour revendre plus cherement. Certai-

rainement fi quelqu'un veut exercer ce Commerce qu'il foit éloigné du Clergé.

TROISIEME PROPOSITION.

Le Commerce pris à la rigueur & qu'on apelle
proprement Commerce auquel nous avons donné le fecond lieu dans nôtre divifion, favoir celui
qui fe fait à deſſein & avec intention de revendre les Marchandifes les mêmes qu'on les a a-
chetées fans aucun changement, afin d'en tirer
du gain, eft abfolument defendu aux Religieux
& contraire à leur profeſſion fi ce n'eft quelquefois à caufe d'une grande neceſſité, ou lors qu'on
l'exerce par un autre comme caufe principale.

78. Stracca L. *de merc.* p. 1. n. 23. donne
cette notion de ce Commerce pris à la rigueur
& deffendu aux perfonnes facrées, & il apuie
fon fentiment par l'autorité de plufieurs Jurifconfultes. Tous les Docteurs conviennent auſſi una-
nimement qu'un tel Commerce n'eft point permis aux Religieux. Parmis les Theologiens nous
avons S. Thomas 2. 2. *q.* 77. *art.* 4. Molina
Tract. 2. *de juft. diſp.* 334. Rebellus 2. *p. q.*
ultima fec. 1. Tolete *L. de péc. mort. c.* 53.
& d'autres qui font de ce fentiment, de même
que les Jurifconfultes Panormitanus, Imola,
Comitolus & Guttierres. La même chofe fe
prouve prefque par tout ce que nous avons dit
dans la quatriéme Section & que nous avons tiré
des SS. Peres & prouvé par plufieurs raifons
que nous avons raportées contre le Commerce,
ce qui ne peut mieux convenir à aucun autre
Commerce qu'à celui dont nous parlons. C'eft

H 4

par-

particulierement ce Commerce que l'auteur de l'ouvrage imparfait fur St. Matthieu *hom.* 38. touche expreſſement & ſon raiſonnement eſt bon ſi l'on le reſtraint aux perſonnes ſacrées & qu'on ne l'étende point à tous les Chrétiens comme il ſemble que cet auteur l'a préten-du , en quoi il n'auroit point raiſon puiſque comme nous l'avons fait voir dans la troiſiéme Section *n.* 19. le Commerce n'eſt aucunement deffendu aux ſeculiers. Mais ſi l'on étend ſon diſcours ſeulement aux perſonnes ſacrées ce qu'il dit ſera vrai , qu'il faut rejetter de l'Egliſe , c'eſt à dire , de l'ordre & des aſſemblées Eccleſiaſti-ques celui qui aura entrepris d'exercer ce Commerce dont nous parlons qui eſt tout à fait op-poſé au genre de vie qu'il a embraſſé pour l'amour de Dieu. Ce que nous pouvons demon-trer avec juſtice par les marques & les livrées de cette Profeſſion & par les raiſons que l'on tire de ſa nature & de ſon eſſence. J'apelle marques & livrées de l'état religieux la tonſure & l'habit qui diſtinguent les Religieux des ſeculiers.

79. La coutume de raſer la tête eſt très ancienne , comme Bellarmin le fait voir L. *de Monach. c.* 40. Si ce n'eſt qu'autrefois tant les Clercs que les Moines avoient preſque toute la tête raſée en forme de couronne comme l'ont encore preſentement les enfans de Chœur, ce que Valdenſis , remarque *Tom. de Sacr. tit.* 9. *c* 89. & Sirmond ſur le ſixiéme livre de Sidonius *Epiſt.* 3. René de la Barre à la fin du livre de Tertullien de la couronne du Soldat & Proſper Stellarius dans ſon livre des couronnes & des tonſures , raportent cinq cauſes de cette

cou-

coutume de raſer qu'ils ont tirées de differens
auteurs.   Car il y en a qui diſent que cet uſage
à été établi en memoire de la couronne d'épi-
ne de Jeſus-Chriſt, comme Geolfredus Abbé que
Bede raporte L. 5, *hiſt Angl.* c. 22. D'autres veulent que ce ſoit à l'imitation du bienheureux Prince des Apôtres S. Pierre que les
gentils avoient ainſi raſé en haine de la foi. Quelques uns pretendent que c'eſt afin de marquer
la dignité roiale des perſonnes conſacrées à
Dieu. D'autres enſeignent que la figure ronde
de la couronne eſt le Symbole de la perfection.
Mais la cinquiéme raiſon qui eſt auſſi la meilleure, eſt tirée de St. Hierome *Cap duo ſunt.*
12. *q.* 1. où il dit que la tonſure enſeigne aux
perſonnes ſacrées & aux Religieux qu'il doivent
retrancher tous les ſoins des affaires ſeculieres
pour apliquer leur eſprit à Dieu ſeul. On peut
encore raporter la belle raiſon que Petrus Nannius donne de cette coutume dans ſes notes ſur
l'Epitre trente cinq de St. Ambroiſe ſavoir que
les Moines ont la tete raſée afin qu'ils ſe ſou-
viennent qu'ils ſont les affranchis de Jeſus-
Chriſt, car autrefois on raſoit la tête à ceux
qu'on affranchiſſoit, d'où vient ce mot de Plaute, Que me reſte-t'il ſi ce n'eſt d'avoir la tête raſée & de recevoir le Bonnet, & dans le même
auteur *Amphitr. act.* 1. *Sc.* 1. Plût à Jupiter
que j'aie aujourd'hui la tête raſée & que je
prenne le bonnet. Biſciola en donne l'explication qu'il tire de Plutarque & d'Agellius. Eraſ-
me *Chil.* 2 *Cent.* 1 n 27. raporte pluſieurs
choſes ſur ce ſujet. Au contraire les Romains
diſoient de ceux qui avoient dans leurs mœurs
& dans leurs actions quelque choſe de bas &

H 5

de

de groſſier , qu'ils avoient gardé les cheveux
d'eſclaves. Chez les Juifs comme on le voit
dans le 21.c. du Deuteronome la femme cap-
tive quittoit ſes habits de ſervitude & étoit raſée
lors quelle étoit miſe en liberté. Nannius croit
que c'eſt de cet uſage que les perſonnes conſacrées à Dieu ont tiré la coutume de ſe raſer a-
fin de ſe ſouvenir qu'ils ſont mis en la liberté
des enfans de Dieu & qu'ils ne doivent plus
être deſtinez aux occupations ſerviles du ſiecle.
Ainſi vous voiez que la cinquiéme raiſon tirée
de St. Hierome revient à celle-ci , & recommande aux perſonnes ſacrées de rejetter tous
les ſoins du ſiecle , de vaquer à Dieu ſeul &
que ce ſoit là leur ſeule & unique affaire , ce
qu'on ne peut dire d'un Marchand.

80. Ives dans le Sermon de l'excellence des
ordres ſacrez a très bien expliqué la cauſe de
cette tonſure ſacrée. Après avoir dit que les perſonnes ſacrées doivent avoir les neceſſités de la
vie, ou des oblations ou du travail des mains
ou par quelque autre art innocent & non point
par le moien de l'uſure ni du gain ſordide , ni
du Commerce ni d'autres arts defendus, ce qui
ne ſe doit point entendre de choſes abſolument
deffendues , mais qui le ſont ſeulement par raport à ces ſortes de perſonnes & il faut dire de
ces arts la même choſe que du Commerce, au
quel ils ſont comparez. Voici donc ce qu'Ives
ajoûte touchant la tonſure. Si vous n'avez point
dans le cœur la pauvreté & l'humilité que vous
marquez par vôtre habit, & par vôtre tonſure
je crains que vôtre part ne ſoit avec les hypocrites
& que vôtre eſperance ne ſoit ſans la recompenſe
éternelle; ne vivant point comme des Clercs
mais

mais comme des Acephales & des independans,
ne cherchant dans la clericature que des gains
temporels. Vous rafez vos cheveux en forme de couronne au-deffus de vôtre tête pour
reprefenter la Roiauté fpirituelle qui vous éleve au-deffus des autres, & afin que vous re-
tranchiez de vôtre cœur les attraits des foins
de la terre qui reviennent continuellement,
de même que vous rafez les cheveux de votre tête qui renaiffent toujours. Vous devez
couper le refte de vos cheveux en forte que
vos oreilles, vos yeux, & les autres fens de
vôtre tête foient libres, & afin qu'on connoif-
fe que vous ne devez point exterieurement
mettre vos foins à contenter les defirs fuper-
flus de la chair, mais les emploier feulement
à des chofes neceffaires. Or cet Auteur a
remarqué que le Commerce n'eft point du
nombre des chofes neceffaires permifes aux
perfonnes facrées. On peut encore raporter
cette coutume de fe rafer la tête à l'ufage
de fe couper les cheveux qui fe pratiquoit
autrefois fur mer pendant la tempête. Voyez
ce que dit Fernand de Cordoue, *in mult.*
Didafc. c. 22. touchant cet ufage. De même les Religieux fuiant la foibleffe de l'Efprit
& la tempête, fe font éloignez & fe font retirez dans la folitude comme dans un port
affuré après avoir laiffé dans la mer du fiec-
cle les tempêtes des affaires & les tourbillons
des foins feculiers. On pourroit dire que je
change de Thefe & qui je paffe de la rafu-
re dont j'avois parlé jufques ici, à la tonfure, car ceux qui fe trouvoient dans une tempête fe coupoient feulement les cheveux avec
des

des ciseaux. Mais cette distinction ne fait rien ici & les anciens ont ordinairement donné le nom de tonsure à la rasure des Moines & Bellarmin *L. 6. de Monach. c.* 40. prouve par l'autorité de Clement Alexandrin & d'Optat qu'on disoit autrefois que les Clercs & les Moines étoient rasez parce qu'ils avoient les cheveux coupez fort près de la tête. Car ils étoient seulement tondus, c'est pourquoi les anciens se servoient souvent du nom de *Detonsus*, pour celui de *Monachus*. Comme Alemannius l'a remarqué sur l'histoire secrette de Procope, & on le peut fort bien confirmer de ce que St. Augustin regarde comme des Monstres les Moines qui n'avoient point les cheveux coupez de même que les autres, mais qui les gardoient, comme faisoient ces Apostats dont il est parlé dans Nicephore de Constantinople, en son histoire des Moines qui ont fait naufrage. Il se plaint qu'ils avoient quitté l'exterieur religieux, laissant croitre leurs cheveux qui avoient été tondus auparavant & qu'ils s'étoient rendus semblables aux seculiers.

81. Nous aurons également ce que nous cherchons si nous voulons raporter la cause de cette rasure ou tonsure à l'ancienne coutume de prendre quelqu'un pour serviteur ou de l'adopter pour son fils. Car il est convenable que celui qui est d'une maniere speciale fils de Dieu, soit occupé de ce qui regarde un tel pere & non pas des affaires exterieures, il est aussi juste que le serviteur de Dieu soit attaché au service de Dieu & non pas aux soins du siecle ni au Commerce. Lorsque quelqu'un étoit adopté pour fils on lui coupoit les cheveux

ce

ce que Pithoeus *L. 1. adverf. c. 1.* prouve par
l'autorité de Paul diacre *L. 6. de geftis Longo-
bard. c. 53.* qui affure que Charles de France envoia fon fils au Roi des Lombards afin
qu'il l'adoptat pour fon fils ce qu'il fit lui
coupant les cheveux. Anaftafe écrit auffi de
Benoit II. qu'il receut de l'Empereur Conftan-
tin Pogonat les cheveux qui avoient été coupez à Juftinien & à Heraclius fes deux fils afin
que le Pontife Romain, le Vicaire de Jefus-Chrift,
& le Succeffeur de St. Pierre les adoptât & les
confiderât d'une maniere particuliere comme fes
fils. Ce fut par une même loi, comme l'écrit
Anaftafe dans la preface du huitieme Concile,
qu'un Roi des Bulgares pour témoigner fa de-
pendence du Pontife Romain fe coupa les cheveux publiquement & les donna aux legats du
Pape en difant, que tous les Seigneurs & tous
les peuples de la terre des Bulgares fachent
qu'aujourd'hui je m'engage après le fervice que
je dois à Dieu, au fervice du bienheureux S.
Pierre & de fon Vicaire. De toutes ces differentes raifons qui ont pu être la caufe de la ra-
fure ou tonfure Monaftique il eft conftant que
les Moines & tous les Religieux qui ont fait
profeffion d'éloigner d'eux les chofes fuperflues,
doivent auffi s'éloigner du Commerce & du
trafic.

82. Il fe prefente une autre raifon de cette
même fainte Coutume qui n'eft pas fi commune
mais que je ne veux point oublier parce qu'elle juftifie très bien l'éloignement que nous di-
fons que les Religieux doivent avoir du Commerce. Autrefois on n'otoit pas feulement les
ornemens & les autres marques d'honneur de

ceux

ceux qui alloient mourir mais aussi on leur coupoit les cheveux. C'est ainsi que Stace L. 7. representente Amphiaraus qui allant être englouti quitta ses cheveux, sa couronne & ses autres ornemens & dit; Prenez ce qui fait l'ornement de ma tête, prenez ma couronne qu'il ne m'est point permis d'emporter dans les enfers. Et Phedre étant prête à se donner la mort de sa propre main dit dans Seneque *act. 5. Hipolit.* Faisons un sacrifice à la mort, prenez les depouilles de ma tête, recevez les cheveux qui faisoient l'ornement de mon front defiguré. Pineda s'étend sur cette matiere dans le I. Chapitre de Job X. 20. n. 14. On pourroit donc avec raison raporter l'usage de couper les cheveux des Religieux à leur mort sur tout lorsque leur tonsure se faisoit en forme de croix, ce qui a été pratiqué chez les Grecs comme on le voit dans leur Euctologe dans l'endroit ou il est parlé de la maniere de donner l'habit à un Moine. Quoique, dans S. Denis c. 6. *Eccl. Hier.* il soit seulement dit qu'après avoir fait la forme de la croix on lui coupoit les cheveux, ce qui semble marquer que cette croix ne restoit point mais que c'étoit une ceremonie qui precedoit la tonsure. Quoiqu'il en soit, si on raporte la cause de cette tonsure à la mort il est facile d'en tirer cet argument qui vient à nôtre sujet, savoir qu'un mort ne doit point negotier ni se mêler d'aucune affaire seculiere ni d'aucun Commerce, mais qu'il doit consacrer à Dieu toutes son application & toutes ses pensées. Je raporterai encore volontiers un autre ancien usage semblable qui étoit de consacrer les cheveux qu'on avoit coupé à celui qui se faisoit Moine, ce que

l'on

C'on trouve dans la Regle de S. Aurelien qui dit
au c. 4. S'il faut donner la tonfure à un laique
Il faut mettre fes cheveux dans la *Confeffion*,
afin que ce lui foit un témoignage ; C'eft-à-dire, afin que ce foit un monument & un figne
de la confecration par laquelle il s'eft donné à
Dieu. Remarquez qu'il faut prendre le mot
de *Confeffion* dont fe fert S. Aurelien pour un
certain lieu où étoit le corps de quelque Martir. Ce qu'on ne doit point entendre d'une chapelle mais d'une chaffe ou les Reliques étoient
renfermée, car nous lifons que les chaffes étoient
ainfi nommées. Anaftafe dans la vie d'Hilaire
dit que ce Pape avoit fait faire d'argent la confeffion de S. Jean Baptifte, qui pefoit cent livres ce qu'on ne peut entendre d'une Eglife
ou d'une chapelle mais feulement d'une chaffe
ou tabernacle. On mettoit donc dans cette
Confeffion les cheveux & la barbe qui étoient
coupez, & outre le temoignage de S. Aurelien
on le prouve encore par les actes de St. Guillaume de Gellon où il eft dit que lors qu'il
fut revetu de l'habit Religieux, fes nobles cheveux & fa barbe venerable furent coupez & con-
facrez en la maniere que nous avons raporté. On
doit donc regarder comme un chofe honteufe &
indigne, de profaner par le Commerce & par le
trafic feculier les foins qu'on a abandonnés pour
Dieu & qu'on a fantifiés en les renfermant dans le
tabernacle.

83. Nous avons une raifon qui n'eft pas moins
forte ni moins efficace pour prouver nôtre fentiment, que nous tirons de l'ancien habit religieux
dont la principale partie étoit ce qu'on apelloit
Colobium qui étoit une robbe fans manche, car
quoi-

quoique cet habit ait changé de forme & qu'il ait
été fait en Dalmatique par l'ordre de St. Sylveftre
comme Onuphinus l'a remarqué dans fon livre
de l'explication des mots Ecclefiaftiques, toutefois au commencement il n'avoit pas ces bouts de
manches qu'il a eu dans la fuite. Comme il paroit dans plufieurs endroits des anciens Ecrivains
que Bulengerus raporte *L. de Vefte Sacra. c.*
22. Ammianus *L.* 14. l'apelle un habit pec-
toral fans manche, Photius une robe muti-
lée.   Les Latins decrivent de la même maniere cette forte d'habillement & en particulier
Dorothée & Caffien que nous allons citer, &
auffi Honorius *in gemma animæ L.* 1. *c.* 211. On
peut raporter cet habit fans manches à la reffemblance de la vie Religieufe avec le Martire,
car felon l'ancien ufage, confirmé par le Pape
Eutichien dans Anaftafe en la vie de ce Pape
il étoit expreffement deffendu d'enfevelir aucun
Martir fans lui donner un habit de pourpre fait
de cette forte.   La vie religieufe étant donc un
Martire continuel felon S. Jean Damafcene 4.
fid. c. 16. felon Pierre de Blois. *Serm. de St.*
Lucia & Serm. de J. Vinc. & felon Photius,
dans le Scholiafte anonyme de Cluni 4. *Schol.*
1. C'eft avec raifon que des Martirs vivans,
comme parle l'Abbé Piamon *Coll.* 18. *c.* 7.
portent pendant leur vie l'habit des Martirs
defunts, avec l'ornement de la pourpre comme
remarque S. Dorothée. *Doct.* 1. difant que
c'eft pour marquer que les Religieux font les
domeftiques de l'Empereur auquel la pourpre
convient principalement.   Je ne defaprouve
point ces explications, mais je fuis d'avis d'y en
ajouter une autre qui eft de Caffien. *L.* 1. *c.* 15

ou

où il dit que ce retranchement de manches
fignifie que le Religieux doit retrancher tous les
foins des actions & des affaires du fiecle puifqu'il eft mort au fiecle & crucifié avec Jefus-
Chrift par fa profeffion, c'eft pourquoi il ne
doit penfer qu'aux chofes de Dieu du quel il eft
devenu le domeftique & à qui il s'eft confacré
par la croix volontaire qu'il a embraffée. Il n'y
a perfonne qui ne voye qu'un Marchand qui eft
plongé dans les foins du fiécle ne peut s'acquiter
de ces chofes. Le Commerce eft donc très éloigné de l'ordre Religieux comme la tonfure &
l'habit des Religieux le font voir, afin que celui
qui fe mêle de Commerce à la vue de ces objets
ne foit point moins rempli de confufion que les
chrétiens l'étoient autre fois à la vue du Manteau
qui les touchoit & les exhortoit tacitement de retourner à leur devoir, fuivant l'opinion de Tertullien. Il faut encore ajouter ou plutôt examiner
& expliquer plus diftinctement la raifon de cette
verité que nous avons deja touchée & que l'on tire de la nature de l'état Religieux qui n'a point
d'autre but, que de detourner l'homme des occafions de peché, & le difpofer à l'union & à la
familiarité avec Dieu en éloignant de l'efprit les
bruits & les tumultes qui éloignent Dieu; parce
que le Seigneur n'eft point dans l'agitation. Le
Commerce n'eft point compatible avec l'un &
l'autre de ces devoirs de l'état Religieux. Car il
eft évident & il a été bien prouvé que le Marchand s'éloigne facilement de fes obligations &
qu'il tombe facilement dans les piéges du peché. Il lui eft auffi difficile qu'à un homme qui eft
dans un bourbier d'en fortir fans fe fouiller comme dit Theotime dans S. Jean Dama'cene 3. *Pa-*
rall.

I

rall. c. 74. & comme dit St. Augustin *hom.* 50. *c.* 6. ceux qui font apliquez aux Commerces du fiécle, tombent dans un fi grand nombre de pechez qu'ils ne font pas feulement remplis de la pouffiere du monde mais chargez & couverts de boue. Il avoit dit auparavant que cette boue étoit formée de la pouffiere du monde qui s'atache par le chemin aux pieds de ceux qui vaquent aux affaires, parce qu'il y a de grands dangers dans l'action & le mouvement du Negoce & qu'on y fait de grandes pertes. On peut auffi voir S. Pierre Damien *L.* 1. *Epift.* 15. fur les fouillures qui viennent du Commerce du fiécle.

84. C'eft une chofe évidente que le Commerce, comme je le difois toute à l'heure jette le trouble dans l'efprit, fi par ce trouble on entend la diftraction de l'efprit & la deftruction de ce faint repos que St. Auguftin *Epift.* 110. apelle une grande affaire, parce qu'on eft alors occupé de Dieu. Or c'eft fuivant la qualité de nos occupations que nous fommes rendus propres à traiter avec Dieu, ou que nous fommes incapables d'arriver à fa fainte familiarité. C'eft pourquoi quoiqu'il foit impoffible que nous ayons un parfait repos à caufe de l'agitation continuelle de nôtre ame & que nous ayons toujours neceffairement quelque chofe qui roule dans nôtre efprit, toutefois il depend de nôtre aplication avec le fecours de la grace de Dieu, & de nos occupations d'avoir de telles ou telles penfées lorfque nous nous difpofons à prier & à traiter avec Dieu ce que l'Abbé Ifaac *Coll.* 9. *c.* 3. exprime par ces paroles toutes divines.

L'ame,

L'ame, dit-il peut être comparée à une plume très fubtile & très legere, car de même que la plume, lorfqu'elle n'eft point mouillée par quelque accidens & qu'elle n'eft point corrom-puë par l'humidité s'éleve comme naturellement en haut par le moien du moindre vent, à caufe de la fubtilité de fa fubftance, mais que fi elle eft rendue pefante par quelque humidité & qu'elle foit mouillée elle tombe à terre par le poids de l'eau dont elle eft inbibée : Auffi nôtre ame fi elle n'eft point appefantie par les vices & les foins du monde & fi elle n'eft point corrompue par la volupté, elle s'élevera en haut par fa pureté naturelle & par le foufle leger de la meditation fpirituelle & laiffant les chofes baffes & terreftres elle fera tranfportée aux celeftes & invifibles. C'eft ce que nous marque affez expreffement le commandement du Seigneur ; Prenez garde que vos cœurs ne foient apefantis par la gourmandife & l'yvrognerie & par les foins du fiécle.

L'Abbé Moïfe aporte une autre comparaifon *Coll. 1. c. 18.* où il dit que l'exercice du cœur peut être comparé à la roue d'un moulin qu'un torrent precipité fait tourner, & qui ne ceffe point fon mouvement, étant continuellement pouffée par les eaux, cependant il eft à la difpofition & au pouvoir du maître ou de celui qui en a foin de faire moudre ou du froment, ou de l'orge, ou du mauvais grain, tout ce qui fe met au moulin fe reduifant en farine ; il en eft de même de l'efprit étant pouffé contiuuellement par le cours de la vie prefente & par les torrens des tentations il ne peut être fans penfées mais c'eft à chacun à faire par fon induftrie l'a diligence & fon aplication quel-

les

les font celles qu'il doit recevoir ou rejetter. Car fi, comme nous avons dit, nous recourons continuellement à la meditation des faintes Ecritures & que nous élevions nôtre memoire au fouvenir des chofes fpirituelles, au defir de la perfection, & à l'efperance de la beatitude à venir, il arrivera par une fuite neceffaire que nôtre efprit s'atachera & s'affectionnera aux chofes qu'il aura meditées ; mais fi au contraire étant vaincus par nôtre pareffe & nôtre negligence nous nous laiffons aller à des chofes vicieufes & à des entretiens oififs, ou aux foins du monde & à des inquietudes fuperflues, tout cela produira dans nôtre cœur un mauvais grain & l'occupera entierement, car fuivant la fentence de nôtre Seigneur, *Où fera le trefor* de nos actions & de nôtre aplication, là fera auffi neceffairement nôtre cœur. Edinerus. *L. 2. S. Venit.* raporte un paffage de St. Anfelme qui revient à cela.

85. Il faut donc que les perfonnes facrées aiment le faint repos comme une chofe convenable & neceffaire pour s'aquiter des devoirs de leur profeffion, & que rejettant le foin des affaires du monde ils rempliffent leur ame de la pure farine des faintes penfées. Le nom que l'Eglife a donné aux jours de la femeine prouve la neceffité de ce repos. Elle apelle ces jours feries S. Auguftin *Pfal.* 93. fouhaitroit que l'ufage de les nommer ainfi fût auffi parmi les feculiers, & qu'il fut reçu generalement & qu'on abolit la mauvaife coutume de donner aux jours des noms de tenebres comme parle Eucher *hom.* 11. *de pafch.* qui remarque que les gentils ont donné ces noms aux jours afin que les hommes euffent toujours dans la bouche les noms des faux Dieux. S. Chrifofto-

stome *L. 2. de comp. cordis.* dit qu'autrefois on disoit simplement, le premier jour, le second jour, le troisiéme jour &c. mais que dans la suite on est tombé dans la corruption que l'Eglise a rejettée & s'est servie du nom de ferie, marquant par là que les personnes sacrées doivent toujours être desocupées & vivre dans un saint repos. St. Augustin traite admirablement cette matiere dans l'Épître 81. à l'Abbé Eudoxe & aux Moines de l'Ile Capraria. La raison en est claire, car le repos doit être plus cher aux Religieux qu'à toute autre personne sacrée. C'est un grand bien, dit Synesius *Epist.* 99. qui comme un terroir gras & fertile produit dans l'esprit d'un Philosophe toute sorte de bien. Synesius de même que S. Gregoire de Nazianze & S Jean Chrisostome apellent ordinairement Philosophe le Religieux, ce que Jean de Sarisburi *L.* 7. *Polycr. c.* 12. confirme. Il est donc certain que le S. Repos du Philosophe Chrétien, c'est-à-dire, du Religieux, que Guillaume Abbé *L. ad frat. de monte Dei.* apelle l'affaire des affaires, est detruit par les soins du siécle au jugement même de Jesus-Christ *Luc.* 21. C'est pourquoi Cassien *Coll.* 9. c. 4. estime que c'est une chose monstrueuse que les Religieux se laissent embarrasser de ces mauvais soins qui ne leur conviennent point.

86. Les bons Religieux qui ont de la pieté ne s'y engagent point, nous lisons même que quelques uns avoient tant d'horreur des affaires du siécle parce qu'elles detruisent ce saint repos, qu'il a fallu les contraindre par commandement & sous peine de desobeïssance à prendre soin des biens temporels de leur Monastere, à

I 3

cau-

cause que ce soin engage souvent dans des procès & dans d'autres choses qui sont incompati-
bles avec la paix de l'esprit & l'aimable tranquilité de la vie Religieuse. Ce fut ce qui troubla le
repos d'un certain Moine qui ayant été fort apliqué aux affaires temporelles pour avoir soin de ses
biens lors qu'il étoit encore dans le siécle, s'y
trouva engagé tout de nouveau dans le Monastere par le commandement de son Abbé, & craignoit de faire naufrage au port.

S. Anselme le consola par un long & admirable discours qu'Edinerus raporte en la vie de ce
saint Prelat §. *Venit ad eum.* dont le sommaire
est qu'il n'y a point de sujet de craindre pour celui
qui est engagé malgré lui dans ces soins Ecclesiastiques & qui est chargé de la disposition & de
l'administration des domaines de son monastere
pour l'amour de Dieu & pour le bien de sa communauté. Car puisqu'il ne s'est point engagé de
lui même dans ces soins, qu'il n'a point brigué
ces emplois & qu'il ne les a point obtenu en a-
chetant par presens des protecteurs & des suffra-
ges, comme font quelques uns qui s'éloignent
de leur état & de leur profession, Dieu le re-
compensera par des inspirations secretes & par
des consolations interieures le soutenant au
milieu de ses occupations, & lui donnant le
repos de l'esprit dans quelque agitation exterieure que ce soit. La crainte de ces saints
Religieux que le soin necessaire pour la con-
servation du bien consacré à Dieu ne les de-
tournât du S. repos, fait voir combien ils estimoient ce repos & combien ils avoient peur
de le perdre en s'engageant dans des affaires
inutiles & contraires à leur profession. Il y

en

en a qui marquent encore bien davantage ces mêmes sentimens en se privant en de certains temps de la conversation ordinaire avec leurs freres, & en se retirant de la vie commune du Monastere qui est toujours jointe à quelque dissipation d'esprit. Ils se separent des hommes pendant plusieurs jours dit S. Augustin *L. de Oper. Mon. c.* 23. & ils se renferment, ne permettant point que personne aproche d'eux, vivant dans une grande aplication à la priere, aiant soin d'aporter avec eux, des alimens communs & sans aprêts autant qu'il est necessaire pour le temps qu'ils ont resolu de n'être vu de personne. St. Augustin loue ensuite cette resolution & ce grand desir de reparer leur recueillemement interieur qu'ils avoient perdu en quelque maniere par la conversation avec les autres qui quoique saints & religieux sont toutefois des hommes. Je ne condamne point, dit ce St. Docteur, mais je loue autant que je puis l'exercice d'une vertu si admirable parce qu'ils ont le loisir de le faire & qu'en le faisant ils se proposent de s'exciter les uns les autres non par orgueil mais en se donnant l'exemple d'une sainteté édifiante. Ces Religieux & ceux qui fuient la superiorité au dessous de l'Abbé & l'économat du Monastere, craignant de tomber dans la dissipation, semblables à ce Rodolphe dont parle St. Anselme *L.* 1. *Epist.* 2. font voir par leur exemple combien il est facile pendant cette vie de tomber dans la dissipation & l'épanchement, avec combien de soin on doit l'éviter & que ceux la ne font point sages qui conduits par Satan s'engagent dans le commerce exterieur & qui ne convient qu'aux seculiers. Car

I 4

ils

ils s'éloignent autant de Dieu qu'ils se repandent dans les choses exterieures par ce Commerce, ce qu'on peut faire voir par la belle comparaison que fait St. Dorothée *Doct. 6. n.* 6. Il suppose un cercle qui represente le monde & il compare le centre à Dieu. De même donc que plus on entre dans le Cercle en s'éloignant de la circonference plus on aproche du centre & de même que plus on s'éloigne de l'interieur du Cercle & qu'on se repand à l'exterieur plus on s'éloigne du centre; aussi plus les personnes Religieuses se retirent des affaires exterieures & des soins du siecle plus elles s'aprochent de Dieu & au contraire plus elles se repandent à l'exterieur, ce que font principalement ceux qui s'engagent dans le Commerce, plus elles se retirent & s'éloignent de Dieu.

87. Après cela faut il être surpris que les S. Canons aient condamné avec tant de rigueur, un si grand empéchement de la vie Religieuse? Le Pape Gelase *dist. 88. Cap. Consequens.* punit de suspension les Clercs engagez dans le Commerce dans le Chapitre *Secundum instituta. 2. Extra. de Cler. vel Monach.* Les Clercs & le Moines qui negotient pour le gain sont frapez d'Anatheme & dans la Clementine 1. *de Vita & hon. c. Cleric. c. fin.* Ils sont depouillez du privilege de la Clericature s'ils ne quittent le Commerce, après trois monitions faites à quelques jours l'une de l'autre & une ne suffit point, comme Diana 3. *p. trac. 1. resol.* 4. & les autres le remarquent. Comitolus 1. *Resp.* 9. 53. *n.* 3. raporte plusieurs Jurisconsultes sur cette matiere, & Suares aussi

t. 5.

t. 5. 3. p. d. 22. *Sect.* 2. *n.* 16. qui ajoute
contre le fentiment de Navarre dans fa fomme
c. 27. *n.* 80. & contre celui de plufieurs Jurifconfultes dans Straccha *L. de Merc p.* 3. *n.* 8.
& 9. que cette privation du privilege Clerical
ne s'entend point du privilege, Canonique ou de
Droit, mais feulement de l'exemption des tributs & des taxes, parce que le texte allegué
ne dit pas davantage, & le Pape n'exige que
cela. Molina *Tract.* 2. *de Juft: difp.* 342. Re-
belle 2. *p. L.* 9. *quæft. ult. Sec.* 2. Comitolus,
L. 1. *refp. queft.* 53. *n.* 4. Salas *Trac. de empt.*
& vend. dub. 3. *n:* 4. font du même fentiment.
Neanmoins Gutierres & plufieurs autres affurent
qu'il n'eft point neceffaire d'aucune monition,
afin que le Clerc Marchand foit privé de fon
immunité. Il eft auffi marqué au chapitre,
fed nec. Extra. ne cler. vel Monach. que les
Religieux Marchands doivent être punis plus
févérement que les Clers, & on met au nombre des Religieux, iceux qu'on nomme Convers, comme le remarque Silveftre V. *Cleri-*
cus 3. *q.* 3. & Reginald *L.* 25. *n.* 325. &
parce qu'il fembloit que ces peines étoient abo-
lies & avoient perdu leur vigueur, elles ont
été renouvellées par le Concile de Trente §.
22. *c.* 2. *de reform.*

88. Il eft vrai que les peines ne font point
Latæ fententiæ, mais feulement *ferendæ*, à
moins qu'on ne defifte après les Monitions.
De plus elles ne font point contre les Clers,
qui font dans les Ordres Mineurs, mais feulement contre ceux qui font dans les Ordres facrez & contre les Beneficiers; s'ils tombent
dans cette faute une ou deux fois, ce que por-

tent les textes que nous avons citez, & ce qui est reçu communement de tous les Docteurs. Mais ces mêmes peines sont contre tous les Religieux, soit qu'ils soient dans les Ordres ou non, & prouvent que tant les Religieux que les autres contre qui elles sont prononcées pechent mortellement, si après la monition ils tombent souvent dans cette transgression. Cajetan dans sa somme *V. Clericus* nie qu'il y ait une si grande obligation, mais les autres en conviennent, comme Molina *Trac. 2. de Just. d. 342.* Lessius *L. de Just. c. 21. n.* Gutierres *T. de Gab. q. 93. n. 39.* Fumus, *V. Clericus n.* 16. Laimon, Comitolus, & plusieurs autres qui sont rapportez par Diana, qui est du même sentiment *Tract. de contr. resol. 72.* & il semble que cela paroît assez par la gravité de la peine qui est établie contre ceux qui sont coupables. L'anatheme qu'Origene a remarqué dans l'hom. 12. sur l'Exode est plus fort que tous les anathemes des hommes; exposant ces paroles: Gardez-vous de l'anatheme, de peur que par hazard vous ne convoitiez, & que vous ne preniez de l'anatheme, & que vous ne rendiez le Camp d'Israël anatheme & que vous n'atiriez la ruine sur vous & sur toute la Synagogue du Seigneur. Voici, dit-il, ce qu'il faut entendre par ces paroles; prenez garde qu'il n'y ait rien en vous de seculier, que vous n'aportiez avec vous à l'Eglise des mœurs seculiers, les vices & les déréglemens du siecle, regardez comme anatheme toute conversation seculiere. Ne mêlez point les choses divines avec les prophanes, ne confondez point les affaires du siécle avec les misteres de l'Eglise.

glise. C'eſt ce que Saint Jean declare ouvertement dans ſon Epitre, n'aimez point le monde, ni ce qui eſt au monde, & de même St.
Paul dit ne vous conformez point à ce ſiecle,
car ceux qui ſe comportent de la ſorte, prennent de l'anatheme, & comme le même Origene, ajoûte peu après, ils ſouillent le Camp
du Seigneur, & ils font perir le Peuple de
Dieu, ce qui eſt une grande faute & qui me-
te d'être puni de toutes les plus grandes peines.

80. J'ai excepté de cette faute & de ces Cenſures, ceux qui negotient par une grande neceſſité, il faut premiérement mettre de ce nombre ces pieux Serviteurs du Pere de Famille,
qui joignent le Commerce de la terre à celui
du Ciel, & qui ſe faiſant tout à tous prennent
la qualité de Marchands, ſans laquelle ils ne
pourroient entrer dans les pays Etrangers, où
il leur eſt facile de pénétrer par ce moyen, d'y
travailler à l'Evangile & d'y établir la Foi &
la pieté. Ils ſont dignes de grande louange,
& on peut dire d'eux ce que Saint Bernard dit
Epiſt. 42. que celui-là eſt digne de grande
louange qui pour gagner les ames, après avoir
établi ſa conſcience, & étant rempli de pieté,
s'abandonne ſoi-même & ſe perd en quelque
maniere pour gagner quelqu'un; qui ſe rend
infirme avec les infirmes, qui brule avec ceux
qui ſont ſcandaliſez, qui ſe fait, s'il le faut,
Juif avec les Juifs, qui ne craint point avec
une telle conſcience, à l'exemple de Jeremie &
d'Ezechiel, de ſe rendre captif avec les pe-
cheurs en Egypte ou en Chaldée; comme le
ſaint homme Job de ſe rendre le frere des Dragons

gons & le Compagnon des Autruches, comme Moyſe d'être effacé du Livre de vie, &
& comme Saint Paul d'être anatheme & ſeparé de Chriſt pour ſes fréres. Près d'entrer en
enfer, s'il étoit néceſſaire, & de paſſer avec
une conſcience aſſurée au milieu des flammes,
en chantant ces paroles du Pſeaume: *ſi je marche au milieu des ombres de la mort, je ne crai-
point les maux, parce que vous étes avec moi.*
Lors donc que par la néceſſité de ſecourir les
ames perdues, ils ſe font Marchands & ſe rendent les Compagnons des Autruches & les freres des Dragons, & que par charité & pour
l'amour de Dieu qui aime les ames, ils retournent en quelque maniere dans l'enfer du ſiecle, ils ſont très dignes de louange, bien loin
d'être coupables pour cela & de meriter aucune cenſure.

90. Il faut encore mettre au nombre de
ceux qui negotient par une grande néceſſité,
& dont le Commerce eſt exempt de faute & de
cenſure, ceux qui n'ayant point d'ailleurs dequoi ſubſiſter, & n'en pouvant eſperer par
d'autre moyen, & enfin ceux qui pour quelque cauſe urgente & conſiderable au jugement
d'un homme pieux & prudent ſeroient contraints de Negotier. En quoi il faut bien prendre garde aux pretextes que ſouvent la cupidité couvre du voile de la neceſſité, ſelon l'a-
vertiſſement du Concile de Paris ſous le Roi
Louïs *L. 1. c. 12.* Si toutefois il y a une veritable neceſſité, le Commerce des perſonnes
ſacrées ſera exempt de faute & de cenſures,
comme le prouvent les Auteurs ſuivans, Navarre, *in ſomma c. 25. n. 110.* Molina *Tract.*
2.

2. *de Juſt. d.* 342. Zerola, Salas, Stracca, la Saucaïe, Trotius, Panormitanus. Il faut donc dire que dans une telle occaſion une grande néceſſité excuſe le Commerce, & fait qu'elle n'eſt point deffendue aux perſonnes ſacrées. D'où Molina que nous venons de citer §. 13. & Gutierres *Tract. de Gab. q.* 93. *n.* 6. concluent que pour un tel Commerce il n'eſt point dû de droits ni de tributs, quand même les Seculiers auroient coutume d'en payer; & que l'immunité des perſonnes ſacrées demeure entiere, ce que Salas nie ſans raiſon dans une telle rencontre.

91. J'ai encore excepté de la faute & des cenſures qu'encourrent les perſonnes ſacrées qui negotient, ceux qui le font non par eux-même mais par un tiers, pourvû que ce tiers ſoit comme la cauſe principale, & non pas comme un ſimple Serviteur. C'eſt ainſi que l'on peut accorder les differentes opinions ſur ce point. Car il en a qui pretendent que le Commerce qui ſe fait par une troiſiéme perſonne n'eſt point défendu, comme Sa, Medina, Valentia, Leſſius, Rebellus, Aragon, Salon, & d'autres que Salas rapporte, *Tract. de emp. & vend. dub.* 2. *n.* 8. & Diana. *Tract. de contract reſol.* 72. pretend au contraire que le Commerce par un tiers eſt deffendu, & cite Megala, Gennenſis, Ricius, Hugolinus, Salcedus & Proſper. Gutierres eſt du même ſentiment & en cite d'autres, *Tract. de Gab.* 4. 93. *n.* 30.

Il me ſemble qu'il faut faire ici une diſtinction, car ſi cet autre par lequel ſe fait le Commerce, n'eſt qu'un ſimple Miniſtre, & n'eſt

point

point cenſé être la cauſe principale, je croi qu'un tel Commerce n'eſt point permis aux Clercs & aux Religieux, & que celui qui negotie de cette maniere par un tiers eſt veritablement & proprement Marchand, & c'eſt ainſi que j'explique Stracca *p. 2. de mer. n. 26.* qui fait voir que le Commerce qui s'exerce par un autre fait veritablement un Marchand. On peut encore ajoûter à cela qu'un tel Marchand, quoi qu'il employe un tiers, eſt ordinairement ſujet à toutes les inquietudes & à tous les flots des ſoins à cauſe deſquels il a été defendu aux perſonnes ſacrées de negotier. Et ne voyons nous pas en effet que les plus grands Marchands, quoi qu'ils employent un grand nombre de Serviteurs, ſont toûjours dans l'agitation d'eſprit, & dans l'inquietude fort éloignez de ce ſaint repos que l'Egliſe demande des perſonnes ſacrées, & que leur ordre même exige. C'eſt pourquoi je mets hors de doute qu'un tel Commerce n'eſt point permis à ceux qui ſont conſacrés à Dieu. Mais s'il s'agiſſoit d'un Commerce exercé par un autre qui fût comme la cauſe principale & qui portât tous les ſoins & toutes les inquietudes du Commerce, je conviens qu'un tel Commerce n'eſt point deffendu aux perſonnes conſacrées à Dieu. Ainſi il a été bien établi par la troiſiéme raiſon de la Sect. 3. qu'il étoit permis aux Religieux de faire des Contracts de Societé avec un Banquier ou avec un Marchand qui portent toute la peine & qui ſe chargent de tout, les Religieux ne contribuant de leur côté que l'argent qui eſt le nerf du Commerce, en quoi ils ne pechent pas même venielement,

quoi

quoi qu'en dife Molina *Tract. 2. d.* 342. & Gutierres *Tr. de Gab. q.* 93. *n.* 30.   Il eſt certain
qu'un tel Commerce eſt exempt des défauts
ordinaires au Commerce, ſavoir de la neceſſité de mentir, de ſe parjurer & de ſe quereller.
Elle n'eſt point auſſi accompagnée de cette
diſſipation d'eſprit qui détourne le Negotiant
du repos convenable au Miniſtere Eccleſiaſtique, & à la vie Religieuſe.   J'avoue encore
que ſuivant ce que nous avons déja declaré,
lors que nous employons un ami c'eſt la même choſe que ſi nous agiſſions nous mêmes.
Mais celui qui agit par d'autres, eſt exempt
des taches & des ſouillures qu'ils contractent
dans ce qu'ils entreprennent.   Et c'eſt ce qui
arrive ici.

P R O P O S I T I O N   IV.

Il y a quelque Commerce lucratif des Marchandiſes où il s'eſt fait quelque changement,
qui eſt deffendu aux perſonnes ſacrées, & il y
en a d'autre qui n'eſt point deffendu.

92. Ce Commerce eſt la troiſiéme eſpece de
commerce de nôtre diviſion, & il conſiſte dans
la vente des Marchandiſes, dans leſquelles le
Marchand a fait quelques changement.   Je dis
donc qu'il y a de ces ſortes de Commerces qui
ne ſont point ſeants aux Religieux, & qui à
cauſe des circonſtances ſont contraires à leur
état.   C'eſt pourquoi je nie qu'il ſoit permis
aux Religieux de chercher du profit dans la
vente d'aucune Marchandiſe changée par leurs
ſoins.   Molina le prouve fort au long. *Tract.*
2. *de Juſt. d.* 341. *c.* 1. § *ſecundum eſt.* Eu
voici

voici la raiſon en deux mots, qui eſt que quelquefois ce Commerce apporte un trop grand épanchement dans les choſes exterieures. Quelquefois il eſt ſujet à des pechez qui ſont attachez au commerce de certaines choſes. Quelquefois enfin, au jugement de perſonnes prudentes, il eſt ſordide auſſi bien que le profit qu'on en tire, quoi qu'il en ſoi & abſolument ce Commerce ſoit honnête, neanmoins faiſant attention à l'état de ceux qui ſont conſacrez à Dieu, il devroit être conſideré comme un gain peu convenable, & les Religieux qui s'y adonneroient ſe rendroient mépriſables. La Profeſſion ou le Commerce de Cabaretier & de Boucher ſont de ce nombre, c'eſt pourquoi quand les Religieux tireroient de leurs fonds les choſes qu'ils pourroient employer pour tenir cabaret & recevoir les Etrangers, leur ſervant les viandes qu'ils auroient apretées & changées par leur travail, il ſeroit pourtant très indécent que les Clercs & les Religieux fuſſent Cabaretiers ou tinſent Taverne. La Clementine leur défend cela expreſſement. *de vit. & hon. Cleri. c.* 1. & le Canon du Concile *in trullo*. C'eſt auſſi avec raiſon que Rebellus condamne cela de peché mortel, 2. *p. L.* 9. *ult. n.* 9. Mais je ne ſerois point de ſon avis, ſi par Taverne il entendoit le commerce d'un Clerc qui, comme il ſemble qu'il le pretend, feroit vendre ſon vin en détail, par ſa Mere, par ſa Sœur, ou par un Valet. Layman L. 3. Tome 4. c. 17. n. 40. eſt auſſi de ce ſentiment, mais ils n'ont point raiſon, car cela eſt bien different d'une Taverne, ou un Cabaretier vend en détail le vin qu'il a acheté, & aprête des

vian-

viandes aux Hôtes, & au jugement de perfonnes prudentes, le Clerc ne feroit point desho-
noré par là, comme il le feroit s'il tenoit Cabaret. C'eft le fentiment de Gutierres *Tr. de
Gab. q.* 93. *n.* 37. & de Gironde *de Gabel*ʒ 7. *p. n.*
37. J'ai joint au Cabaretier le Boucher, à
caufe de la baffeffe de fa Profeffion. Un tel
Commerce deshonoreroit donc les perfonnes facrées, quand même les viandes qu'ils vendroient feroient des Animaux qui leur appar-
tiendroient, & qu'ils auroient engraiffés exprès pour les tuer, & pour les vendre plus
cher. Car fuppofons qu'il ne foit point défendu aux Religieux d'acheter des beftiaux pour
les vendre après les avoir élevez, enmeliorez
& engraiffez, fur tout s'ils abondent en pâtu-
rage, & qu'ils les nourriffent de leurs foura-
ges, fuppofons auffi que ce foit avec raifon
que ce Commerce foit accordé aux Religieux
par Medina *q.* 30. *de Keft. in caufa fecunda il-
licita negot.* par Salas, Rodericus, Molina &
Gutierres *Tract. de Gab. q.* 3. *n.* 51. qui limite
cela aux animaux élevez par les Religieux, excepté les porcs qu'on ne fait qu'engraiffer, &
qui ne demandent aucun foin. Suppofons,
dis-je, que cela foit probable. Toutefois la
vente de la chair de ces animaux eft une chofe fi baffe, qu'elle ne convient point du tout
aux perfonnes facrées. Molina *Tract.* 2. *de
Juft. d.* 392. *c.* 4. porte ce même jugement de
la Profeffion de Tanneur, de ceux qui font des
jeux, des dez, des cartes à jouër, ou des armes, ou qui en vendent. Les Religieux fe
rendroient fort méprifables dans le monde, au
jugement d'une perfonne prudente, s'ils exer-

K

çoient

çoient ce negoce ou de semblable. C'eſt pourquoi ſuppoſant un tel état, le droit naturel les
oblige à s'abſtenir de tels Commerces. L'E-
gliſe n'a point gardé le ſilence là deſſus, car
outre les Décrets que nous avons déja alleguez,
il eſt conſtant qu'il eſt défendu par le droit po-
ſitif humain, à ceux qui ſont conſacrez à Dieu,
de s'embaraſſer dans les Tuteles & dans les
Fermes des heritages.   A plus forte raiſon faut-
il croire que l'Egliſe défend que les perſonnes
ſacrées ſoient occupées à ces commerces bas,
qui rendroient la Religion mépriſable? & il importe peu que Gratien *c. ejiciens diſt.* 88. parle du commerce proprement dit, raportant un
paſſage de l'Auteur qu'on a crû être S. Chriſoſtome : mais l'autorité de Gratien n'a pas plus
de force que celle de celui duquel il l'a pui-
ſée, vous pouvez voir l'ouvrage des équivo-
ques *c.* 23. *n.* 8. & Sanches *L.* 9. *de Matrim.*
d. 12. *n.* 5. & il faut remarquer que l'Auteur
de l'ouvrage imparfait qui eſt cité par Gratien
n'eſt point en grande conſideration parmi les
Catholiques, & même il n'eſt point vrai qu'il
exclue ſeulement des perſonnes ſacrées, ce qui
eſt proprement Commerce, comme nous l'a-
vons expliqué, quoi qu'il ne faſſe mention que
de ce ſeul commerce. C'en eſt aſſez pour prouver & pour confirmer ce que j'ai dit d'abord,
qu'il y a quelque commerce de la troiſiéme
ſorte, qui n'eſt point ſeant aux Religieux.

93. Il eſt auſſi hors de doute qu'en parlant
generalement & ſans diſtinction, il y a de ſem-
blables Commerces permis aux Religieux, ce
que reconnoiſſent pluſieurs Juriſconſultes que
Stracca raporte & dont il ſuit le ſentiment *L.*
de

de Merc. p. 3. n. 5. & Rodericus *Tom.* 3. *qq.*
Reg. q. 74 *art.* 8. *Concl.* 1. & la raison est que
les Religieux peuvent faire cette sorte de Commerce sans dissipation d'esprit & sans aucune
indecence.   C'est pourquoi en parlant generalement, on ne le doit point considerer comme
défendu soit par le droit naturel, (car pour
quelle raison?) soit par le droit positif, & même le droit humain approuve ce Commerce
des Religieux, en de certaines matieres particulieres, & entre le Concile de Mayence 1.
c. 14. duquel nous allons parler dans la discus-
sion des questions particulieres sur cette matiere,
dans lesquels on peut voir que quelquefois ce
Commerce est permis, & quelquefois deffendu, nous descendrons dans ce détail, parce
qu'il y a une grande moisson de difficultez.

SECTION VII.

Du Commerce en particulier qui se fait par
la vente des Ouvrages que les Religieux
font par le travail de leurs mains.

LE Travail ou l'ouvrage des mains auquel
les Religieux peuvent s'occuper, peut-
être consideré en deux manieres, premiérement en soi-même & sans la liaison qu'il a avec
le Commerce, secondement avec cette liaison
à cause de la vente des ouvrages, par le changement de la matiere.

94. Le travail des mains consideré de la pre-

miere maniere, ne regarde point cette queftion qui ne concerne que le Commerce; car
on ne peut point douter que le travail des mains
ne puiffe être feparé du Commerce, parce que
les Religieux entreprennent les travaux, non
pour vendre leurs ouvrages, ni pour en tirer
du profit, mais pour eux-mêmes, afin de fub-
venir aux neceffitez du corps, ou à celles de
l'ame en évitant l'oifiveté, nous en avons un
bel exemple en ceux de Cîteaux qui cultivoient
leurs terres & leurs fonds de leurs propres
mains, & qui recueilloient eux-mêmes les fruits
non pour les porter au marché, mais pour leur
propre nourriture, & pour donner aux pauvres
quelque chofe du peu qu'ils avoient, ce qu'E-
tienne de Tournai *Epift.* 1. loue en ces termes;
Heureufe pauvreté de ces Religieux *de Cîteaux*
qui leur fait fouffrir la faim & le froid, fans les
contraindre à la mendicité ni à la flaterie envers les riches. Ils cherchent par le travail de
leurs mains leur vivre & leur vêtement, ne
craignant point de fuivre Saint Paul, qui pouvoit vivre de l'Evangile, & moiffonner les chofes charnelles pour les fpirituelles qu'il femoit,
mais qui aima mieux travailler de fes mains,
que de faire tort à l'Evangile. Ils honorent le
Seigneur de leur fubftance & non de celle d'autrui, ils donnent aux pauvres de leurs premices & non de celles des autres. Je pourrois
même dire avec plus de raifon que ces biens ne
font point à eux mais à tout le monde, parce
qu'ils fervent à tous en commun, fuivant le degré d'une charité bien ordonnée, car ils ne
mangent point feuls leur pain, & le pupille en
mange fa part avec eux, & ils vivent de leur.
pain

pain à la fueur de leur front, l'oifiveté & la
liberté d'autrui ne leur donnent point l'occafion
de vivre dans les divertiffemens & dans les
querelles. Ils font fi temperans dans leur manger qu'ils fe fervent feulement de deux fortes
de mets qui font, ou des legumes qui viennent
de leurs champs, ou des herbes de leur Jardin, encore s'en fervent-ils rarement, & ils ne
font pas moins admirables en cela que dans leur
retraite, qui fait qu'on les entend plus fouvent
qu'on ne les voit. Ils fendent & labourent volontairement la terre, & ils raviffent le Ciel
avec violence; je trouve à la verité que Pierre de Cluni dans fon Epître Apologetique à S.
Bernard qui eft la 28. du premier Livre, bla-
me dans ceux de Cîteaux ce travail de l'Agriculture, comme impoffible & dangereux.
Neanmoins le jugement de St. Bernard fur la
Moiffon étant apuyé fur les témoignages divins, comme difent les Actes, & étant aprouvé par St. Benoît dans fa regle *c. 55.* il eft pre-
ferable. Il eft vrai que Saint Bernard n'aprouve pas auffi un trop grand travail exterieur qui
pourroit étouffer l'efprit & macerer le corps
exceffivement. Pierre de Cluni ne condamne
point autre chofe, de même que Saint Bafile.
q. 38. *fus.* qui après avoir dit qu'il faut éviter
dans le travail, le trouble & l'excès qui pourroit fuffoquer l'efprit, il aprouve enfuite la
pratique de cultiver la terre comme convenable aux Moines, & je ne voi point pourquoi
l'Abbé Pafteur dans la Vie des Peres *L.* 5.
libel. 10. *n.* 46. nie que ce foit là un ouvrage
propre aux Moines, fi ce n'eft qu'il ait voulu
improuver la negligence de la culture de l'hom-

me intericur par l'amour & la trop grande attache à cette culture extericure, de même que
St. Isidore *c. 5. Reg.* qui dit que cet ouvrage
n'est que pour des serviteurs & des esclaves, &
qui n'assigne aux Moines que la Culture des
herbes du Jardin. Nous avons donc dans ce
travail de ceux de Citeaux l'exemple d'un travail des mains qui n'a point de rapport au commerce.

94. Outre cela St. Hierome dans l'Epitre à
Rustique dit, que les anciens Moines ont
travaillé de leurs mains pour éviter l'oisiveté &
pour le salut de leurs ames, & non point pour
le Commerce. Voici comme il parle à Rustique : Que vôtre esprit ne s'occupe point de
divers mouvemens & de differentes agitations
qui vous domineroient & vous feroient tomber
dans de grands pechez, s'ils s'emparoient de
vôtre cœur. Faites toûjours quelque chose,
afin que le Diable vous trouve toûjours occupé. Si les Apôtres qui pouvoient vivre de l'E-
vangile travailloient de leurs mains, afin de n'ê-
tre à charge à personne & de donner du rafraî-
chissement, à ceux même de qui ils devoient
recevoir les biens charnels pour les spirituels,
qu'ils leur distribuoient, pourquoi ne travaille-
riez vous pas aussi à ce qui peut être à vôtre
usage ? ou faites des nattes avec du jonc & de
la ficelle, ou des panniers avec de l'osier
pliant, sarclez la terre, divisez également les
planches, & après que vous les aurez semées,
ou que vous y aurez mis le plan avec ordre,
distribuez l'eau & la conduisez pour les arroser,
afin que vous voyez ce qui est dit dans ces vers
de Virgile :

Illa

*Illa cadens raucum per levia murmur
Saxa ciet, scatebrisque arentia temperat arva.*

C'est-à-dire, vous verrez cette eau qui coulera au travers des cailloux avec un doux murmur, & qui humectera la terre brûlée, & toute fendue par la chaleur. Vous pouvez ainsi aprendre par l'exemple de ces petites choses & l'ordre du monastere & la discipline roiale qui s'y observe. Qu'on fasse aussi des filets pour prendre des poissons, qu'on écrive des Livres afin que la main travaille pour vivre, & que l'esprit se rassassie de la lecture. Souvenez vous que celui qui est dans l'oisiveté est rempli de desirs. Les Monasteres d'Egypte ont coûtume de ne recevoir personne, qui ne travaille non point tant pour la necessité de la vie, que pour le salut de l'ame, de peur que l'esprit ne s'egare dans des pensées pernicieuses, & que comme Jerusalem prostituée elle ne tourne ses pas pour aller se joindre à tous les passans.

Voici ce que Cassien. *l.* 10. *c.* 24. raporte de Paul moine, comme il étoit au fond d'un vaste desert apellé Porphire, & qu'il avoit suffisament de quoi vivre de fruits de palmier, & de ce qui venoit de son petit jardin, ne pouvant faire aucun ouvrage, dont il pût retirer de quoi subsister, parce que ce desert étoit éloigné au moins de sept journées des villes & des lieux habitez, & qu'on lui demandoit davantage pour la voiture que l'ouvrage ne valoit, il ne laissoit point d'amasser des feuilles de palmier, & de s'imposer un travail journalier, comme s'il avoit

 voit

voit dû gagner ſa vie par là , & lors qu'il avoit
rempli ſa grotte de l'ouvrage, qu'il avoit fait pendant toute l'année , il y mettoit le feu & brûloit
tous les ouvrages aux quels , il avoit travaillé
avec tant de ſoin , étant ſi fort perſuadé qu'un
moine , ne pouvoit perſeverer ſans le travail
des mains , ni arriver jamais au ſommet de la
perfection , que s'il n'avoit pas beſoin de travailler pour vivre, il le devoit faire pour conſerver la pureté du cœur, la ſolidité de ſes penſées , la perſeverence dans ſa cellule & pour
éviter la pareſſe & s'en delivrer.

96. On peut donc voir très clairement par
ces exemples que le travail des mains des anciens moines , ne regardoit pas toûjours le commerce, & qu'ils ne travailloient quelque fois
que pour avoir dequoi vivre ſans commerce, &
d'autre fois ce qui étoit très ordinaire, ſeulement afin d'éviter l'oiſiveté. Car l'oiſiveté eſt
pernicieuſe à tous les hommes; mais très pernicieuſe aux Religieux. Les Peres ſe recrient
ſans ceſſe contre les dommages que cauſe l'oiſiveté. S. Chriſoſtome *hom* 7. *in* 1. *Cor.* parle
ainſi de celui qui eſt oiſif : Celui qui eſt tel ,
dit-il , eſt comme un vagabond expoſé à toute
ſorte de maux, ſon ame , comme un enfant libertin qui s'égare, ſe laiſſe aller au premier qui
veut la reduire en ſervitude. Car cette ame a
coûtume de faire toûjours quelque choſe , que
ſi elle ceſſe d'agir dans les choſes honnêtes,
parce qu'elle ne peut point être ſans action, il
faudra neceſſairement qu'elle en produiſe d'autre, car de même qu'une terre , où l'on ne ſe-
me & où l'on ne plante rien, produit ſeulement
de l'herbe , auſſi l'ame s'adonne à des choſes
mau-

mauvaiſes, ſi elle n'a rien à faire & ſi elle ne ſe propoſe rien qui ſoit utile. Et de même encore que l'œil attentif à regarder ne peut voir que de mauvais objets, s'il n'en a point de bons devant lui, auſſi l'ame qui laiſſe les choſes neceſſaires, s'occupe de celles qui ſont inutiles. Le même Auteur dit encore très bien. *Hom.* 34. *in Act.* Qui a-t-il de plus honteux qu'un homme qui n'a rien à faire? Qui a-t-il de plus fatiguant & de plus miſerable? être tous les jours & toute la journée dans une place publique à bailler & à regarder tous ceux qui paſſent n'eſt ce pas une choſe pire que d'être chargé de chaines? La nature de l'ame eſt d'être toûjours en mouvement ſans pouvoir demeurer en repos. Dieu a fait l'homme porté au travail, il lui eſt naturel de travailler, & il eſt contre ſa nature d'être oiſif. N'en cherchons point des preuves dans ceux qui ſont attaquez de cette maladie; mais dans la choſe même & dans ce que nous voions par experience. Y a-t-il rien de plus facheux que l'oiſiveté & la faineantiſe. C'eſt pourquoi Dieu nous a impoſé la neceſſité de travailler. Car l'inaction eſt contruire à toute choſe, & il n'y a rien qui n'en reçoive du dommage. L'œil, la bouche, le ventre & tous les membres, s'ils ne font leurs fonctions, tombent dans d'extremes maladies. Cela arrive particulierement à l'ame. Voila ce que dit S. Chriſoſtome contre tous ceux qui ſont dans l'oiſiveté, ce qui a beaucoup plus de force contre les Religieux; C'eſt pourquoi les Peres & les Docteurs, qui ont écrit pour les Religieux leur recommandent ſur tout de prendre garde à l'oiſiveté.

K 5

C'eſt

C'eſt ce que fait S. Baſile *reg.* 37. *fus.* recommandant le travail des mains par ce qu'il exclut l'oiſiveté. St. Benoit ordonne la même choſe *c.* 39. *alias* 48. *reg.* que Turrecremata explique fort au long. *Tract.* 113, On peut voir auſſi la regle des Carmes 13. l'Auteur qu'on a crû St. Auguſtin, *Ser.* 17. *ad fratres in eremo.* & Caſſien. *l.* 10. *c.* 14. Il eſt donc conſtant que le travail des Religieux n'eſt pas toûjours uni au commerce; mais que ſouvent ils ne travaillent que pour éviter l'oiſiveté & pour leur uſage ſans avoir en vuë le commerce.

97. Néanmoins les ouvrages exterieurs & le travail des mains des Religieux ont quelque liaiſon avec le commerce, parce qu'ils ſont quelque fois faits en vue du commerce & qu'ordinairement on les expoſe en vente. Nous examinons ici principalement ſi ce commerce & la vente que les Religieux ſont de leurs ouvrages ſont honnêtes. Il faut établir comme une choſe certaine que cette ſorte de commerce peut être ſainte & qu'elle n'eſt point meſſeante aux Religieux, ce que nous avons prouvé ci-deſſus Section 3. dans la troiſiéme raiſon, par la doctrine & l'exemple des Saints. Car on trouve que les Peres ont beaucoup relevé le travail des mains qui ſe fait pour vendre les ouvrages afin que les ouvriers en puiſſent vivre & avoir dequoi ſubvenir aux pauvres. S. Baſile *Reg. fuſ.* 37. & Caſſien *l.* 10. *c.* 22. traitent admirablement cette matiere, & le 14. Chapître du premier concile de Mayence ſous Leon 3. du temps de Charles Magne ſe raporte à cela. Car après avoir ordonné aux Clercs & aux moines de s'abſtenir des affaires du ſiecle & après avoir

de-

declaré par plusieurs exemples, quelles étoient ces affaires du siecle qu'il leur defendoit : à la fin il fait la defense d'exercer un Commerce injuste, & il ajoûte. Nous n'entendons point parler d'un juste Commerce , que nous ne defendons point & qui se fait à cause de plusieurs necessitez, parce que nous lisons que les S. Apôtres ont negotié & que dans la regle de S. Benoit , il est ordonné de prendre garde à qui on confie le Commerce du Monastere. Cet endroit est au *Chap.* 57. *alias* 64. de la Regle où après avoir établi la discipline des Freres qui ont des Metiers , il ajoûte s'il est besoin de vendre quelques ouvrages des ouvriers, que ceux qui doivent faire ce commerce prennent garde de faire aucune tromperie; ces paroles , comme le Concile l'a fort bien remarqué , supposent que le Commerce par lequel on revend les choses , où il s'est fait du changement par le travail, est permis aux Religieux , à l'exemple des Apôtres qui travailloient à des ouvrages qu'ils vendoient pour avoir dequoi vivre sans être à charge à personne & pour faire du bien aux pauvres du peu qu'ils pouvoient avoir, ce que l'on voit aux Actes c. 18. où il est marqué que S. Paul travailloit à faire des tentes. On prouve la même chose par le droit, car au Chapitre *Clerici* 14. *q.* 4. *& Cap. Clericus dist.* 92. Il est permis aux personnes Sacrées de travailler pour gagner dequoi vivre & ce qui est necessaire pour eux & pour leurs pauvres parens. Un tel Commerce peut donc être Saint & convenable à l'état Religieux. Ce que Gutierres fait voir fort au long. *Trac. de Gabel q.* 93. *n.* 47. Où il cite plusieurs Auteurs

teurs. Navarre dit in *man.* c. 27. que c'eft
le fentiment commun.

98. Mais doit on confiderer comme honnête
& convenable aux Religieux cette forte de commerce qui fe fait en vendant fes ouvrages?
Conrade Summehart veut qu'on faffe attention
fi la matiere fur laquelle les Religieux travaillent eft d'un plus haut prix que l'ouvrage, car
fi cette matiere étoit plus pretieufe, il eft d'a-
vis que la vente d'un tel ouvrage, ne feroit
point feante aux Religieux, fi au contraire elle
étoit de moindre prix, elle ne feroit point contraire à leur état. C'eft avec raifon que Medina rejette ce fentiment. *q.* 30. *de reft. cauf.* 2.
illicitæ negotiationis. Car quelle que foit cette
matiere fur laquelle on a travaillé, il eft toûjours vrai qu'il y a de l'artifice, & de l'induftrie, c'eft pourquoi s'il ne fe rencontre point
quelque chofe qui fouille ce Commerce les Religieux Auteurs de ces ouvrages peuvent les
vendre fans bleffer les loix Ecclefiaftiques &
l'honnêteté de leur état. Il faut donc avoir
recours à la bonne diftinction remplie de prudence & de pieté que donne St. Bafile *c.* 9. *conft.*
Monaft. Au refte, dit-il, le Moine peut s'occuper à toute forte d'ouvrages qui foient bien
feants à fa profeffion, comme font tous les ouvrages qui font hors du foupçon de toute im-
pofture, qui n'aportent point avec eux de grandes diftractions d'efprit ou qui ne produifent
point un gain criminel, & qui foient tels qu'on
puiffe les exercer fans être obligez de fortir
hors du Monaftere, de peur que s'y apli-
quant avec plus d'ardeur qu'il ne faut, on n'a-
foibliffe l'aplication & l'affiduité que l'Efprit

doit

doit aporter à la recherche de la vertu. Ainsi il faut tacher de s'acquiter de l'ouvrage & de ne point perdre le repos & la tranquillité. Il s'explique encore avec plus de force & plus de clarté. *Reg. fuf.* 38. Quoi qu'il soit tout à fait difficile, dit-il, de definir precisement à quel travail nous devons nous occuper, car il y à des travaux qui sont plus à propos les uns que les autres selon ce que la nature & la commodité des lieux & du commerce qui s'exerce en chaque pais, le demande. Néanmoins on peut en general d'ècrire & marquer le choix que l'on en peut faire, savoir que ces occupations doivent être telles qu'elles conservent le repos & la tranquilité de nôtre vie; & qu'on puisse avoir la matiere sans grande peine & distribuer les ouvrages sans beaucoup de soins & d'inquiétudes. On doit mettre de ce nombre les travaux ou les hommes & les femmes ne sont point obligez de se trouver ensemble, parce qu'en toute chose nous devons particulierement avoir en vuë de garder la simplicité & la frugalité. Nous devons aussi prendre garde de ne point contribuer aux sales & mauvaises cupidités des hommes en faisant des ouvrages qui flattent leurs passions, de cette maniere si nous travaillons à faire de la toile, nous n'en ferons point d'autre que de la commune & qui soit pour l'usage ordinaire & sans en faire de celle dont les Femmes Mondaines se servent pour attirer les jeunes gens & pour leur plaire. Nous devons suivre la même regle si nous faisons des souliers, c'est-à-dire, que nous ne devons faire dans ce métier que des ouvrages necessaires à la vie en retranchant ce qui peut contribuer à la vanité.

nité. Quant à ce qui regarde les édifices, la charpente, les ouvrages en cuivre, l'Agriculture, quoi que ce soient des choses qui sont d'elles-mémes nécessaires à la vie, qui apportent une grande utilité & qui n'ont rien en elles qui doive les faire rejetter, cependant elles troublent quelquefois le repos, & causent des distractions & de la dissipation. Je dis donc qu'il n'est point absolument nécessaire de les éviter. Mais on doit estimer davantage les mêtiers dont l'exercice n'empêche point qu'on ne soit continuellement attaché à Dieu, qui ne detournent point ceux qui travaillent à la pieté, de donner leur temps à la psalmodie, à l'oraison, & au reste de la discipline. Que si nous ne trouvons rien dans ces sortes de mêtiers qui soit contraire à nôtre Profession, & qui empêche l'accomplissement de nos devoirs, & que nous les puissions pratiquer sans offence, ils doivent être préferez à tous les autres, & sur tout l'Agriculture, parce qu'on peut avoir facilement par son moyen, ce qui est nécessaire à la vie, & que ceux qui s'y appliquent ne sont point obligez de courir çà & là, pourvû comme nous avons dit ; qu'elle ne nous cause de la part des voisins & des habitans, aucun trouble ni aucun tumulte.

99. On voit par ce que nous venons de dire, que saint Basile reconnoît qu'il y a de ces sortes d'occupations qui conviennent aux Religieux, & d'autres qui ne leur conviennent point, & que parmi celles qui considérées en elles mêmes leur conviennent, il peut se glisser des défauts par la frequentation des seculiers, & particulieremnt des femmes, si l'on permet qu'elles

les

les achetent les Ouvrages des Religieux. Nous
en avons une grande preuve dans la chute de
St. Honophre, comme il est rapporté dans Me-
taphraste au commencement de Juin, dans la
vie de ce Saint, écrite par S. Paphnuce Ana-
corete, & qui est rapportée dans la vie des Peres L. 1. mais on en a retranché cet exemple
remarquable. Voici donc comme S. Honophre répondit à S. Paphnuce, qui lui demandoit quel étoit le sujet de sa retraite. J'étois
Moine, & je vivois dans un Monastere de la
Thebaide travaillant avec beaucoup de courage & de confiance, je résolus de sortir de cette Communauté, & de me retirer dans une
solitude, desirant trouver une plus grande recompense. Ayant écouté cette pensée, je me
bâtis une petite Cellule & j'y demeurai seul,
exerçant un mêtier de mes propres mains, d'où
il est arrivé que plusieurs personnes venoient à
moi, me donnant de l'Ouvrage à faire. J'en
retirois de grands profits dont je me ser-
vois pour les pauvres, & ceux qui étoient
dans le besoin, & pour recevoir ceux qui me
venoient trouver. Il arriva que l'ennemi qui
est contraire aux gens de bien, voulut aussi
par envie me détourner du but & de la fin que
je m'étois proposée d'aller à Dieu, il suggera
donc à une certaine Religieuse qui étoit venue
me trouver, pour me donner de l'ouvrage;
d'y retourner une autrefois, ce qui nous donna
occasion de nous entretenir plus familierement,
de sorte que nous demeurames ensemble, &
qu'enfin par le plus grand de tous les malheurs
nous nous abandonnames au peché, & nous
demeurames pendant six mois dans cet état.

100. On voit par là que ce n'étoit point sans raison que St Basile craignoit que la conversation des femmes ne se glisât dans ce commerce, par l'occasion de la vente des Marchandises. Saint Benoît craignoit encore l'avarice qui s'allume par le profit qu'on retire de la vente des ouvrages, c'est pourquoi au c. 57. de sa Regle, il veut que les ouvrages qu'il permet de vendre soient donnez vn peu à meilleur marché que les seculiers ne feroient. Ce qu'un autre Maître de la vie Monastique rapporté par Raban sur le même chapitre, a aussi établi. Voici les paroles de sa régle c. 85 qui se trouvent dans la Concorde de Régles de St. Benoît d'Aniane c. 64. Lors que chaque métier donnera quelques ouvrages au delà de ce qui est nécessaire à l'usage du Monastére, ou pour les Eulogies qu'on doit envoyer, s'étant informé du prix, qu'on les vende toûjours à un moindre prix que les seculiers, afin qu'on connoisse en cela que la conduite des personnes spirituelles est differente de celle des seculiers, que bien loin de chercher dans un commerce ennemi de l'ame un profit contre la justice, ils se contentent de recevoir même moins que la justice ne le permet, & qu'enfin ils ne travaillent point par cupidité & par avarice, mais seulement afin de n'être point oisifs, & de gagner par l'ouvrage de leurs mains une plus grande recompense, en ne laissant point passer inutilement les heures du jour. Les Ouvriers doivent demander à l'Abbé le prix, afin qu'ils sachent ce qu'ils devront recevoir, & qu'ils ne puissent commettre aucune fraude l'Abbé en ayant connoissance. Vous voyez donc

donc que ces Saints craignoient que ces sortes
de ventes n'allumassent l'avarice, & ne violas-
sent la pauvreté, & qu'en éloignant l'avarice,
ils ont établi qu'on vendroit les ouvrages à meilleur marché que les seculiers, contre ce que
pratiquoient ceux dont parle Saint Hierome,
rapporté par Saint Isidore *L. 2. de offic. Eccl.
c. 15.* tout ce qu'ils vendent, dit Saint Hierome, ils le vendent plus cher, comme si la sainteté étoit dans le métier plûtôt que dans la
vie.

Saint Martin pour éviter l'avarice & les dangers qui sont dans la conversation du monde,
& les autres incommoditez qui accompagnent
le Commerce, le défendit absolument à ses Religieux, ce que nous apprenons de Severe Sulpice dans la vie de St. Martin c. 7. parlant de
son Monastere. Il ne leur étoit point permis, dit-il,
de vendre ou d'acheter suivant la coûtume des
autres Moines, il n'y avoit point là d'autres
métiers, que celui des copistes, encore n'emploioit on à cela que les jeunes gens, les autres vaquant à l'oraison. Sulpice ne nie point
qu'on ait vendu & acheté quelque chose dans
le Monastére de Saint Martin: du moins on ne
peut douter qu'on n'y ait acheté plusieurs choses nécessaires à la vie des Moines. Il faut donc
entendre, par ce que dit Sulpice, que ces Moines ne vendoient aux seculiers & aux Etrangers aucun de leurs ouvrages, comme faisoient
la plûpart des autres Moines, qui avoient coûtume de vendre ceux qu'ils faisoient. Saint
Martin défendit ce Commerce, pour porter
ses Religieux à une plus grande perfection, &
pour fermer la porte aux abus qui auroient pû

s'ins'introduire par là, ne laiſſant que le mêtier des Ecrivains ou des Copiſtes, non pour en faire commerce, mais pour l'uſage du Monaſtere. Quoi qu'il n'ait point deſaprouvé le commerce de l'écriture & des autres mêtiers, comme une choſe mauvaiſe en elle-même & contraire à l'état Religieux.

101. On peut inferer de ces deux ſortes de travaux, dont les uns ſe font en vuë du commerce, & dont les autres n'y ont aucune liaiſon, que quoi que ni les uns ni les autres ne ſoient mauvais, ni de precepte, mais qu'ils ſoient libres, toutefois ceux qui ne ſe font point pour le commerce ſont plus ſûrs, parce qu'ils s'éloignent davantage des occaſions du peché. Ce qui eſt clair par ce que nous venons de dire du ſentiment des Peres, qui craignoient pluſieurs inconveniens du commerce & de la vente des ouvrages. Il eſt auſſi hors de doute que l'une & l'autre maniere de travailler n'eſt point vicieuſe. Car c'étoit une folie aux Meſſaliens ou Eutichiens dans St. Epiphane *hær.* 80. & à un certain dont parle Saint Auguſtin *L.* 5. *retract. c.* 21. de nier qu'il fut permis aux Moines de travailler des mains, & de pretendre que le ſeul travail des Moines, qui devoit être continuel & ſans interruption, étoit l'oraiſon. Ce que Saint Auguſtin refute par l'autorité de l'Apôtre. *L. de oper. Monach.* D'autres au contraire n'ont pas un ſentimeut plus moderé, comme Wiclef dans Valdenſis *L.* 4. *doct. art.* 2. *c.* 22. Calvin 4. *inſt. c.* 13. §. 20. & contre les Religieux qui ne ſont point rentez, Guillaume de Saint Amour, Girard d'Abbeville, Didiers Lombard, Richard Armachan, ennemis

des

des Mendians, aufquels il faut joindre Luther *art. ult.* & Brentius *in conf. vitem. cap. de votis Monaft.* qui ont prétendu que le travail des mains étoit de precepte aux Religieux. Mais ce fentiment comme erroné, & comme contraire à la mendicité que l'Eglife a approuvée, eft refuté par Saint Thomas *opuf.* 17. *c. ult.* 19. *c. 5. quod. L.* 7. *art.* 17. *&* 18. *&* 2. 2. *q.* 187. *art.* 3. *&* 4. Par St. Bonaventure *apol. paup. q.* 1. *& Exp. Reg. S. Franc. c.* 5. Par Cantepré *L.* 2 *apnm. c.* 10. *n.* 7. Par Caftro, Sixte & Bellarmin qui font bien voir qu'il eft permis aux Religieux de vivre d'aumone & de mendier, & qu'ils ne font point obligez de travailler pour vivre. De plus on ne peut point conclure de ce chapitre ni du precedent où on a fait voir que le travail des mains étoit neceffaire aux Religieux pour éviter l'oifiveté comme Caffien le marque *L.* 10. *c.* 8. Ifidore de Peloufe *L.* 1. *Epift.* 49. & plufieurs autres maîtres de la vie monaftique qui font rapportez dans la concorde des Régles de Saint Benoît d'Aniane c. 55. on ne peut dis-je conclure que l'un ou l'autre maniere de travailler, foit d'obligation aux Religieux, ce que Rupert prouve fort bien *L.* 3. *in reg. St. Ben. c.* 4. & Sanches *L.* 7. *in decalog. c.* 24. parce que les Religieux peuvent vivre, ou par la mendicité, ou du nid que les Moineaux ont fait fur les Cedres du Liban, c'eft-à-dire, des fondations qui ont été faites par les Riches du fiécle, comme Saint Auguftin, *Pf.* 103. & Rupert dans la vie de Saint Heribert *c.* 12. l'expliquent; au refte ceux qui aiment l'étude facrée, ne manqueront jamais

d'occud'occupation, quoi qu'ils ne faſſent aucun ouvrage, ni aucun travail exterieur.

SECTION VIII.

Des Penſionnaires des Religieux.

Voici un autre exemple particulier qui renferme du moins en partie la troiſiéme ſorte de Commerce, dont nous examinons ici l'honnêteté & la bienſeance par rapport aux Religieux. Or ce troiſiéme Commerce regarde les Penſionnaires, car celui qui en reçoit leur fournit la nourriture, & des viandes qu'il achete & qu'il aprête pour en tirer du profit, & c'étoit la coutume des anciens Religieux de recevoir & de nourrir des Penſionnaires à un certain prix, comme nous l'avons fait voir, *Sect.* 3. *en la* 4. *raiſon.* Qui eſt-ce qui oſeroit ouvrir la bouche contre un uſage que les Saints ont approuvé?

Il y en a toutefois qui n'aprouvent point ce Commerce par un autre endroit, & qui diſent que c'eſt formellement le même commerce que celui des Cabaretiers, qui ne cauſe pas moins de diſſipation, parce qu'il faut deſcendre en une infinité de minuties, & qu'il y a un grand embarras à nourrir & à élever des enfans dans la maiſon. Il ſemble que les exemples des Saints qu'on a rapportez ne font rien au ſujet preſent, car les enfans que Saint Baſile & Saint Benoît vouloient qu'on reçût dans leurs maiſons, étoient ſeu-

» feulement ceux qui étoient donnez aux Monafteres par leurs parens, & on les recevoit afin
d'apprendre dès leur jeuneſſe la Diſcipline Monaſtique, & de s'accoûtumer à porter le joug
du Seigneur de bonne heure, pour s'y engager un jour volontairement, lors qu'ils ſeroient
capables de faire un choix. Ils ſont appellez
dans Saint Anſelme c. 78. *Monachi nutriti*,
nourris pour être Moines. Les autres enfans
n'étoient point admis dans les Monaſteres, ou
ſi quelques uns ont entrepris de le faire, on a
dans la ſuite condamné cela comme un abus,
comme on le voit dans le Concile d'Aix-la-
Chapelle au ſujet de la Regle de Saint Benoît
c. 45. & dans l'Apendice au Livre 7. des capitulaires, où il eſt ordonné, qu'il n'y ait point
d'Ecole dans le Monaſtere que pour ceux qui
ont été offerts. De même dans la Regle de
Saint Ceſaire c. 5. il eſt permis de recevoir des
enfans de ſept ans pour les inſtruire aux Lettres, & pour les former de bonne heure à l'o-
beïſſance, par où il eſt marqué qu'il ne s'agit
que des enfans qui ſont offerts à Dieu par leurs
parens. Il y eſt dit des autres: qu'on ne reçoive en aucune maniere aucuns enfans ni nobles ni autres, pour les nourrir ou les enſeigner; ce qui s'accorde avec ce que dit Pierre
Damien *Opuſ.* 36. c. 15. qui approuve l'ordre
du Mont Caſſin, où il n'avoit point trouvé
d'Ecole d'Enfans. Quant à ceux qui étoient
offerts par leurs parens, & qui étoient reçûs;
étant comme des plantes, & comme l'eſperance de la poſterité du Monaſtere, on ne les
nourriſſoit point pour un certain prix, ou pour
une penſion reglée. Ce qui eſt auſſi évident

tou-

touchant les enfans Anglois que Saint Gregoire avoit fait rechercher avec soin, & qu'il faisoit nourrir & élever dans les Monasteres. Je ne disconviens point que les Nobles qui envoyoient leurs enfans à Saint Benoît, ne fissent d'abord un present sans aucun accord, pour compenser en quelque maniere les dépenses qu'il faudroit faire pour la nourriture de ces enfans, & Saint Benoît à reglé qu'on pourroit recevoir cela, non comme un prix, mais comme un present & une aumone, qui devoit tourner à l'avantage de ceux qui le donnoient : comme le portent les paroles de la regle c. 59. Si les parens veulent offrir quelque chose en aumone au Monastere pour leur recompense, & comment est-ce en aumone si c'est par recompense ? Il faut donc expliquer ce mot de recompense comme *Turrecremata Tract.* 133. & c'est la même chose que s'il y avoit *pour le salut de leurs Ames*, ou *pour le remede de leurs Ames*. Ainsi il n'y avoit point dans les Monasteres de Saint Benoît de Pensionnaires.

103. Ce que l'on raporte des enfans que Bede & les autres Moines instruisoient a encore moins de force, nous en avons parlé en la Section troisiéme dans la quatriéme raison. J'avouë qu'outre les enfans qui étoient offerts, il y avoit aussi des Ecoles ouvertes aux autres enfans que les Moines instruisoient ! Quoique St. Cesaire & les autres Abbez qui ont reformé l'ordre de S. Benoît, comme je l'ai raporté des capitulaires, aient jugé à propos d'abolir cet usage, qui étoit toutefois établi dans le Monastére de St. Gal, comme on l'aprend par les actes de Notker. 5. Browerus Liv.

Liv. *ant. fuldenf.* c. 9. affure que c'étoit la pratique du Monaftére de Fulde. Theodulphe Evêque d'Orleans dans fon Epitre Synodale n. 16. permit que les neveux & les parens de fes Prêtres puffent être envoiés à l'Ecole dans les Monaftéres qui dependoient de lui J'avouë donc cela, fuppofant toutefois que les Ecoles où les Moines prefidoient n'étoient point feulement pour ceux qui étoient offerts au Monaftére, mais generalement pour tous les autres, il ne s'enfuit pas que tous les enfans feculiers qui étudioient fous ces Maîtres, fuffent penfionnaires dans les Monaftéres où étoient les Ecoles & où les Maîtres demeuroient Aujourd'hui les jeunes gens qui viennent dans les Ecoles des Religieux pour y étudier, font ils tous penfionnaires? De même il n'eft point neceffaire que les Filles qui étoient mifes fous la conduite des Religieufes & dont Bede parle comme nous l'avons raporté *Sect.* 3. 4. *raifon*, aient été penfionnaires; Car nous voions encore aujourd'hui des Religieufes qui reçoivent plufieurs Filles Seculieres pour les inftruire fans être chargées de les nourrir & nous avons expreffement dans les actes de St. Euphraxie c 7. qu'on ne recevoit aucune fille pour demeurer dans le Monaftére fi elle ne fe devouoit à Jefus-Chrift. Comme nous avons vû que St. Cefaire & les Abbés d Allemagne ont improuvé que les Moines enfeignaffent les enfans qui n'étoient point offerts à Dieu, auffi S. Anfelme improuve la même chofe dans les Religieux. *L. de vita Erem. ad Soror.* c. 6. N'accordez, dit-il, aucun accès auprès de vous ni aux enfans ni aux petites Filles. Il y a des Reliligieuſes recluſes qui s'occupent à enſeigner les petites filles & elles font une Ecole de leur cel-lule. Cette maitreſſe eſt aſſiſe à la fenêtre & les filles ſont en dehors, elle les voit toutes & ſuivant les differens ſujets qu'elle a de leur conduite tantôt elle ſe fache ; tantôt elle rit, tantôt elle menace, tantôt elle frappe, tantôt el-le les flate, tantôt elle les baiſe, tantôt elle a-pelle celle qui pleure à cauſe du châtiment, elle lui touche le viſage, elle l'embraſſe, l'ap-le ſa fille, ſon amie. Comment avec cela peut on avoir le ſouvenir de Dieu ? Et quand alors on ne ſe laiſſeroit point aller à ces choſes ſecu-lieres & charnelles on en reſſent pourtant les mouvemens & on en a l'image depeinte devant les yeux.

Quoi qu'on puiſſe dire de l'uſage d'introdui-re dans la cloture des Religieuſes des filles qui ne ſont point penſionnaires pour y être inſtrui-tes, on peut toutefois juger par l'uſage preſent de ce qui ſe pratiquoit autrefois, & ſur tout on peut certainement conclure de la que ſi on envoioit des Filles aux Religieuſes pour être in-ſtruites, il n'étoit point neceſſaire qu'elles fuſſent nourries avec les Religieuſes ce que nous avons dit des moines. Ainſi l'ancien uſage ne favoriſe point la nouvelle coutume de recevoir des en-fans en penſion pour être nourris avec les Re-ligieux ou les Religieuſes. Il n'y a que cette ſorte de Penſionnaires qui regarde le Commer-ce dont nous parlons & il s'agit de ſavoir s'il eſt convenable aux Religieux.

104. Il ſemble qu'on peut inſiſter davantage ſur le dernier exemple des Commençaux de la Societé de Jeſu aprouvé par S. Ignaçe ; car

4. *part. Conſt cap.* 3. Il permet, lorſqu'il n'y a
point dans les Colleges un ſufiſant nombre d'E-
coliers, engagés à Dieu par les vœux, ou qui
aient deſſein de ſervir Dieu dans la Societé,
d'admettre d'autres pauvres écoliers avec la permiſſion du Superieur General & pour autant de
temps qu'il jugera à propos. Néanmoins il y
eſt ordonné que ces Ecoliers qui ont été ainſi
admis vivent à part & ne ſoient point mêlez a-
vec ceux qui ſuivent l'inſtitut de la Societé,
mais qu'ils ne ſoient avec eux qu'autant qu'il
ſera neceſſaire pour le plus grand ſervice de Dieu,
& ſelon la volonté du Superieur. Enſuite, il
dit, que quelquefois par des raiſons honnêtes il
ſemble que rien n'empêche qu'on n'en puiſſe
recevoir d'autres, quoiqu'ils ſoient les enfans
de perſonnes riches & nobles & qu'ils vivent à
leur dépens ; qu'il ſemble auſſi que l'âge convenable eſt depuis quatorze ans juſqu'à vingt
trois, s'ils n'étoient point avancés dans les lettres.
Il declare encore dans le même endroit que lorſque les conditions de la fondation le permettent,
il ne repugne point à l'inſtitut d'avoir des commençaux dans le College, qui demeurent à
part & qui ne converſent qu'avec ceux que le
Superieur aura deſignés. Cela avoit été établi
à l'occaſion du College de Coimbre que le Roi
de Portugal bienfaiteur de la Societé, avoit
chargé de quelques-uns de ces Commençaux,
comme on le voit dans la premiere Congregation générale *Can.* 122. Voilà donc l'uſage des
commençaux qui vivent à leurs dépens avec
les Religieux, aprouvé par St. Ignace & qui
par conſequent eſt une pratique pieuſe & Sainte.

L 5   105.

105. Mais S. Ignace où plutôt Jacques Lay-
nes auteur de la Declaration, qui est jointe aux
Constitutions, & de laquelle nous avons pris
ce que nous avons raporté, entend par ces commençaux une chose bien differente de ce qu'on
entend ordinairement, & de ce qui se pratique
presentement. Il veut que ces commençaux
ne soient que des pauvres Ecoliers que les Colleges sont obligez de nourrir ou par charité du
superflu du College, ou par la convention du
Fondateur, & à l'occasion de ces pauvres E-
coliers il permet que quelquefois, on en puisse
élever avec eux d'autres de même age qui aient
au moins quatorze ans & qui n'en aient pas
plus de vingt trois, & qui payent pension lorsque l'honnêté & la bienséance le permettent.
Car, dit-il, *ce n'est que quelque fois & pour des
raisons honnêtes, & à l'age depuis 14. jusques
à vingt trois, qu'on les admet avec les pauvres
qu'on nourrit par misericorde ou par fondation.*
Mais on ne doit pas communement recevoir
des pensionnaires pour en tirer du profit, ni
des enfans de dix ans ni tous ceux qui se pre-
senteroient ou qu'on pourroit porter à cela.
Tel est le sentiment de l'Auteur de la Declaration, dont nous avons parlé qui ajoûte qu'il
faut y aporter beaucoup de precaution. Qu'on
prenne garde, dit-il, d'être en cela plutôt re-
servé que trop facile & qu'on aporte une grande précaution pour choisir ceux qu'on doit
admettre, en les examinant en particulier avant
que de les recevoir. Qu'on voie si cela s'accorde avec ce qui se pratique aujourd'hui. Car
ce qui est très éloigné de l'usage present, suivant
l'esprit de l'ancienne Société qui ne s'étoit
point

point encore aprochée du Siecle, où nous
voions qu'elle se porte avec tant de plaisir, les
Religieux de la Societé ne touchoient point
d'argent des commençaux qui vivoient à leur
propres depens. Ce que nous voions clairement par les decrets de la quatriéme Congregation generale, c. 10. où nous lisons, qu'à
cause de la rareté des maîtres & à cause du
grand profit & des autres avantages qui viennent de cette occupation, on demanda qu'il
fut permis dans les païs septentrionaux d'a-
voir des pensionnaires & d'en prendre soin, à
condition que l'argent qui en proviendroit seroit mis entre les mains de l'Econome, qu'on
ne solliciteroit point les jeunes gens à embras-
ser nôtre institut, & qu'on ne les recevroit
point malgré leurs parens. La Congregation
jugea qu'il étoit à souhaitter que la Societé tant
que faire se pourroit fut exempte de ces charges, & elle commit à la prudence du Pere
General de regler, selon la qualité des païs &
des personnes, ce qui contribueroit d'avantage en cela à la plus grande gloire de Dieu &
ce qui seroit plus avantageux au bien commun
de la Societé. Ce grand profit qui porta les
Peres des païs septentrionaux de demander à
cette quatriéme Congregation qui fut tenuë a-
près l'an 1572. La permission de recevoir des
pensionnaires dont l'usage étoit encore inconnu, n'étoit point un profit qui deut remplir
leur bourse; mais c'étoit un profit spirituel
qu'ils esperoient devoir être très grand sur tout
en élevant & en formant les enfans encore d'un
age tendre & docile dans les principes de la foi,
parce qu'il y avoit alors beaucoup à craindre

pour

pour eux dans ces païs-là à cause que la foi
de la plufpart des maîtres étoit corrompue. Il
y a prefentement par tout un grand nombre de
Maîtres très fincerement Catholiques, mais
tout le monde ne convient pas que le profit,
fpirituel qu'on efperoit ait répondu à l'attente
qu'on en avoit. Certainement ceux de la Societé qui nous ont precedé ont fouvent pro-
tefté qu'ils gemiffoient fous un tel fardeau,
& ils ne fe font point aperçeu de ce grand
profit fpirituel. Et la troifiéme Congregation
generale qui a permis par fon quatorfiéme decret à la prudence du Superieur General d'admettre quelques penfionnaires avec ceux qui
étoient nourris dans les Colleges d'Allemagne
de peur que fi l'on fuprimoit l'ufage introduit
on n'offenfat les puiffances, a marqué affez
clairement qu'elle auroit mieux aimé que cet
ufage n'eut point été pratiqué à Rome, &
afin que le mal ne s'étendit point ailleurs,
elle deffendit par fon decret que l'indulgence
qu'elle avoit pour les Romains ne peut s'établir dans un autre endroit & fans que cela
fut reglé à Rome par la deliberation de la
Congregation. Enfin la condition fous laquelle on demanda & on accorda alors la liberté
d'avoir des penfionnaires aux païs feptentionaux
n'eft prefentement plus en ufage, & nous ne
voions point dans aucun College de France,
que l'argent des penfions foit entre les mains
de Procureurs Seculiers pour en avoir l'admini-
ftration fans que les Peres de la Societé s'en
mêlent en aucune maniere, je me fouviens toutefois que cela a été obfervé à Avignon, que
le Pere Ambroife Morel qui étoit chargé de la
con-

onduite des penſionnaires pour les Lettres &
our le Spirituel ne touchoit point les penſions
& qu'elles étoient reçeues par les Procureurs &
Miniſtres temporels de la Congregation , car
'eſt ainſi qu'on les nommoit , & le profit qu'on
n tiroit revenoit à la Societé. Cette condi-
ion ne ſubſiſte plus & quand elle ſubſiſteroit on
'auroit pas lieu de ſe louër beaucoup des a-
vantages Spirituels de ces Colleges , comme il
paroît qu'on n'avoit alors pas beaucoup lieu de
ʼen louër , lorſque cette condition ſubſiſtoit.

106. De tout cela il eſt clair que la pratique des Saints , des Anciens & de ceux qui
ont été dans la ſuite n'eſt point favorable à ce
Commerce qui aproche de la profeſſion de Cabaretier & d'Aubergiſte , puis qu'il conſiſte à
nourrir de jeunes gens à la maiſon pour un certain prix ou penſion. On peut remarquer dans
cette maniere d'agir deux ſortes de Commerce:
le premier eſt en rigueur & proprement commerce, défendu par les Canons aux perſonnes ſacrées par lequel on revend des Marchandiſes
qu'on a achetées pour les vendre, ſans y faire
aucun changement & pour en tirer du profit,
comme pluſieurs choſes qui regardent la nou-
riture, des viandes, du vin, de l'ancre, du pa-
pier, du cotton, de la chandelle, des medicamens, & pluſieurs autres minuties. L'autre qui
tient le milieu & appartient à la troiſiéme ſorte
de Commerce de nôtre diviſion, qui ſe fait en
achetant pluſieurs proviſions de bouche pour les
revendre après les avoir apretées, comme font
pluſieurs Seculiers qui par ce Commerce &
par le moyen du profit, qu'ils retirent de ces
penſions nourriſſent & entretiennent leurs Fa-
mil-

milles. C'eſt ce que font les Cabaretiers & Aubergiſtes, ils vendent les viandes & le vin aux
hôtes & ils tirent un certain prix pour le loüage de leurs meubles. La ſeule difference qu'il
y a entre les Cabaretiers & ceux dont nous parlons
eſt que les Cabaretiers, & les Aubergiſtes n'exercent ordinairement leur commerce qu'à l'égard
des paſſans & de ceux qui arrivent de jours à
autres & qui ne font point long ſejours, au
lieu que ceux-cy demeurent plus long-temps.
Il n'y a toutefois perſonne qui ne voie que cette difference qui ne conſiſte que dans le plus
& le moins eſt une differ nce purement materielle & qui ne fait pas formellement une autre ſorte de Commerce. Or puis que par la
Clementine *de vit & honeſt Cleric. c.* 1. le
Commerce de Cabaretier & d'Aubergiſte eſt
deffendu aux perſonnes ſacrées, auſſi-bien que
celui de Boucher, comme très meſſeant aux
Religieux, que ceux qui pretendent qu'ils peuvent s'engager dans ce commerce, conſiderent
juſqu'à quel degré ils abaiſſent cet état ſi ſubli-
me, & n'eſt-ce pas là ſortir du Sanctuaire, ce
qui eſt défendu aux perſonnes ſacrées *Levit.*
21. de peur de polluer le Sanctuaire de Dieu,
c'eſt-à-dire leur cœur, comme l'explique Caſſien *Coll.* 14. *c.* 10.

107. Mais outre que le Commerce dont
nous parlons, n'eſt point conforme à l'uſage
des Saints, comme nous l'avons fait voir, il y
a encore de fortes raiſons qui prouvent que les
Religieux doivent s'en abſtenir. Premierement
parce qu'on expoſe trop à la connoiſſance du
monde, les pratiques de l'ordre Religieux, dont
l'obſcurité & l'éloignement de la vue des ſe-
cu-

culiers attirent beaucoup de respect & de vene-
ration au lieu que la connoissance qu'ils en ont
ne leur donne que du mépris & peu d'estime
des Religieux. C'est pourquoi St. Bonaventure habile Superieur , ne vouloit point permettre aux seculiers l'accès de l'interieur d'une maison Religieuse parce que cela derogeoit beaucoup à la Majesté du Convent dans l'esprit de
ceux à qui on accordoit facilement cette entrée. C'étoit aussi la raison pour laquelle les
payens n'ouvroient l'interieur & le lieu Secret
de leur Temples qu'à leurs Prêtres donnant
par ce Secret & par cet éloignement du respect
& de l'admiration pour leur Mistéres ; comme Tertullien le remarque au commencement
du Livre contre les Valentiniens. On dira
peut-être que la maison où l'on reçoit les Pensionnaires , n'est point une maison Religieuse,
mais seculiere , parce que la denomination se
doit prendre de la principale partie ; & qu'ainsi l'inconvenient proposé n'a point ici lieu , ne
regardant que les seules maisons Religieuses.
Si quelqu'un parle de la sorte on lui repon-
dra premierement que ces maisons jouïssent des
immunitez Ecclesiastiques & qu'elles n'ont
point d'autre titre pour en jouïr que parce
qu'elles sont censées des maisons Religieuses. Ensuite pour retorquer l'argument que la denomination se doit prendre de la principale partie , je dis
que la maison doit être estimée une maison Religieuse, parce que les Religieux qui en sont superieurs sont la principale partie, & principalement
le nombre des Religieux qui sont destinez à cet
emploi étant considerable. Car quoi qu'ordinairement ces Religieux ne surpassent point le
nom-

nombre de dix, cependant il y a quelques endroits où on compte jufques à vingt & trente: qui eft ce qui niera qu'une telle quantité de Religieux n'eft pas fuffifante pour faire que la maifon où ils demeurent foit une maifon Religieufe ? Quoi que le nombre des Domeftiques d'une maifon foit fort grand, & que fouvent il n'y ait que le Maître qui foit noble, dira-t'on que cette maifon eft roturiere, ou qu'elle n'eft point noble, parce qu'il y a un grand nombre de valets & de fervantes, qui fervent le Maître de la Maifon ? Par confequent une Maifon où des Religieux font établis, eft une Maifon Religieufe, & une Maifon de Penfionnaires eft telle, quand elle ne feroit point renfermée dans la clôture Reguliere, quand elle n'y feroit pas jointe, & même qu'elle en feroit feparée. Ainfi les Penfionnaires & une troupe de Domeftiques feculiers étant admis dans l'interieur de cette Maifon, on tombe dans l'inconvenient qui fait qu'une Maifon Religieufe eft expofée au mépris à caufe de ce Commerce. Cet inconvenient ne doit point être confideré comme leger & de peu de confequence, car il a toûjours paru grand aux premiers Superieurs des Religions. Et au contraire Saint Bernard conte parmi les grands avantages de la Reformation de l'Abbaye de Saint Denis dont il congratule l'Abbé Sugger, que les feculiers n'euffent plus dans la fuite entrée dans l'interieur de cette Maifon, & qu'ils ne puffent facilement l'obtenir.

108. Quelle que foit cette Maifon, quand même elle feroit feculiere & laïque, à caufe du nombre des Penfionnaires qui eft plus grand que

que celui de ceux qui les gouvernent, le même inconvenient se rencontre toujours. Car le
mépris & le peu d'estime que nous disons que
les jeunes gens seculiers conçoivent de la Religion, ne vient point de la maison materielle
& des murs ou de l'interieur, mais de la maison prise formellement, c'est-à-dire de ceux
qui y demeurent, avec lesquels il est necessaire
que les seculiers conversent familierement, s'ils
vivent ensemble, de sorte qui est impossible
d'empêcher qu'ils ne voient & n'observent tout
ce que font les Religieux & tout ce qui les regarde, mangeant, beuvant & vivant ensemble,
ce qui ne contribue pas peu à diminuer la dignité Religieuse. Je conviens qu'on doit mépriser & se moquer de l'erreur & de la folie
des seculiers qui voudroient que les Religieux
vecussent comme des Anges sans manger & sans
boire. C'est une ancienne querelle de St.
Basile dans les constitutions Monastiques c. 7.
où il se plaint de cette folie. Je m'aperçois,
dit-il, d'une autre chose que ceux qui menent
une vie commune & ordinaire ne peuvent a-
prouver lorsqu'ils s'informent de la vie de ceux
qui font profession de pieté. Car s'il arrive
qu'une personne de pieté juge à propos après
une longue abstinence de prendre quelque nourriture pour soutenir son corps de peur qu'il ne
succombe, ils veulent que cette personne ne
prenne que peu de nourriture ou point du tout,
comme si elle étoit degagée du corps & de la
matiere; & s'ils voient quelqu'un de cette profession qui ne soit pas si rigoureux à son corps
& qui donne quelque chose à ses besoins on
parle mal de lui, on le calomnie, on étend

M

mê-

même jufqu'aux autres les reproches & on les en accufe ; on les apelle gourmands infatiables : ils ne font pas attention qu'eux mêmes ils mangent deux à trois fois le jour, qu'ils fe rempliffent de viandes graffes & fucculentes, qu'ils en devorent une grande quantité, que même ils boivent du vin jufques à l'excés & qu'aprés cela comme des chiens affamés & qu'on a ôté de l'attache, ils fe portent avec une extréme avidité à la table ; & qu'au contraire ces perfonnes de pieté ne fe fervent, autant qu'il fe peut, que de nourritures féches & qui ne font ni agreables, ni fucculentes ; qu'ils n'en prennent qu'une fois le jour, s'étant fait une loi perpetuelle de garder cette difcipline & que ce qu'ils accordent à leur corps par neceffité, en petite quantité, lorfque la raifon le demande, & qu'il en eft temps, ils ne le font point contre l'ordre & les regles de la Religion. Ainfi on doit juger qu'il n'eft point convenable que la confcience d'un autre condamne nôtre liberté. Car fi nous ufons de ces viandes avec la grace, pourquoi blafpheme t'on contre nous pour des chofes dont nous rendons graces à Dieu, recevant avec plus de plaifir & de fatisfaction quelque peu de nourriture de très bas prix, qu'ils ne reçoivent les repas les plus fplendides, les plus abondans & les mieux fervis.

109. L'Abbé Jean furnommé le Petit comme il eft marqué dans Caffien l. 3. vit. pat. n. 56. fut pendant quelque temps frappé de cette folle imagination, & parce qu'il étoit Religieux il croioit que lui & les autres Religieux devoient vivre. comme des Anges fans boire & fans manger ; fon Frere ne lui put faire comprendre qu'il

fe

ſe trompoit , mais la faim le detrompa & le fit
ſouvenir de ſa condition ce que Fulbert de Chartres a exprimé par ces rimes.

In vitis Patrum veterum
Quiddam legi jucundum,
Exemplo tamen habile,
Quod vobis dico rithmicè.
Joannes Abba, parvulus
Statura, non virtutibus,
Ita majori ſocio
Qui cum erat in Eremo,
Volo dicebat vivere ſecure ſicut angelus,
Nec veſte, nec cibo frui qui laboratur manibus:
Reſpondit frater, moneo, ne ſis incœpti properus,
Quod tibi poſtmodam ſit non cœpiſſe ſatius;
At ille: qui non dimicat,
Non cadit neque ſuperat.
Et nudus eremum inieriorem penetrat.
Septem dies gramineo
Vix ubi durat pabulo,
Octavâ fames imperat,
Ut ad ſodalem redeat:
Qui ferro clauſa janua,
Tutus ſedet in cellula:
Cum minor voce debili,
Apellat frater aperi:
Joannes opis indigus
Notis aſſiſtit foribus,
Ne ſpernat tua pietas,
Quem redigit neceſſitas.
Reſpondet ille deintus:
Joannes factus eſt Angelus,
Miratur cœli cardines,
Ultra non curat homines.

M 2

Foris

Foris Joannes excubat,
Malam que noctem tolerat,
Et præter voluntariam,
Hanc agit pœnitentiam.
Facto mane recipitur,
Satis que verbis uritur,
Sic intentus ad cruſtula,
Fert patienter omnia.
Refocillatus, Domino
Grates agit ac ſocio:
De hinc raſtellum brachiis
Tentat movere languidis.
Caſtigatus auguſtia,
De levitate nimia,
Cum Angelus non potuit
Vir bonus eſſe didicit.

J'ai lu dans la vie des Peres un exemple agreable & inſtructif que j'ai decri en rime. L'Abbé Jean petit de corps mais grand en vertu, diſoit à ſon compagnon qui étoit avec lui dans le deſert. Je veux vivre en aſſurance, comme un Ange, je ne veux me ſervir ni de vêtement ni de nourriture qui vienne du travail des mains. Le Frere lui répondit, je vous conſeile de ne rien precipiter dans un tel deſſein, car vous pourriez peut-être vous en repentir dans la ſuite, & il vaudroit mieux ne l'avoir point entrepris. Il dit à cela que celui qui ne combat point ne peut vaincre ni être vaincu: & il s'en alla ainſi tout nud dans le fond du deſert, il eut bien de la peine à y vivre ſept jours d'herbes; le huitiéme la faim l'obligea d'aller retrouver ſon compagnon qui étoit enfermé & en aſſurance dans ſa cellule, étant arrivé à la porte il

l'al'apella & lui dit d'une voie foible. Mon Frere ouvrez, c'est Jean qui est à la porte qui a besoin de vôtre assistance, que vôtre pitié ne refuse point celui qui se trouve contraint par la nécessité? L'autre qui étoit en dedans répond, vous vous moquez Jean est devenu un Ange, il contemple le Ciel, il ne se soucie plus des hommes. Jean est contraint de se coucher à la porte & d'y passer une mauvaise nuit & de faire encore malgré lui cette penitence. Le matin on le reçoit, on lui fait des reproches, il souffre tout ce qu'on lui dit, ne pensant qu'à manger des croutes qu'on lui donne, s'étant racommodé, il rendit graces au Seigneur & à son Compagnon ensuite il reprit son rateau qu'il avoit bien de la peine à remuer tant ses bras étoient affoiblis, étant ainsi chatié de sa trop grande legereté, ne pouvant être un Ange il aprit à être homme de bien.

110. Il n'y a personne qui ne voie qu'on peut retorquer cela avec justice contre cette opinion ridicule. Neanmoins on ne peut nier que les Religieux qui vivent à la même table que les seculiers ne se rendent par l'assiduité & à la continue méprisables auprès de ces juges grossiers, c'est pourquoi St. Basile dans le même Chapitre 6. de ses const. Monast. veut qu'on n'admette à la table commune des Moines que des seculiers d'une pieté à l'epreuve & cela rarement de peur que l'usage de la même nourriture pour l'entretien de la vie animale qui est commune aux saints, n'avilisse la dignité de la vie Religieuse dans l'esprit des personnes mal avisées & qui ne savent pas bien juger des choses. Ce fut pour cela que St. Martin

ne se put laisser flechir & ne voulut point permettre que le Prefet des Gaules dinât dans son Monastére comme l'écrit Sulpice *Dial.* 1. *c.* 17. Nous avons quelque chose qui aproche de cela au Concile d'Aix la Chapelle dans la cause des Benedictins *c.* 25. ce qui se trouve à l'Apendice aux Capitulaires, où il est reglé qu'on n'introduise point au Refectoir de seculiers pour y boire ou pour y manger. C'est aussi entre autre la raison qui a porté St. Benoit *c.* 51. *alias* 58. à defendre sous peine d'excommunication, au Moine qui doit retourner le même jour, de manger hors le Monastére quelque priere qu'on lui en fasse, si ce n'est que l'Abbé lui eut commandé de le faire. Et quoiqu'il y ait d'autres raisons de cette defense que Turrecremata raporte *Tract.* 117. toutefois celle-ci n'a point été inconnuë à St. Benoit & ce Cardinal ne l'a point omise, ce qui se trouve dans St. Augustin *c.* 3. *Reg.* & *in Reg. Tarn. c.* 9. se raporte au même commandement.

111. S. Bonaventure q. 21. sur la Regle de St. François a remarqué une autre cause de la ruine d'une maison Religieuse, lorsqu'on y admet des seculiers pour y vivre avec eux. Je raporterai sur cela les paroles de St. Basile *Const. Monast. c.* 7. où il parle de la rare frequentation qu'on doit avoir avec les personnes du dehors. Puisque celui qui est engagé dans ce genre de vie qui est selon Dieu, dit-il, a ordinairement beaucoup d'ennemis & que ceux même qui lui sont les plus unis examinent soigneusement ce qu'il fait, il faut avoir grand soin de ne se trouver en la compagnie des personnes de dehors qu'avec beaucoup de vigilance & de cir-

circonspection. Il confirme cela par l'exemple
de Jesus-Christ, qui étant saint innocent, sans
tache, ne se confioit toutefois point aux juifs,
comme il est marqué en St. Jean 12, c'est-à-
dire qu'il ne conversoit familierement avec eux
que rarement & avec une grande attention. Ensuite St. Basile ajoûte, si nous exposons nôtre
vie à la curiosité de ces personnes & que nous leur
laissions examiner nos actions qui de nous pourra
s'exempter de la calomnie & de s'atirer du scandale à soi-même ? Car souvent des personnes
mal intentionnées font des crimes de ce qui est
bien fait, ils ne laissent pas passer la faute la
plus legere qu'ils n'en fasse le sujet de leur mé-
disance. C'est pourqupi nous devons aporter
une grande précaution à admettré la compagnie
des étrangers. Car outre cette temerité dont
je viens de parler ils tombent encore dans un
autre excés, savoir qu'ils pensent que ceux qui
se sont retirez de la maniere de vivre des autres
n'ont pas seulement changé de conduite, mais
qu'ils ont dû avoir changé de nature ; qu'ils
ne jugent point des personnes de pieté, comme
des gens qui aient les mêmes passions que les
autres & qui les assujetissent à l'empire de la
raison en éloignant & en rejettant par la vertu
de l'esprit les voluptez de la chair : mais ils s'i-
maginent qu'ils sont entierement exemps de toutes les passions & de toutes les affections du
corps. D'où il arrive que si une personne spirituelle s'écarte le moins du monde du droit
chemin, aussi-tôt tout le monde, ceux même
qui auparavant la combloient de loüange &
l'admiroient, le condamneront & l'acculeront
se reprochant à eux même de leur avoir donné

M 4.   des

des loüanges qui n'étoient point véritables. Et
de même que dans un combat , lorſque quelqu'un ſe laiſſe tomber auſſi-tôt ſon ennemi eſt
ſur lui qui le frape & le terraſſe encore davantage , auſſi les ſeculiers qui voient quelqu'un
de ceux qui ont fait profeſſion de vertu , s'en é-
loigner tant ſoit peu ils ſe jettent auſſi-tôt ſur lui,
ils le frapent de maledictions & d'accuſations ,
comme s'ils le frapoient à coup de javelots & ils
ne penſent point qu'eux même , ils ſont percés
de mille traits de leur vices & de leurs paſſions
dereglées , au lieu que ceux qui pratiquent la
vertu quoi qu'ils ſoient aſſiegez des mêmes affections , ils n'en reçoivent ordinairement point
ou peu d'incommodité. Ce qui devroit toucher davantage ceux qui reçoivent un ennemi
beaucoup plus violent que ceux dont nous a-
vons parlé , qui ſont des ennemis declarés de
celui-là , & qui croient faire quelque choſe de
grand s'ils en ſont victorieux.

112. Il n'eſt pas néceſſaire que je faſſe un
plus grand détail de ce que dit St. Baſile ni
que j'en donne une plus grande explication , n'y
aiant rien qui ne ſoit clair & confirmé par l'experience journaliere. Car nous voions & il y
a long-temps que les maîtres de la vie Monaſtique ſe ſont plaint que les ſeculiers exagerent
comme des poutres , les fetus & les atomes des
imperfections dont les perſonnes même les plus
Religieuſes ne peuvent s'exempter en cette vie.
Rupert traite parfaitement bien cette queſtion
L. 3. in Reg. S. Bened. c. 14. où il raporte la
tentation de ceux qui ont quitté le ſiécle & qui
ſe ſont retirés au Monaſtére. Nôtre converſation, dit-il, a ſouvent ſcandaliſé pluſieurs petits,

tits. Qui font ces petits? Ceux qui ne font point
encore experimentés , ceux qui fe font nouvellement convertis du fiécle & qui font venus pour
embraffer la vie Monaftique.   Il femble qu'ils
croient que les Moines ne font point des hommes , ils devroient plutôt favoir qu'il n'y a
point de profeffion ni de converfation qui foit
plus à l'epreuve & que c'eft le fourneau dont
la fageffe dit , La fournaife éprouve les vafes
de terre & le creufet de la tentation eprouve
les hommes qui font récevables.   Et encore ,
Mon Fils , en vous aprochant du fervice de
Dieu , demeurez dans la juftice & dans la crainte & preparez vôtre ame à la tentation. Quand
ils auront vû quelquesuns de ces vafes crever dans
cette fournaife , ou que celui qu'on croioit être
d'or , où d'argent fe change en la nature , ou
en la groffiereté du plomb , quand ils verront
des Moines qui difputeront quel eft le plus
grand parmi eux , où ce qui eft pire quand ils
decouvriront quelque Judas , qui vole la bourfe
du Seigneur.   Quand ils les verront contefter
pour la moindre chofe , s'élever les uns contre
les autres , ils fe fcandaliferont comme fi lorfque le vafe creve c'étoit la faute de la fournaife
& non pas celle de la terre dont il eft fait , comme fi c'étoit le creufet qui changé l'argent en
plomb , quoiqu'il faffe feulement voir ce que
c'étoit qu'on croioit être de l'argent & qui ne
l'étoit point. Ces novices voudroient vivre dans
un lieu où il n'y eut que des gens de bien , ce
qui ne fe trouve que dans le Ciel, de même que
c'eft dans l'enfer feulement que l'on ne trouve
que des méchans. Si ce font là les fentimens
de ceux qui ont commencé à quitter le fiécle

M 5   que

que penſeront ceux qui y ſont encore attachés?
Ainſi il eſt impoſſible que la Religion de ceux
qui vivent & qui ſont continuellement avec les
ſeculiers ne leur devienne mépriſable , quoique ce jugement des ſeculiers ſoit peu ſolide
& ne mérite pas qu’on y faſſe attention.

113. On ne fait point encore une petite playe
à la dignité Religieuſe dans l’eſprit des ſeculiers
par le gain qui vient, à ce qu’ils croient, de ce
Commerce , meſurant ce profit à l’uſage de
quelques ſeculiers qui nourriſſent & entretiennent leur famille d’un petit nombre de penſionnaires : ils s’imaginent donc que les Religieux
amaſſent des montagnes d’or par une quantité
de penſionnaires beaucoup plus grande, & qui
ne leur manquent point lorſqu’ils en reçoivent. C’eſt ce qui excite l’envie des ſeculiers
& leur mépris ; parce que , de même que la
pauvreté eſt honnorable dans les perſonnes conſacrées à Dieu , comme le Concile d’Aquilée
Epiſt. ad Aug. dans St. Ambroiſe , le dit des
Prêtres ; auſſi ces richeſſes ſur tout lorſqu’elles
viennent du Commerce avec les ſeculiers , rendent mépriſables les Religieux qui les poſſedent,
ou qui ont la reputation de les poſſeder , je ne
parle point preſentement de l’avarice à laquelle
ſont expoſés ceux qui ont ſoin de cet argent,
& je ne veux point paroître ici trop ſevere.

114. Il y a encore dans ces penſions de jeunes ſeculiers un autre inconvenient beaucoup
plus conſiderable que ceux dont nous avons
parlé, quand même il n’arriveroit rien de contraire à la dignité Religieuſe par l’imprudence
& par la mauvaiſe conduite d’aucuns ; Il eſt certain que les jeunes Religieux qu’on a coûtume
d’em-

d'emploier à ces offices par la frequentation continuelle qu'ils ont avec ces seculiers prendront plutôt leurs manieres, que les seculiers ne prendront celles des Religieux. Et parce que la charge de Prefet les oblige de veiller sur la conduite de cette jeuneſſe souvent dereglée, ils voient & ils entendent quelquefois des choses qui renouvellent en eux le souvenir de ce qui leur auroit été plus avantageux de ne jamais rapeller dans leur memoire & d'enſeve-lir dans un éternel oubli. Leurs paſſions qui ne ſont point encore parfaitement detruites ſe reveillent à tout moment, elles ſe fortifient & s'augmentent par l'uſage, au lieu qu'elles auroient pû s'éteindre & s'affoiblir hors des occaſions. Ce qui paroìt ſenſiblement en de certaines paſſions comme ſont principalement la colere & l'orgueil qui ont toûjours été atta-chées à l'office des maìtres qui ſont chargés de l'education de la jeuneſſe, & qui leurs ſont comme naturelles & inſeparables. Cés Religieux ne ſont plus ſous les yeux de leur premier Superieur qui auroit pû par ſa vigilance, & par ſa prudence contenir ces jeunes Maìtres dans tous les devoirs de la Religion & les a-vancer dans la pieté, & n'eſt ce pas là les bleſſer, comme on bleſſe les raiſins qui ſont encore en fleur ſuivant l'expreſſion de Job & l'explication de St. Gregoire, 12. *Moral. c.* 25. De plus l'éloignement de la compagnie des anciens & de la Congregation, où il y a toûjours de bons exemples qui excitent à toute ſorte de vertu, fait qu'ils ſe relâchent beaucoup de leur premiere ferveur. C'eſt de là que vient le relachement de la diſcipline dans les petites

Mai-

Maisons où par exemple, il n'y a que six Moines, car dans la premiére addition aux Capitulaires *Tit.* 44. il est deffendu d'être moins de six dans les Monastéres.   Je dis donc que l'expérience nous aprend, que le petit nombre de Moines qui sont dans une Maison produit le relachement dont se plaint Hugues de Folliet, *Liv.* 2. *de clauf. anima c.* 2. Et nous lisons que dans l'assemblée des Abbés qui fut tenue à Aix la Chapelle pour la reformatien *Tit.* 44. il fut reglé que tous les Monastéres, où il ne pourroit y avoir douze Moines feroient abandonnés, de peur que la difcipline monaftique ne fe perdit à caufe du petit nombre.   C'eft pour cela que St. Bernard *Epift.* 153. apelle ces Monaftéres où il y a peu des Moines, les Sinagogues de Satan, parce qu'il voioit que la difcipline y étoit renverfée.   Cet inconvenient a ici d'autant plus de force que non feulement c'eft un petit nombre de jeunes Religieux qui vivent enfembles, mais même qui font mêlés parmi des jeunes feculiers.   Il eft bien dangereux de demeurer au milieu d'un peuple dont les levres font impures, comme la glofe *Ifai.* 6. & plufieurs Auteurs le font voir.   Et ne feroit ce pas un grand mal quand il n'y auroit que celui-ci que nôtre repos foit troublé parce que nous vivons avec des perfonnes qui n'ont jamais de repos, ce font les paroles de Salvien, *Liv.* 2. *ad Eccl.*

115. Voici une autre très bonne raifon contre cette pratique des Religieux que nous avons déja touchée legérement & que nous allons apuier & éclaircir par l'autorité de St. Bafile & de St. Anfelme qui font d'infignes maîtres de la
vie

vie Monaſtique St. Baſile parle divinement ſur
cette matiere *q. 6. fuſ.* entre autres choſes voici
ce qu'il dit : Rien n'eſt plus propre pour arrêter l'agitation de l'eſprit & pour empêcher qu'il
ne s'égare dans des penſées vaines & inutiles
que de vivre retiré, & ſeparé de ceux qui mé-
nent une vie commune & mondaine. Salomon
nous aprend auſſi qu'il eſt pernicieux de demeurer avec ceux qui mépriſent la parfaite
obſervance des commandemens du Seigneur ;
Ne ſoiez point, dit-il , ami d'un homme colere, ne demeurez point avec un homme furieux
& emporté de peur que vous n'apreniez ſes
voies : Et que vous n'engagiez vôtre ame dans
ſes filets. Sortez , dit-il encore , du milieu
d'eux & vous en ſeparez.   C'eſt pourquoi pour
éviter ce qui peut porter nos yeux & nos oreilles au péché, afin que nous ne nous y acoû-
tumions point imprudemment, & que les funeſtes
& mortelles impreſſions de ce que nous aurons
vû, ou entendu ne demeurent point gravées
dans nôtre ame, & enfin pour la tenir atten-
tive à ſon devoir il faut avant toute choſe chercher une demeure ſeparée des autres, & nous
pourrons ainſi détruire les mauvaiſes habitudes
de nôtre vie paſſée qui étoit contraire aux
preceptes de Jeſus-Chriſt. Or il faut beaucoup de travail pour detruire ces habitudes,
car celles qui ſont inveterées ſont ordinairement auſſi fortes que la nature. Nous pourrons auſſi dans cette retraite effacer les anciennes tâches de nos pêchez par une priere
continuelle & par l'obſervation continuelle des
ordres de Dieu , au contraire nous ne pourrons jamais détruire ces habitudes ſi nous avons
toû-

toûjours autour de nous beaucoup de chofes
qui donnent des diftractions à nôtre efprit
& qui l'engage dans la multiplicité des affaires
de cette vie.

Nous trouvons le jugement que St. Anfelme
porte fur ce fujet, au Chapître 187. *Similit* 4.
De même, dit-il que le Hibou lorfqu'il eft dans fa
Caverne fe réjouït avec les petits & qu'il fe trouve bien & qu'au contruire lorfqu'il fe rencontre
parmi les corbeaux & les corneilles ou d'autres
oifeaux il eft pourfuivi, dechiré & maltraité
parce que l'un lui donne un coup de bec, l'autre le bat avec fes ailes, l'autre le déchire &
le bleffe avec fes griffes. Auffi il m'arrive la
même chofe. Car tant que je puis converfer
avec les Moines qui font mes enfans je me
trouve bien & je goute dans cette vie une
finguliere confolation : Mais quand je fuis
feparé d'eux & que je converfe avec les feculiers, je fuis affiegé & déchiré de mille objets, & je fuis tourmenté des affaires du fiécle que je n'aime point. Je ne me trouve
donc point bien lorfque je fuis en cet état &
je crains beaucoup la perte de mon ame.

116. Toutes ces raifons & d'autres femblar-
bles ont porté les Superieurs zelez pour l'ob-
fervance Religieufe, lorfque les circonftances
l'ont permis, à abolir ces Maifons de penfionnaires qu'ils ont toûjours confiderées comme un grand poids & le profit qui en revient
comme une grande perte & un grand péché ce
que dit dans une femblable occafion Ifidore
de Peloufe *L.* 5. *Epift.* 142. Jamais on n'a
mis cette affaire en deliberation qu'à l'exception de quelques-uns intereffez & attirez

par

par l'odeur du gain, la plus grande partie
n'ait été d'avis qu'on fit en sorte d'abolir cet
empêchement & cet obstacle à la vie Religieuse. Et il est marqué dans de certains
actes de l'année 1639. qu'on mit en deliberation si on ôteroit une Maison de pensionnaires qui étoit à charge à la Maison principale à laquelle elle étoit unie, que tous excepté un seul furent d'avis qu'on ne devoit
point ôter cette maison mais la conserver, &
il est ajoûté par une licence poëtique qu'ils
étoient tous de cet avis *en étranglant la verité.*

SECTION IX.

*On examine en particulier la cause des Reli-
gieux Apotiquaires qui negotient.*

VOici un autre exemple de la troisiéme sorte de Commerce, & nous allons examiner s'il est honnête & bienséant aux Religieux
de l'exercer. Nous avons raporté à ce sujet dans la
Section troisiéme en la sixiéme raison l'exemple
d'Apollonius qui fut apellé Marchand. Il y en
a qui alleguent contre ce Commerce, un nouveau Décret du souverain Pontife, mais parce
que ce Décret est resté au delà des Alpes &
que nous n'en avons rien de certain, nous ne
nous servirons point de ce nouveau droit qui
nous est inconnu, mais nous agirons par une
autre voie contre ce commerce.

117. Assurement si en ce temps il n'y avoit
point d'Apoticaires Religieux que comme A-

pol-

pollonius l'étoit autrefois, il n'y auroit pas lieu de douter de l'honnêteté & de la sainteté de ce commerce : & les Religieux Apoticaires ont dans cet homme un excellent exemple de la perfection Chrétienne, qu'ils peuvent fuivre & imiter. J'avoue que cet Apollonius n'étoit point Moine, puifqu'il retenoit le libre domaine de fes biens comme il paroît par l'achat qu'il faifoit des remedes & des autres chofes néceffaires pour le foulagement des malades. Or le fouverain Pontife même, comme dit Innocent 3. *cum ad Monaft.* ne pourroit accorder l'état Religieux avec le libre domaine de fon bien : Ainfi ce qu'on dit qu'Apollonius avoit renoncé au fiécle doit s'entendre qu'il ne fe mettoit point en peine d'augmenter fes revenus & fes biens domeftiques, mais que tout ce qu'il avoit il le diftribuoit & l'emploioit à de faints ufages. Je le propofe donc comme l'exemple des Apoticaires Religieux, parce qu'il ne retiroit aucun profit ni aucun gain de l'achat qu'il faifoit des remedes & des drogues, il les fourniffoit gratuitement & il ne les preparoit que pour les Religieux de l'un & de l'autre Sexe, qui étoient plus de trois mille dans ce défert beaucoup éloigné du fecours de tout Apoticaire, & qui auroient été expofés à beaucoup de maladies, & même fouvent en danger de la vie, s'ils n'avoient eu le fecours de cet homme charitable, ce qui étoit digne de toute loüange. A la verité les Religieux malades peuvent avec loüange refufer l'ufage des remedes, comme St. Chrifoftome, *hom.* 14. *in* 1. *ad Timoth.* écrit que les anciens Moines faifoient, nous avons auffi dans

les

les actes de St. Euphraxie *c.* 9. que cela s'ob-
servoit dans un certain Monastére de Religieuses. L'Auteur de la vie de St. Fulgence *c.* 30. dit
de lui la même chose, ce que S. Gregoire de
Nisse dit aussi de la sœur St. Macrine dans l'o-
raison qu'il en a faite, où il parle de son St.
Corps. St. Macaire aprouve cette pratique
Hom. 48. aussibien que Diadochius *L. de perf.*
Spir. c. 53. S. Bernard *Epist.* 321. S. Ephrem,
Tom. 1. *Trac. de fide.* Surquoi Vossius raporte
beaucoup de choses, ce que je veux bien presentement admettre sans autre examen. Néanmoins il est certain que les Religieux malades
si la necessité le permet, peuvent bien se servir
de remedes, comme St. Basile le soutient *q.*
ult. sus. C'est pourquoi ceux qui les fournissent
aux Religieux malades sur tout gratuitement &
par pure charité comme faisoit Apollonius sont
dignes de toute sorte d'estime & de recomman-
dation.

118. On ne peut pas dire tout à fait la même chose des Religieux Apoticaires Marchands
dont nous parlons ici. Je dis tout à fait, parce que d'un côté leur travail est louable en
tant qu'ils assistent ceux de la Maison, pourvû
qu'ils le fassent avec une grande charité & avec
toute sorte de soins & de diligence. L'Auteur
qu'on a crû être St Aug. *Ser.* 1. *ad frat. in*
Erem. veut qu'on traite ainsi les Religieux malades. Et St. Basile est du même sentiment
Reg. 160 *brev.* lorsqu'il dit qu'on doit leur
servir comme à nôtre Seigneur : ce que St.
Benoît *Reg.* 36. *aliàs* 45. confirme par ces
paroles de Jesus-Christ, Matth. 25. *j'étois in-*
firme &c. concluant de là qu'il faut avant toute
chose & sur toute chose avoir soin des Religieux

malades. Turrecremata *Tract.* 29. fur cet endroit fait voir pourquoi on doit avant toute chofe affifter les infirmes, il en donne la raifon de ce que la mifere des malades eft beaucoup plus grande que celle de ceux qui font en fanté qui ont quelque affliction ou quelque incommodité, deplus les Religieux malades, n'ont point le pouvoir de fe procurer les foulagemens neceffaires aiant renoncé à leurs biens & n'étant plus maitres d'eux mêmes. Tous les faints Fondateurs ont recommandé foigneufement cet article foit afin d'exercer la charité, foit afin de remplir le devoir d'une providence paternelle, ou enfin pour empêcher la ruine de la pauvreté, par la proprieté qui vient ordinairement de cette fource, comme Caffien le remarque *l.* 7. *c.* 7. Ribadeneira *l.* 5. *c.* 8. écrit des chofes admirables fur cela de St. Ignace. La maladie n'eft donc pas feulement au malade une occafion de pratiquer la vertu, comme dit St. Ambroife *in Pfal.* 36. mais auffi à ceux qui les affiftent & qui leur donnent du fecours, tels que font les Apoticaires qui doivent autant que leur inftitut le permet exercer la charité envers tout le monde; mais fur tout envers les domeftiques de la Foi. C'étoit là fans doute la premiere intention de ceux qui ont établi des Religieux Apoticaires dans les Monaftéres. Car les Religieux malades ont ainfi plus facilement & fans beaucoup de dépenfe, ce qui peut les foulager & les fecourir dans leurs befoins, principalement lorfque l'Apoticaire Religieux, fe porte avec une grande charité à une œuvre auffi fainte & auffi loüable qu'eft celle d'affifter les ferviteurs de Dieu, ce que faifoit Apollonius comme nous l'avons vû. Quant à cela on

peut

peut dire que la conduite d'Apollonius & celle de ces Religieux est semblable.

119. Mais lorsque ces Religieux Apoticaires outre cette premiere fin pour laquelle ils ont été établis dans les Monastéres, portent plus loin leur enploi, j'ai dit que leur conduite est differente, de celle d'Apollonius & que c'est une autre question. Ces Religieux servent les étrangers & les personnes de dehors & généralement tous ceux qu'ils peuvent, c'est pourquoi il leur faut beaucoup de remedes dont la preparation & la composition leur donne de grandes distractions, troublent leur avancement spirituel & leurs saints exercices & leur causent de grands dommages, car pour avoir ce qu'il faut pour faire cette grande quantité de remedes, ils sont obligés d'aller dans les grandes villes, par exemple à cinquante lieuës avec de grandes depenses, ce qui augmente le prix des remedes. De semblables courses sont sujettes à de grands inconveniens & dans la route & dans les hôtelleries, d'où il auroit été à propos de s'éloigner. St. Gregoire de Nisse donne cet avertissement & desaprouve les voyages des Religieux. *Epist. de Peregr. Hierosol.* Cet inconvenient ne touchoit point Apollonius qui étoit seculier & qui ne servoit que les Religieux, & cela dans un désert où il n'y avoit point d'autres Apoticaires dont on pût avoir du secours. Au contraire aujourd'hui les Religieux Apoticaires sont dans les grandes villes, où il y a quantité d'Apoticaires & de Chirurgiens, qui sont toûjours préts à servir les malades, lorsqu'on les avertit & qui exercent ce commerce, c'est aussi sans necessité qu'ils en-

tre-

treprennent de traiter non seulement les hommes mais auſſi les femmes, étant obligés de s'informer de pluſieurs choſes qui arrivent ordinairement à ce Sexe, s'ils veulent les traiter utilement & ſans danger. Il n'eſt point ſéant à un Religieux de faire ces queſtions & une femme qui a de la pudeur ne peut ſans rougir répondre à un Religieux qui lui fait cette demande. Il eſt neceſſaire à ceux qui exercent la medecine de toucher les femmes, par exemple pour examiner le poux, où pour voir ſi un ulcere eſt en maturité, ou pour faire la ſaignée. Or ces Religieux ſe mélent de tout cela avec la pharmacie ; car ordinairement ils ſavent auſſi la Chirurgie, je n'examine point preſentement ſi cela s'accorde avec les Canons de l'Egliſe qui défendent aux Religieux de faire la ſaignée, mais je dis qu'il eſt dangereux qu'un Religieux touche ainſi les femmes, ce que n'ignorent point ceux qu'on dit qu'ils ont experimenté le feu des paſſions qui s'eſt allumé par là. J'arrête ma plume qui tombe dans un vilain bourbier & j'aime mieux condamner qu'exprimer ce que je voudrois n'être jamais arrivé Il ſera encore bien plus difficile à cet Apoticaire qui ſera de ſa tête des ordonnances pour ces femmes ſans neceſſité & parce qu'il le veut bien, de détourner ſa vuë pour ne point regarder le viſage d'une femme ſuivant l'avertiſſement de l'Ecriture, bien loin delà ſi on juge de ſes diſpoſitions interieures il contentera & raſſaſiera ſes yeux, ces regards comme dit St. Baſile l. de *virginitate* ne ſont point differens du toucher ni moins dangereux. Iſidore de Pelouſe, *L. 2. Epiſt.* 278. & 284. defend auſſi

très

ı: très fortement de regarder le corps d'une femme.

120. Celui qui verra ces choses en paſſant ı rira avec nous de la providence d'un certain ı de la race des Marſes & des Phylles qui uſent ı impunement de toute ſorte de poiſon. Il a-ı voit entendu parler de la plainte que les gens ı de bien zelez pour la pureté de l'inſtitut fai-ı ſoient contre les Religieux Apoticaires qui trai-ı toient les étrangers & mêmes les femmes, c'eſt pourquoi il ordonna que l'Apoticaire de ſa maiſon n'aſſiſteroit plus les perſonnes de de-hors & qu'il ne vendroit plus ſes remedes qu'aux Religieuſes, quoique ces Religieuſes fuſſent dans la ville & qu'il y eut d'habiles Apoti-caires ſeculiers qui pouvoient les ſervir & qui le ſouhaittoient. Nous avons ri de cette précau-tion qui a tous les inconveniens dont nous a-vons parlé & dont nous parlerons dans la ſuite, permettant la frequentation des Religieuſes & la liberté de negotier avec elles ce qu'on devoit particulierement éviter ſans une grande neceſſi-té. Les plus grands maîtres de la vie Mona-ſtique ont enſeigné qu'un Religieux doit plus éviter la converſation des Religieuſes que d'au-cunes autres femmes. Vous pouvez voir ſur cela entre autres St. Macaire, *Epiſt. ad Monach.* St. Baſile *Conſt· Monaſt. c. 4.* Nilus *l. de oct. vi-tioſis cogit. c. de formæ.* & encore *c. de ſuperb.* Le Prêtre Iſaac *l. de mundi contemp. c. 46.* S. Bernard *Serm. 68. de modo bene vivendi.* St. Bonaventure *de inſt. novit. p. 1. c. 39.* & Can-tepré *l. 2. apum c. 30. n. 46.* Au reſte Apol-lonius qui exerçoit la medecine à l'égard des Religieuſes ne met point à couvert les Reli-gieux Apoticaires dont nous avons parlé, car

il n'étoit point Moine mais seculier, comme
j'ai dit & il assistoit les Religieuses malades,
parce qu'il n'y avoit là personne qui pût leur
donner des remedes , & qu'elles étoient dans
une retraite éloignée de tout secours.

121. Nous ne remarquons plus ici la Charité d'Apollonius qui donne ses soins , & ses remedes gratuitement , & qui ne cherche point
ses propres interêts. Et quoique ces Apotiquaires vendent quelquefois à meilleur marché
que les Apoticaires seculiers , il est pourtant
vrai qu'ils vendent. Souvent aussi & même
toutes les fois qu'ils peuvent , ils font voir par
leurs actions qu'ils ne sont point liés par la Regle de St. Benoît qui ordonne que les ouvrages
soient vendus à un plus bas prix qu'ils ne le seroient par les seculiers ; Souvent dis-je on a remarqué qu'ils vendent plus cher , & ce n'est
point une petite preuve qu'ils sont conduits par
l'avarice. Il arrive aussi que donnant leur remedes à ceux de la maison & les assistant gratuitement ils les servent avec plus de lenteur &
moins de bon cœur qu'ils ne servent les seculiers & ceux de dehors qui ont dequoi les paier,
c'est une marque évidente de l'avarice insatiable qui s'est emparée du cœur de ces Apoticaires. Je ne prétend point dire qu'un tel Religieux veuille faire sa bourse au prejudice de son
vœux de pauvreté. Car quoique la pauvreté
ne soit point offensée néanmoins en cette occasion il tombe dans le piege de l'avarice en voulant se rendre utile à son Monastére & c'est
pour cela qu'il s'aplique fortement au travail
& qu'il tache de vendre beaucoup ; & par ce
moyen il tombe dans le precipice de l'orgueil &

de

L de la vaine gloire qui naiſſent delà au malheur
certain & à la ruine de l'ouvrier, de ſorte que S.
Benoît *c.* 57. *Reg. alias* 64. veut qu'on retire
les ouvriers de leurs travail & de leur vacation,
s'ils ſont enflés du vent de la vaine gloire à cauſe de l'utilité qu'ils aportent au Monaſtére. Et
il prefere le ſalut de ſon frere en gardant l'humilité, à l'avantage temporel qui reviendroit au
Monaſtére de ſon travail. Ceux la ſont donc
bien éloignés de l'eſprit de St. Benoît & de ſa
précaution Religieuſe qui ne craignent point
pour un petit profit de fournir aux Religieux
imprudens des occaſions d'orgueil ou d'avarice,
ou qui n'éloignent point celles qui ſe preſentent,
Je ne voi point ce qu'il peut y avoir de plus
indigne & de plus hors de ſaiſon que de donner
à un Religieux dans une Religion qui fait profeſſion d'être ſeparée du ſiécle des occaſions
d'avarice & d'orgueil & leur faire une planche
& un pont pour franchir le foſſé de la Religion, c'eſt la comparaiſon que donne Guillaume de Paris, *L. de Morib. c.* 9. Il ſeroit inutile de parler de la diſſipation d'eſprit & de la
diſtraction, que cauſe ce Commerce, parce que
cela eſt propre à toute ſorte de Commerce &
il eſt aiſé de voir que le ſoin de chercher toutes
les choſes qui ſont néceſſaires pour faire tant de
remedes, pour rendre la boutique complete &
afin que rien n'y manque, la peine & le travail de la compoſition & enfin le ſoin d'en a-
voir du debit, n'eſt point compatible avec le
recueillement qui eſt bien ſeant à un Religieux
& ne le diſpoſe point à traiter avec Dieu d'une
maniére degagée ce qui eſt la ſeule choſe né-
çeſſaire ſuivant l'oracle de Jeſus-Chriſt.

N 4

122.

122. Voici à peu près comme St. Bernard s'explique fur ce fujet. Dans l'Epître 67. parlant d'un certain Moine, qui étoit forti du Monaftére de Flavigni, il raporte que lorfqu'on lui demanda pourquoi il étoit forti il répondit; J'étois à mon Abbé non point comme un Moine, mais comme un Medecin. Il m'obligeoit de fervir ou plutôt lui même il fervoit par mon moyen le fiécle au lieu de fervir Dieu, m'obligeant, pour ne point encourrir la difgrace des grands, de traiter des tirans, des ravifleurs, des excommuniez. Lui aiant declaré & en particulier & publiquement le danger auquel mon ame étoit expofée fans y rien gagner; ayant enfin pris l'avis de quelques perfonnes fages, je fui ma damnation & non pas la congregation, ma perte & non la Religion. Aidez celui qui cherche fon falut, ouvrez à celui qui frape. S. Bernard ajoûte, nous avons vû fa conftance, nous avons écouté fa caufe, nous n'avons reçu aucune accufation contre lui, nous lui avons accordé l'entrée, nous l'avons éprouvé après l'avoir admis, & après l'avoir éprouvé nous l'avons engagé, & nous le gardons après fa profeffion. Et le même S. Bernard dit encore *Epift*. 68. Vous niez ce que nous avions entendu dire de vous, que ce fût par vôtre ordre & de vôtre confentement que ce frere fervoit les feculiers, lorfqu'il étoit chez vous, & vous l'accufez de menfonge d'avoir dit cela. S'il a menti nous n'en favons rien c'eft à lui à le voir, mais nous favons que foit par lui comme vous l'avouez, foit par vous comme il le dit, qu'il ait fait cela, il étoit cependant dans un grand peril. Qui feroit fi inhumain

humain que de refuſer du ſecours à une perſonne qui eſt ainſi en danger & de ne le point aſſiſter s'il le connoiſſoit? Voila ce que S. Bernard penſe des Moines qui exercent la Medecine & il traite là préciſement de ce Commerce, quoiqu'il ajoûte enſuite quelque choſe touchant ce que ce Moine diſoit qu'il avoit exercé cette profeſſion par l'ordre de ſon Abbé.

123. Nous avons ſur cela un autre argument que je propoſerai ſans en marquer la force, la laiſſant au jugement de nos adverſaires. Cet argument ſe prend du ſcandale des Apoticaires ſeculiers qui ne peuvent ſouffrir qu'on aille ſur leur ouvrage & quelquefois ſe ſont pourvus devant les juges pour conſerver autant qu'ils pouvoient leurs interêts Il leur paroît ſurprenant & ils ſe plaignent avec indignation, de ce qu'y aiant tant d'autres ſortes de Commerces que les Religieux pourroient facilement exercer, ils ne ſont portés que pour celui de compoſer & de vendre des medicamens. Ils ne font point par exemple de draps, ni de toile pour trafiquer, quoiqu'ils y en aient parmi eux qui pourroient bien le faire. Il ont des ferruriers, & de menuiſiers, & néanmoins ils ne vendent point de fer travaillé, ils ne font point de coffres, de tables, & d'autres meubles de bois pour en faire Commerce, la Pharmacie eſt elle preferée aux autres profeſſions par mortification à cauſe de l'amertume des medecines & de la puanteur des huiles? Eſt elle plus neceſſaire? ou plutôt n'eſt ce pas parce qu'elle aporte plus de profit.

Je veux bien que ceux qui font ce Commerce & qui ſont intereſſés diront que ce

N 5

n'eſt

n'eſt qu'un ſcandale paſſif & que par conſequent, on ne doit point s'en mettre en peine,
ſuivant la doctrine de St. Thomas *c. 2. p. 43.
art. 7.* Car le Religieux Apoticaire ou le Couvent jouïſſent de leur droit que les Apoticaires Seculiers veulent injuſtement empêcher.
Quoiqu'on doive donc les avertir que le Religieux Apoticaire negotie pour le profit du
Couvent ſans leur faire d'injuſtice. Cependant
s'ils s'opiniatrent à vouloir attaquer les droits du
couvent & s'ils ſe ſcandaliſent de ce qu'on né
ceſſe point ce Commerce, c'eſt un ſcandale
Phariſaique & qui vient de pure malice qu'on
doit negliger à l'exemple de Jeſus-Chriſt qui a
declaré qu'il ne falloit point ſe mettre en peine
du ſcandale des Phariſiens.

J'entens bien à la verité ce qu'on dit: mais
je voudrois bien ſavoir ſi St. Paul enſeignoit
à ceux dont il parle dans ſon Epître aux Romains *c. 14.* qui avoient mangé des viandes
communes, qu'aucun precepte divin ne défendoit & deſquelles par conſequent il étoit
permis de manger, s'il leur enſeignoit dis-je
d'avertir les foibles & les infirmes qui en prenoient du ſcandale; & s'ils ne ſe rendoient
point à leur doctrine, ou s'ils n'avoient point
aſſez de penetration pour comprendre qu'il é-
toit permis de manger de toutes les viandes pu-
rifiées & ſanctifiées par Jeſus-Chriſt, les avertit il de negliger ce ſcandale injuſte & ſans fondement? Non aſſurement, au contraire l'Apôtre
en ce même endroit exhorte fortement le Chrétien qui étoit converti des gentils, de compatir
à l'infirmité du frere qui s'étoit converti du Ju-
daïſme, qui ſe ſcandaliſoit de cette liberté de
man-

manger de ces viandes ; Et il l'oblige de s'en
abſtenir s'il veut conſerver la Charité, c'eſt-
à-dire s'il ne veut point rompre la Charité.
L'Apôtre étoit donc du ſentiment que de manger des viandes communes qui étoient permiſes à chacun, c'étoit faire contre la Charité,
lorſqu'à cette occaſion le frere pour lequel Jeſus-Chriſt étoit mort, pouvoit ſe perdre. Il
enſeigne encore qu'il ſuivoit de là qu'on blaſ-
phemoit la liberté Chrétienne, qui negligeoit
l'abſtinence de certaines viandes deffenduës par
les Ceremonies legales, n'étant point juſte pour
une choſe de ſi peu de conſéquence, qui ne
regardoit point l'acquiſition du Roiaume des
Cieux, de rejetter le ſalut d'un frere, de negliger la bonne reputation de l'Egliſe Chrétienne, & d'offencer les foibles par ce moien en
mangeant de ces ſortes de viandes. L'Apôtre
conclud cherchons donc, ce qui peut procurer
la païx & obſervons ce qui contribue à l'édification les uns des autres; Ne detruiſez point à
cauſe de la viande l'ouvrage de Dieu, à la verité tout eſt pur mais il y a du mal pour celui
qui en mange avec ſcandalé: C'eſt-à-dire pour
celui qui mange d'une choſe bonne & qui n'eſt
point deffenduë, & qui en mange en offen-
çant ſon prochain & en déshonnorant le nom
Chrétien.

124. Il ſemble que le raiſonnement de l'A-
pôtre ait ici la même force, car quoique nous
voulions bien accorder que ni le droit Eccleſiaſtique, ni le droit naturel ne défendent point
au Religieux Apoticaire de faire Commerce
de ſes Medicamens même avec ceux de dehors,
toutefois on ne peut nier que les Apoticaires
ſe-

feculiers ne foient auffi incapables de comprendre ce droit pretendu que ces foibles Chrétiens qui s'étoient convertis du Judaïfme l'étoient pour comprendre le droit des nouveaux Chrétiens Gentils de manger des viandes communes. De même que l'amour de leur ancien ufage & l'affection pour la loi de Moïfe dans laquelle ils avoient été élevés dès leur enfance, les aveugloit, auffi l'Apoticaire feculier eft aveuglé par l'amour de fa famille, les Religieux Apoticaires les privant du gain & du profit qu'ils efpereroient tirer de leur travail, & ce qui les entretient dans cet aveuglement c'eft qu'ils ne voient point affez clairement que les loix Ecclefiaftiques permettent ce Commerce aux Religieux, & c'eft ce qui fait qu'ils ne peuvent comprendre pourquoi les Religieux s'abftiennent de faire les ouvrages de toutes les autres profeffions & qu'ils ne s'apliquent qu'à faire des medicamens pour les vendre, ce qui les empêche encore davantage de voir, c'eft qu'ils remarquent qu'il y a très peu de Religieux emploiés à ce Commerce & il leur paroît que, la plus grande partie ne s'en mêlant point, ceux qui s'en mêlent font une chofe mauvaife & indecente. C'eft pourquoi ils fe fervent contre eux de ces paroles de Seneque *L. 3. de Benef. c.* 17 Vous avez declaré que l'argent étoit méprifable, vous avez fait profeffion de le hair, vous avez entrepris de faire ce perfonnage il le faut faire, ce feroit une grande injuftice d'amaffer des richeffes & de prétendre avoir la gloire de la pauvreté. Voila ce qui offenfe & qui fcandalife les Apoticaires feculiers qui ont l'efprit foible & infirme. On peut
voir

voir si cela est de moindre importance que ce que St. Paul dit contre le scandale qu'on donnoit aux Neophites Hebreux en mangeant des viandes dont nous avons parlé. Je ne veux rien definir là-dessus ; il semble pourtant qu'il n'y a pas beaucoup de difference & on ne peut guere raporter d'exemple qui reponde mieux à celui que l'Apôtre ordonne avec soin & par un motif de Charité. Que si cela est ainsi on peut donc conclure évidemment & fortement que le Commerce du Religieux Apoticaire est contre la charité du prochain & qu'on doit l'éviter. C'est la conclusion que l'Apôtre a tirée pour empêcher qu'on n'offençât les foibles. L'Abbé juste dans le Sermon aux Abbés contre la decandence de son ordre, s'est aussi servi de cet argument contre le Commerce des Religieux de Citeaux, raportant deux & trois fois entre autres choses que ce Commerce étoit la cause du relâchement.

125. En gardant la même proportion on pourroit se servir de l'autre argument qui est que par ce gain & par ces profits dangereux, on deshonnore le nom Religieux, dont il étoit à propos de conserver l'honneur. Il est vrai que si on le neglige on n'agit point contre la charité, mais contre la justice en attaquant la reputation de l'ordre Religieux, à quoi ni un Religieux, ni une Communauté, ni même tout un Ordre ne peut renoncer, car ce n'est point le droit en particulier ou d'un seul Religieux, ou d'une seule Communauté ou d'un seul Ordre, mais de toutes les Religions, de même que le droit qui est violé par l'adultere de l'un

des

des conjoints eſt tel que la partie offencée, par exemple un mari, n'y peut renoncer quelque complaiſance qu'il ait pour ſa femme, parce que ce droit eſt le droit de tous les maris dont l'état & le droit qui eſt fondé en cet état, eſt violé par l'adultere. Or que ce droit des autres Ordres Religieux annexé à celui d'un Religieux ou d'un Ordre particulier, ſoit violé par ce Commerce du Religieux Apoticaire, on le peut faire voir, parce que ceux qui en murmurent étendent ordinairement leurs plaintes à tout le corps de l'Ordre des Religieux & déchirent la reputation de tout ce corps. Comme St. Auguſtin. *Conc. 2. in Pſ. 30. ad v. 14.* remarque que les ennemis des Chrétiens, lorſqu'ils voioient quelqu'un qui étoit tombé en quelque faute, ils avoient coûtume de lancer les traits de leur médiſance, non ſeulement contre celui qui avoit commis la faute ou contre ceux de la même profeſſion, mais contre tout le nom Chrétien. Quel mal, dit-il, ne diſent ils pas des mauvais Chrétiens, ce qui va juſques aux autres? Car celui qui medit, ou qui accuſe les Chrétiens, dit-il, Ceux qui font cela ſont les mauvais Chrétiens? Ne dit il pas plûtôt, voilà ce que font les Chrétiens? Il ne fait point de difference, point de diſtinction. De même St. Chriſoſtome, *Hom. 7. in Gen.* dit, Rien n'offenſe tant & ne nuit davantage à nôtre Religion & ne donne plus lieu de ſcandale à nos ennemis. Car quand ils voient quelqu'uns des nôtres qui ſe diſtinguent par leurs vertus & qui mépriſent les affaires & les ſoins de cette vie, pluſieurs d'entre eux ſe condamnent eux mêmes, pluſieurs ſont dans

l'ad-

l'admiration & dans l'étonnement qu'étant de
même nature que nous ils ne puissent faire
es mêmes choses.   Mais quand ils voient que
quelqu'un des nôtres est tombé dans quelque
aute considerable aussitôt ils aiguisent leurs
angues contre tous & à cause de la faute
d'un seul ils jugent & ils condamnent toute
la nation des Chrétiens; & ils ne se contentent
point de cela mais aussi ils médisent contre le
Chef des Chrétiens & à cause du pêché du serviteur , ils ôsent blasphemer contre le Seigneur , se persuadant que la cheute des autres
est un voile qui couvre leurs erreurs.   Il dit encore quelque chose de semblable, *Hom.* 3. *ad
pop:* & *Hom.* 3. *in* 1. *Corinth. in morali.* S. Gregoire de Nisse assure la même chose *Orat.* 3. *in
Orat. Dom. ad petit.* St. Gregoire , *Hom.* 17. *in
Evang.* veut qu'on avertisse un Clerc qui se
comporte mal , que sa mauvaise conduite of-
fense la reputation de la Religion Chrétienne , ce qu'il estime être un très grand
mal.

126. L'Abbé Juste s'est servi de cet argument dans le Sermon aux Abbés , sur la decadence de l'Ordre de Cîteaux causée par plusieurs
desordres & particuliérement par le commerce
qu'il reprend jusques à trois fois dans les Moines.   Il parle ainsi au commencement du Sermon.   Quoique ce soit là nôtre gloire, le témoignage de nôtre conscience, néanmoins nôtre lumiere doit luire devant les hommes, afin
qu'ils voient nos bonnes œuvres & qu'ils glorifient leur Pere qui est aux cieux.   Nos œuvres
doivent donc être si pures & si degagées de la
vanité, que celui qui est contre nous , soit
obli-

obligé de se taire & n'ait rien de mal à dire de nous. Nous devons si bien établir dans le Ciel nôtre conversation par raport à nôtre conscience que sur la terre nous fassions taire par nos œuvres l'ignorance des hommes impies, car à cause de nos actions interieures qui sont vues des bons & des mechans, nous sommes aux uns l'odeur de la vie à la vie, & aux autres l'odeur de la mort à la mort. Et à la fin du Sermon, prenons garde, dit-il, à nôtre reputation que nôtre grande liberté met en grand danger. Prenons garde que nous ne fassions blasphemer le nom de Dieu parmi les Nations. Nous ne pourrions sans violer nôtre ordre, amasser des richesses, ambitionner les dignités, exercer les commerces, frequenter les Tribunaux. Et il ajoûte peu après, Supposons que par de telles choses on ne diminue rien de la bonne conscience ce qui est toutefois impossible. Que dirons nous de la reputation ? ne devons nous pas, quand il ne s'agiroit que de cette reputation, ne point faire ces choses ou les interrompre, de peur que nôtre Ordre ne soit point blasphemé parmi les Nations? Nous sommes exposez aux yeux de tout le monde, des Chrétiens, des Juifs, des Paiens, des Domestiques qui parlent de nous. Que faut-il que nous fassions pour ôter le scandale, & afin de donner bon exemple par nôtre bonne reputation ? Nous avons l'exemple de St. Paul, & même de nôtre Seigneur Jesus Christ, que quelquefois il ne faut point faire ce qu'il est permis de faire, & quelquefois qu'il faut faire ce qui n'est point permis, & cela afin d'éviter le scandale. St. Paul avoit la puissance de mener ʒıner avec lui une femme Chrétienne comme les autres Apôtres & les freres du Seigneur & Cephas: mais il ne le voûlut point afin de ne fcandalifer perfonne. Annonçant l'Evangile il avoit la puiſſance de vivre de l'Evangile, mais il ne le voulut point afin de n'être à charge à perfonne. Nôtre Seigneur interrogea Pierre diſant, Simon, de qui le Rois de la terre reçoivent-ils le tribu, de leurs enfans ou des étrangers? Pierre repondit, des étrangers. Jeſus lui dit, les enfans ſont donc libres; mais afin que nous ne les fcandaliſions point, va à la mer & prend le premier Poiſſon qui montera & lui aiant ouvert la bouche tu y trouveras une piece de Monnoye, &l'aiant priſe donnes-la pour moi & pour toi: mais ceux qui cherchent les voyes larges reſiſtent facilement à ces autoritez, à ces exemples & à ces raiſons. C'eſt pourquoi je vous avertis & je vous prie, mes très chers freres, que ſous quelque pretexte que ce ſoit de beſoins, de neceſſitez & d'utilité nous ne retournions point au monde que nous avons quitté. Nous ne pouvons le diſſimuler, car il n'y a rien de caché qui ne ſoit revelé & ſuivant ce proverbe commun, s'il y a quelqu'un qui fait, il y a quelqu'un qui parle. Le bois a des oreilles & la campagne des yeux. Suivons donc avec plus d'aplication que perfonne la voie étroite & glorieuſe dans laquelle nous nous ſommes engagez par nos vœux & par nôtre profeſſion, ne reculons point & ne nous detournons point ni à droit ni à gauche.

127. Ces deux argumens qui ſont fondez ſur le ſcandale du prochain, en parlant metaphiſiquement pourroient paroître foibles, néanmoins

O

ils

ils ne doivent point être de peu d'importance
aux Religieux. Les Sts. Fondateurs par une
raison particuliére de leur institut les excitent
ordinairement & fortement à donner bon exemple, & à faire tout avec édification du prochain. Or cette édification ne consiste pas seulement à faire des œuvres saintes, mais aussi à
éloigner les scandales, en sorte que les autres
n'y puissent tomber que par pure malice & sans
qu'ils aient aucun pretexte d'excuse. Le scandale des Apoticaires seculiers n'est point de cette nature & il n'est point sans fondement,
sur tout s'il est vrai que les Religieux choisis-
sent plûtôt la Pharmacie qu'aucun autre commerce, parce qu'ils y trouvent plus de profit,
ce qui fait le mecontentement & la surprise
des Apoticaires seculiers. On auroit alors lieu
de gemir comme fait l'Abbé Nilus dans son
Apologetique, où après avoir dit que les anciens Religieux de son ordre n'étoient point
portés au Commerce, il ajoûte ces paroles, ils
étoient comme morts à ces passions, ils y étoient
si insensibles qu'ils ne les apercevoient pas même en songe, car les ayant rejettées dès le
commencement de leur conversion ils avoient
acquis de bonnes habitudes par un exercice
continuel, & par la perseverance dans leur bon
propos. Ils étoient sans doute de ces lumieres,
qui luisent dans les tenebres, de ces astres qui
éclairoient la nuit par leur splendeur; il étoient
comme des ports assurez qui presentoient un
azile favorable à tous les hommes contre les
tempêtes des passions. Mais cette maniere de
vivre si exacte & toute celeste a degeneré & s'est
effacée peu à peu comme une image qui par

la

la negligence de l'ouvrier se corromp insensi-
blement, devient toute autre & ne ressemble
plus à son original. Car ceux qui étoient autrefois crucifiés au monde, qui avoient renoncé à cette vie, qui avoient cessé d'être hommes,
& qui après avoir vaincu leur cupidité sembloient être arrivé à la nature des Esprits celestes retournent presentement tout de nouveau aux
affaires de la terre ; ils pervertissent par leurs
occupations peu convenables à leur état, ceux
qui sont fervens & qui vivent bien. Ils pouvoient se distinguer par leur vertu & ils se
sont rendus meprisables par leur negligence &
après avoir mis la main à la charruë conser-
vant un exterieur grave, ils ont regardé der-
rier eux, ils ont embrassé ce qu'ils devoient
oublier & ils n'ont point été propres au Royaume de Dieu. On ne garde plus parmis nous
la frugalité & la simplicité de vie : le repos &
le silence qui nous sont necessaires pour nous
retirer de nos anciennes souillures, ne se trouvent plus. Au contraire la multitude des affaires qui nous detournent de l'aplication à bien vivre, est la seule chose qui est estimée & conside-
rée parmi nous & les saintes pratiques cedent
à la cupidité des choses de la terre. Quoi que
le Seigneur nous exhorte à fuir les inquietudes
de la terre, & à chercher seulement le Royaume des cieux, il semble que nous prenions plaisir de suivre une voie toute contraire, nous ne-
gligeons les commandemens de Dieu & aban-
donnant le soin de nôtre salut, nous mettons
toute nôtre esperance dans nos mains. Le même Seigneur nous dit, Regardez les Oiseaux
du Ciel ils ne sement point, ils ne moissonnent

 point,

point, ils n'amaſſent point dans leur grenier & vôtre Pare les nourrit. Regardez les lis des champs, ils ne travaillent point & ils ne filent point. Il nous ordonne de ne prendre ni ſac ni poche, mais de mettre toute nôtre confiance dans les promeſſes veritables qu'il a faites à ſes Diſciples, lors qu'il les envoioit rendre ſervice aux hommes, il dit, l'Ouvrier eſt digne de ſa nourriture, ce qui eſt plus ſeur pour obtenir nos beſoins que toutes nos inquietudes & tous nos ſoins. Mais nous n'avons pû demeurer dans cette moderation, nous avons fait en ſorte de poſſeder le plus de terre que nous pouvions, nous avons acheté des troupeaux de Moutons, des Bœufs pour labourer, les plus beaux & les plus grands, des Anes gras ; nous avons voulu avoir des champs pour avoir des fruits abondamment, des bœufs pour faire l'agriculture & des bêtes de charge pour nous apporter ce qui vient des Païs étrangers, non ſeulement ce qui eſt neceſſaire à la vie, mais auſſi ce qui contribue au plaiſir, ne choiſiſſons nous pas encore les mêtiers qui nous peuvent aporter plus de gain, qui demandent plus de temps, & qui n'en laiſſent point pour penſer à Dieu? Les bons Religieux qui entrent dans les ſentimens de S. Nilus, peuvent ſe plaindre de la même maniere de ce qu'on a introduit dans l'état Religieux, les affaires temporelles & le commerce pour tirer du gain des ouvrages, au préjudice des Seculiers qui s'en plaignent & qui s'en ſcandaliſent, ce que S. Nilus n'a point paſſé ſous ſilence.

128 Quoi qu'il en ſoit de ces deux dernieres raiſons & des autres precedentes, Dieu a fait voir par un juſte jugement qu'il ne lui étoit
point

point agréable que fa maifon fût une maifon de commerce. Le premier, qui attiré par l'appas du gain a introduit dans une communauté Religieufe le commerce de Pharmacie, fans que ceux qui devoient y refifter s'y foient oppofez, s'est porté par ce gain, en vifitant les femmes malades & en tatant le poux, à de plus grandes extremitez, & on a eu en lui une preuve de ce que dit St. Pierre Damien *opufc.* 12. *c.* 21. touchant les Religieux marchands, qui fait voir par le Prophete où ils en vienent étant rejettez de Dieu, le paffage est un peu long, mais l'utilité recompenfera la longueur Sous la figure de Babylone, Dieu dit par le Prophete à l'ame reprouvée, & qui ne refpire qu'après les affaires du fiécle. *Defcendez, affeiez vous dans la pouffiere Vierge fille de Babylone, affeiez vous à terre, il n'y a point de Trone pour la fille des Chaldéens;* en cet endroit l'ame est appellée *Vierge,* ne voulant point dire comme je croi qu'elle est fans corruption, mais qu'elle est fterile; & parce que Babylone fignifie confufion, c'est avec raifon que l'ame fterile est appellée *fille de Babylone,* qui ne produifant aucunes bonnes œuvres, & n'aiant point une conduite bien reglée, est engendrée de la confufion & en est la fille. Que fi par le mot de vierge on n'entend point qu'elle foit fterile, mais qu'elle foit fans corruption, c'est qu'ayant perdu l'état de falut, pour la remplir davantage de confufion, on lui donne le nom de ce qu'elle a été. La parole Divine la reprend fort à propos lui difant, *defcendez*: car l'efprit est élevé lors qu'il afpire aux recompenfes d'en haut, mais

il defcend de cet état, lorfque fe laiffant vaincre honteufement, il fe foumet aux defirs de
ce bas monde. Il eft encore ajoûté, *affeyez*
vous dans la pouffiere. En defcendant elle
demeure dans la pouffiere, car elle laiffe les
chofes celeftes & demeure par fes penfées terreftres dans la baffeffe & le deshonneur, c'eft
pourquoi il ajoûte par une jufte confequence, *il n'y a point de Trone pour la fille des Chal-*
déens; Chaldéens fignifie farouches. Ils font très
farouches, car fuivant leur propres volontez,
ils n'ont point de moderation dans leur conduite. Les defirs de la terre font farouches
ils rendent l'ame infenfible, non feulement
contre les commandemens du Créateur, mais
auffi contre les plaies des châtimens. La fille de ces farouches n'a point de Trone, parceque l'ame qui portée par fes mauvais defirs à
aimer le monde, & qui fe fortifie dans ces defirs, fe foumettant à fes concupifcences terreftres, perd le fiege de fon jugement; elle n'eft
point affife fur le tribunal de la raifon, parce
qu'elle manque de difcretion & de difcerne-
ment; elle eft en quelque maniere chaffée de
fon fiege, étant vagabonde par la concupifcence & le defir des chofes exterieures. Il eft clair
que l'ame qui a perdu le fiege de fon confeil,
fe repend au dehors par une infinité de defirs,
& parce qu'elle neglige de faire ce qu'elle connoît, elle tombe dans un tel aveuglement qu'elle ne fait ce qu'elle fait. Et fouvent par un
jufte jugement de Dieu elle demeure dans fa
volonté, & elle fe laiffe aller au relachement
cherchant avec avidité les occupations labo-
rieufes du monde, c'eft pourquoi il eft encore
ajoûté

ajoûté fort à propos , parce que vous ne ferez
plus apellée tendre & delicate , il vous faut prendre la meule & moudre la farine.   Il eſt conſtant que dans ce monde un pere épargne ſa
fille & ne l'afflige point par ces travaux durs &
ſerviles. Auſſi Dieu tout-puiſſant apelle ſa fille
tendre , une ame éluë à laquelle il defend de
s'apliquer aux travaux ſerviles de ce monde,
de peur que les occupations exterieures ne la
rende dure & infenfible aux defirs interieurs.
Mais la fille des Chaldéens n'eſt point apellée
tendre & delicate, parce que l'ame remplie de
mauvais deſirs eſt abandonnée dans les travaux
du fiécle qu'elle recherche avec ardeur , & n'aimant point Dieu interieurement comme ſa fille, elle eſt exterieurement au ſervice du monde comme une ſervante , c'eſt pourquoi il lui
faut prendre la meule & moudre de la farine.
On fait tourner la roüe & il en fort de la farine , cette meule eſt l'action mondaine qui ra-
maſſant des ſoins & des inquiétudes de toute
part, fait tourner l'ame & la tient dans une agitation continuelle d'où il fort de la farine, c'eſt
à dire une foule de penſée qui rempliſſent toûjours un cœur feduit.

129. On peut mettre ici fort à propos l'ex-
poſition que fait Gregoire 7 *mor. c.* 17 de ce
paſſage. Confiderez les voyes de Theman, les
chemins de Saba & attendez un peu. Les Marchands de Theman, font renommez dans Ba-
ruch & les Marchands de Saba dans Iſaïe c. 45.
& en d'autres endroits.   Il faut donc confiderer ces Marchands dont nous parlons, & attendre un peu qu'ils ſe viennent jetter dans le filet
comme dit St. Gregoire, & que s'enbarraſſant

O 4   avec

avec imprudence dans les inquiétudes de la terre, ils éloignent d'eux le souvenir de Dieu de
forte que non feulement ils demeurent Seculiers avec l'habit Religieux, mais qu'enfin fe-
couant le joug ils retournent au monde, ce qui
arriva à celui qui fut le premier, comme je l'ai
dit, qui établit ce Commerce dans une maifon Religieufe, c'eft être lache de ne fe point tenir fur
fes gardes après un tel exemple fuivant l'aver-
tiffement de St. Pierre Chryfologue *Serm.* 79.

SECTION X.

En particulier des profits des Religieufes &
de leurs differens Commerces.

NOus avons touché dans la Section troifiéme, deux fortes de Commerce des Religieufes, le premier qui s'exerce par le moyen
du travail des mains auquel elles s'appliquent,
l'autre qui fe fait par la reception ou par
l'entrée au Couvent. Le premier leur eft commun avec plufieurs femmes feculieres qui vendent à un certain prix leurs divers Ouvrages &
qui en negotient. Le dernier fe fait diverfement, en effet outre l'accord de la dote, fans laquelle l'entrée des Monaftéres de Filles n'eft
ouverte à perfonne. (Caravant l'entrée ou avant
la profeffion ce qui revient au même, on convient & on fait un accord d'une certaine fomme qu'on nomme Dote, parce qu'elle repond

&

& qu'elle a du raport à la dote qui se donne aux mariages (outre cet accord , dis-je , qui se fait presque par tout, en quelques endroits, on en fait encore un autre pour un certain present à la Sacristie, comme de chandeliers d'argent d'un tel prix , & ce present se donne , comme dans les ventes ordinaires au delà du prix de la marchandise , sous le nom d'étrennes , & afin que rien ne manque à ce Commerce on y en ajoûte quelquefois un troisiéme d'une pension annuelle qui se doit payer pendant la vie de la Religieuse.

230. Il y a quelques exemples du premier ordre qui appartiennent à la seconde espéce de Commerce que nous examinons , les autres regardent la tâche de l'ouvrage. Il apartient à la seconde espéce d'acheter par exemple de la matiere pour en faire des agnus & pour les vendre ensuite , non à cause de la cire consacrée qui y est renfermée , mais à raison du travail & de l'ouvrage. Et tant que l'on se tient dans cette sorte de Commerce à des ouvrages qui regardent immediatement le culte de Dieu , il n'y a rien à proprement parler qui soit digne de reprehension. Il n'y a point aussi d'inconvenient si les Religieuses font & achetent de quoi faire des corporaux ou des vêtemens de lin pour les Ministres sacrez & si elles les vendent. Il faut dire la même chose si elles font & si elles vendent des ouvrages de broderie & de tapisserie pour l'ornement des Autels , ou pour le Ministére du sacrifice. De même si elles font ou vendent des tapis où elles ont coutume de representer diverses images ou d'autres figures, pour parer les Temples. En faisant ces sortes

O 5

d'oud'ouvrages & de semblables elles évitent l'oisiveté, & comme ils se rapportent au culte de Dieu ils ne detournent point l'esprit hors de sa Sphére; mais l'atachent à Dieu. ces ouvrages ayant une grande liaison avec son culte. Aussi cette vente ne peut point être raisonnablement exposée à la medisance de qui que ce soit, étant bien seant que des personnes engagées au Culte divin, fassent ce qui regarde ce même Culte & le vendent afin qu'elles ne soient point obligées à faire des dépenses extraordinaires & de travailler en vain, si on ne rendoit pas le prix. Que cela soit donc indubitable.

131 A l'égard de l'autre semblable Commerce de marchandises dans lesquelles il y a quelque changement par le travail des Religieuses, il en faut dire ce que St Basile a reglé au sujet du Commerce des Religieux, car le même St. Basile declare *in prolog ascet*, que les Moines & les Religieuses sont engagez dans une même milice sacrée qui les éloigne des affaires du siécle. En effet il y a des Commerces qui se peuvent faire sans indecence, sans offencer les Seculiers, sans aporter de la dissipation & il y en a d'autres qui ne peuvent être sans ces defauts. Lors donc que le Commerce est tel qu'il n'est point deffendu ni par le droit commun, ni par le droit particulier & propre à l'institut qu'on peut aussi le faire sans aucun danger de peché, & que l'esprit ne se trouve point embarrassé dans de grands soins & de grandes inquiétudes des choses exterieures, rien n'empêche que les Religieuses ne puissent l'entreprendre. Mais au contraire lorsque quelque chose souille le Commerce, il ne conviendra ni aux Religieux,

ni

ni aux Religieuses, & à celles-cy encore moins
à cause de la foiblesse du sexe, & parce qu'elles n'ont point l'esprit si fort, ce qui fait qu'il
leur faut ôter avec plus de soin les occasions &
les causes de la dissipation de l'esprit qui pourroient les detacher de Dieu. C'est ici que doit
avoir lieu le jugement & la direction d'un Prelat sage & prudent & la vigilence du Superieur
immediat. Ils doivent examiner ce que les
gens de bien & les personnes raisonnables jugent
de la decence ou de l'indecence de ce Commerce. On doit aussi avoir grand égard à l'édification à
laquelle les Religieux de l'un & de l'autre sexe
sont obligez, afin qu'ils soient en tout lieu la
bonne odeur de Jesus-Christ, & qu'ils ne donnent
point occasion aux Seculiers de blasphemer le
nom du Seigneur & de decrier l'état Religieux.

132. J'ai dit qu'il y avoit dans cette premiere sorte de Commerce que font les Religieuses,
quelques exemples qui sont differens du Commerce dont nous venons de parler & qui regardent seulement, le loüage du travail & la
tâche, comme ce que j'ai raporté en la septiéme raison de la troisiéme Section, touchant les
linges de differentes façons que des Religieuses
pourroient entreprendre de coudre; en quoi les
Religieuses ne fournissant point la matiere &
celui qui fournit l'ouvage aiant même eu soin
de le couper ou de le faire couper, il est clair
que les Religieuses ne donnent que leur pure
tâche & un simple loüage de leur travail pour
coudre. Toutes les fois donc que cette tâche
ne sera point deffenduë ni par les loix generales de l'Eglise, ni par les loix particulieres de
l'Or-

l'Ordre, & qu'il n'y aura point de danger de
péché ou de diſſipation, elle pourra s'exercer
ſans faute, quoiqu'on en retire un profit convenable. Car on pourra par ce moien éviter
l'oiſiveté & procurer l'avantage du couvent.
Mais cette tâche & ce loüage de travail ne ſera
point ſéant aux Religieuſes, s'il y a quelqu'un
des défauts que nous avons raportés ou quelqu'autre ſemblable. A la verité les Conciles & en
particulier celui de Latran ſous Alexandre trois
part. 27. *c.* & 3. ont défendu aux Religieux de
prendre des Heritages à loüage on à ferme,
ſans une grande néceſſité comme Molina *Tract.*
2. *de juſt. cap.* 142 *Concl.* 5 & Reginaldus *l.* 25.
n. 325. le remarquent, & ils n'ont fait cette
defenſe que parceque ces ſortes de loüages ne
s'accordent point avec le recueillement convenable aux Religieux. Ainſi toute tâche ou loüage de travail qui ont le même défaut doivent être
defendus aux Religieux & bien davantage aux
Religieuſes, qui doivent principalement vivre
dans un Saint repos & avoir ſoin d'être toûjours
dans le recueillement. Que cela ſoit dit en
général.

133. C'eſt à ceux à qui il appartient de
voir ſi la bienſéance eſt gardée dans l'exemple particulier de la tâche des Religieuſes qui
entreprennent de faire du linge pour l'uſage
ordinaire. Néanmoins il y a deux circonſtances qui j'ai raportées en la ſeptiéme raiſon de
la troiſiéme Section, qui ſemblent mettre en
doute ſi cette tâche eſt permiſe. La premiere eſt que ſouvent c'eſt une occaſion d'é-
touffer l'eſprit par le trop grand travail à celles qui cherchent la loüange de leur induſtrie

&

& de leur diligence, de ce qu'elles se sont
bientôt acquitées de l'ouvrage qu'elles avoient
à faire. C'est la joindre la fin aux moiens &
préferer des bagatelles aux choses principales.
Cassien enseigne que ce trop grand soin d'ex-
pedier promptement l'ouvrage exterieur vient
de Satan & il raporte à ce sujet, *Coll. 9. c. 6.*
une vision celeste, & au Livre 7. c. 10. il dit
que cela vient de la maladie de l'avarice ; le
foyer de l'orgueil n'y manque point aussi comme nous l'avons remarqué dans cette septiéme
raison. Quelle que soit la cause de ce travail
excessif & immoderé qui étouffe en nous l'esprit
divin St. Benoît, *c. 39 alias 55.* de sa Regle
la condamne, aussi-bien que S. François dans sa
Regle Chapitre cinquiéme. L'autre circonstan-
ce, qui est peut-être particuliere au lieu dont il
est parlé, est également blamable & même a-
vec plus de justice, parce que c'étoit une occasion qui ôtoit à plusieurs filles ou femmes le
pouvoir de gagner leur vie & qui les jettoit dans
une necessité Morale de faire Commerce de
leur corps. Et quoiqu'il ne semble point qu'il
soit contre la justice de leur ôter ce moien de
pouvoir vivre, toutefois hors le cas d'une grande necessité, il semble que ce soit contre la
charité qu'on doit au prochain de le faire, sui-
vant le raisonnement de la Section précedente. D'où il faut aussi prendre & apliquer ici
l'argument qui fait voir l'obligation de conserver
la bonne reputation du nom Religieux, ce dommage que l'on fait à ces filles seculieres & le
danger au quel on les expose en se chargeant
de ces ouvrages, faisant auprès des seculiers une
grande playe à la reputation de tous les corps
Re-

Religieux. Comme on le peut voir par ce qui a été dit. Il ne faut point oppoſer que les Religieuſes veulent éviter l'oiſiveté, car elles la peuvent éviter en pluſieurs autres manieres par quelque ouvrage exterieur qui regarde le culte divin, laiſſant celui-ci qui a des circonſtances ſi facheuſes & qui leur attireroit avec raiſon l'envie & la haine.

134. Finiſſons cette queſtion en raportant un paſſage d'Origene, *Hom. 2. in Num.* ſur cet endroit, Que chacun marche ſelon ſon ordre, ce qu'il aplique aux Evêques, aux Prêtres, & aux Diacres qui ne marchant point ſelon leur ordre & ſelon leur degré font blaſphemer les hommes qui diſent, quel Evêque eſt ce là? ou quel Prêtre? ou quel Diacre? Il ajoute mais que dirai-je des Vierges ou de ceux qui vivent dans la continence ou même de tous ceux qui font profeſſion de la Religion? N'eſt il pas vrai que s'ils font quelque choſe peu honnête ou trop libre ou dereglée, ou en quelque façon contraire à leur inſtitut, Moïſe les reprend & les avertit leur diſant que chacun marche ſelon ſon ordre? Que chacun connoiſſe donc ſon ordre, qu'il comprenne ce qui eſt digne de cet ordre & qu'il peſe ſes actions, ſes diſcours, ſes demarches, & ſes manieres en ſorte que tout cela convienne à ſon état & à ſa profeſſion afin qu'il n'entende point le reproche que Dieu lui pourroit faire, A cauſe de vous mon nom eſt blaſphemé parmis les nations.

135. Je viens au Commerce pour la reception des Religieuſes. Il y en a qui décident avec beaucoup de rigueur contre ce Commerce, car Denis Richelius dans le 2. Livre de la Si-
mo-

monie prétend & prouve par l'autorité de plufieurs que ce Commerce eft une pure & hon-
eufe Simonie ; L'Archidiacre eft de cet avis
orfqu'il y a un accord. 1. *q.* 2. Ugolinus de
même *Tab.* 1. *de Simon c.* 4. §. 1. *n.* 16. &
l femble qu'on a la même chofe dans *la* 1. *ex-
travag. de Simoniac.* où Urbain quatre frappe
l'excommunication, comme une Simonie, l'accord pour la dote des Religieufes. St. Antonin
3 *p. Tit.* 24. *c.* 67. raporte des témoins qui
affurent que Martin 5. a exempté les Religieufes d'une telle cenfure & Navarrus dans fa fomme *c.* 27. *n,* 100. dit la même chofe de quelques autres Papes. Toutefois il y aura encore
affez de mal fi le fondement de la cenfure fub-
fifte fçavoir la Simonie qui eft un très grand
peché qu'Urbain a declaré être inféparable de
cet accord. La même chofe a paru à St. Edme
enfuite Évêque de Cantorberi à ce que rapportent fes actes, où il eft dit que ce Saint homme
travaillant à mettre deux de fes fœurs dans un Monaftére, on ne pût jamais lui perfuader de donner une obole pour ce fujet, parce qu'il fça-
voit qu'il y avoit de la corruption & de la Simonie
dans ce prix & dans cet accord. On attribue
la même chofe à St. Hierome *Reg. Monach. c.*
5. ou il dit, Que vôtre communauté aye même de l'horreur pour la deteftable herefie de la
Simonie ou quelques Religieufes tombent ordinairement par la malice du Demon, que la
peine de Giefi & la méchanceté de Simon vous
épouvante, que jamais vous ne ceffiez d'écouter
ce que St. Pierre Vicaire de Jefus-Chrift difoit à Simon, Que vôtre argent periffe avec vous
car vous avez crû que le don de Dieu, pouvoit

voit s'obtenir par argent. Le don de Dieu c'est le St. Esprit Car c'est l'usage commun des marchands, de vendre pour gagner & pour avoir mieux ; Et c'est ce que fait le Simoniaque , il donne le don du St. Esprit pour de l'argent, estimant que l'argent vaut mieux & lui est préferable. Recevez gratuitement les sœurs qui viennent à vous pour être les épouses de Jesus-Christ. Qu'on prefere la sainteté à l'argent, qu'on recherche plûtôt la bonne vie que la noblesse de la naissance , & que les avantages du monde. Qu'il n'y ait aucune convention , ni aucune opinion qui trouble ou qui previenne la pureté de l'esprit : La Sagesse déclare bienheureux , celui qui ne soufre point dans ses mains aucun present , qui ne va point après l'or & qui ne met point son esperance dans l'argent , parce que cela renverse le jugement.

136. Il me semble qu'il ne faut point passer sous silence, ce qui est raconté dans le même neuviéme Tome des ouvrages de St. Hierome au milieu de la grande Epître touchant les miracles de St. Hierome , qu'on attribue à Cyrille de Hierusalem , quoique cette Epître ait faussement le titre de Cyrille & qu'il y ait d'autres choses dignes de reprehension, comme on le peut voir dans Bellarmin *L. de Scrip.* dans Baronius au 30 de Septembre & dans l'édition de Louvain dans la Censure du second Tome des ouvrages de St. Augustin. Néanmoins quant à nôtre sujet, on n'y a jamais rien trouvé à redire , mais quoiqu'il en soit nous aurons au moins le sentiment & la pensée de cet Auteur. Voici donc comme il parle en cet endroit d'un Monastére de la haute Thebaide, où il y avoit

deux

deux cens Dames. Il y a, dit il, dans ce Monaſtére beaucoup de vertus, mais on y retient le malheureux vice de la Simonie dans lequel on tombe ſouvent. Car par l'inſtigation du Diable, il s'eſt gliſſé parmi ces Dames un tel abus, que ſi elles reçoivent quelques Religieuſes, elles ne le font pas tant en vuë de la charité & de la miſericorde, ni de la bonté du ſujet qu'il faut recevoir qu'en conſideration de l'argent. Car aucune ne pouvoit entrer dans ce Monaſtére pour y demeurer qu'elle n'aportât avec elle une certaine quantité d'argent. Il y avoit auſſi dans ce Monaſtére une de ces Dames Religieuſes fort âgée, qui avoit véçu dès ſon enfance au ſervice de Dieu, dans les jeunes & les prieres, degagée de toutes les ordures de la Terre, & qui avoit une grande horreur de ce vice. Une certaine nuit qu'elle étoit en oraiſon ſelon ſa coûtume le glorieux St. Hierome lui apparut rempliſſant le lieu d'une grande lumiere, & lui commanda que dès le matin elle allât trouver l'Abeſſe & les autres Religieuſes du Monaſtére leur déclarant que ſi elles ne ſe retiroient de ce péché déja invéteré, elles devoient s'attendre à en éprouver la vengeance. Après lui avoir dit cela il diſparut. Cette Dame Religieuſe qui n'étoit point accoûtumée aux viſions toute efrayée penſoit en ſoi-même, qui étoit celui qui lui avoit fait ce commandement, & elle paſſa toute la nuit ſans dormir. Dès le point du jour ayant ſonné la cloche elle aſſembla toutes les Religieuſes au Chapître, & comme elles étoient toutes étonnées pourquoi on les avoit aſſemblées de ſi grand matin, la Dame Religieuſe ſe levant leur dé-

P

cou-

couvrir à toutes cequ'elle avoit vû & ce qu'elle avoit entendu. Auſſitôt toutes les autres Religieuſes ſe mirent à rire & à ſe moquer d'elle, elles s'écrient qu'elle eſt une folle, elle lui font mille railleries, elles diſent qu'elle a revé, qu'elle étoit yvre. Elle reçut bien ces injures & ſe munit du bouclier de la patienne, ſe réjouïſſant non de leur opiniatré, mais de ſa propre humiliation elle retourna auſſitôt à ſa priere, demandant inſtament à Dieu que ce qu'on lui avoit dit n'arrivât point à ſes ſœurs. Dix jours après comme cette Dame Religieuſe faiſoit des prieres pour cela avec grande devotion , environ minuit le mème glorieux St. Hierome lui apparut une ſeconde fois & lui parlant avec beaucoup de douceur lui ordonna d'aller encore une fois ſans craindre, déclarer aux Religieuſes cequ'elle leur avoit déja declaré. Elle lui demanda, qui étes vous Monſieur pour m'ordonner de telles choſes Je ſuis, Repondit il, Hierome. Et il diſparut auſſitôt de devant ſes yeux. Comme elle n'ignoroit point quel étoit leur endurciſſement, elle ne ſavoit que faire ni que dire. Aimant toutefois mieux paſſer dans leur eſprit pour folle , ou yvre que de deſobéïr aux ordres divins, elle les aſſembla donc une ſeconde fois voulant leur declarer ce qu'elle avoit vû & entendu. Mais quand ſes méchantes Religieuſes virent qu'elle ſe levoit pour parler, ne ſachant point le jugement de Dieu qui les ménaçoit, elles ſortirent toutes du Chapître avec de grandes moqueries , avant même qu'elle eut commencé à parler. Trois jours enſuite s'étant paſſés comme cette Dame Religieuſe dormoit. Le glorieux St. Hierome

rome environné d'une grande compagnie d'Anges, lui aparut à minuit, la reveilla & lui ordonna de fortir de ce Monaſtére & qu'elle n'attendît point l'execution de la ſentence qui alloit ſe faire. Elle ſe mit à pleurer & prioit inſtamment que cela n'arrivat point. Le glorieux St. Hierome lui dit, allez toute à l'heure ſans differer trouver l'Abeſſe & les autres, les avertiſſant que ſi elles ne font penitence, elles éprouveront cette nuit la vengeance divine, ſi elles continuent dans leur opiniatreté ſortez auſſitôt & ne demeurez pas un moment davantage dans ce Monaſtére, ayant dit cela il diſparut. Cette Religieuſe chagrine & pleine de triſteſſe alla au Chapître & ſonna la choche fortement afin que les Religieuſes vinſent auſſi au Chapître. L'Abeſſe s'étant eveillée & voiant que c'étoit celle ci qui avoit ſonné la cloche courut toute en colere, & auſſitôt qu'elle l'aperçut elle commenca à la quereller & à la menacer ſans vouloir entendre une ſeule parole, lui promettant que ſi elle ne vouloit point ceſſer d'agir de même elle ne la ſoufriroit plus avec elle dans la Monaſtére. La Dame Religieuſe lui dit, je vous prie ne differez point de faire ce que vous me promettez & ſachez qu'en effet, je ne reſterai plus en ce lieu. Car le glorieux St. Hierome m'étant apparu vient de me faire connoître que toute à l'heure le jugement de Dieu, va éclater ſur ce Monaſtére. L'Abeſſe entendant cela ſe mit à ſe moquer d'elle, criant qu'elle étoit folle de parler de la ſorte. Et apellant la portiere elle lui donna ordre de chaſſer celle-ci du Monaſtére lui ordonnant ſecretement qu'après qu'elle auroit été

P 2

quel-

quelques heures dehors elle la feroit rentrer, afin que par ce moyen , elle ceſſat de ſe comporter de cette maniere. Cette Dame Religieuſe en étant bien aiſe ſortit du Monaſtére le plutôt qu'elle put , d'ailleurs toute éplorée & remplie de douleur & de triſteſſe, ſachant ce qui alloit arriver à ce Monaſtére. Car un Dieu fort & puiſſant eſt terrible , qui pourroit lui reſiſter ? Helas pourquoi les hommes ne le craignent ils pas, ſachant qu'ils ne peuvent échaper de ſes mains ni empêcher que ſon grand & ineffable jugement ne les ſurprenne ? Au moins miſerables qu'ils ſont que ces exemples les épouvantent, que ceux qui ſe confient dans leur richeſſes, qui excitent la colere du ſouverain Seigneur par l'ardeur de leur avarice , écoutent quel fut le jugement qui tomba du Ciel ſur ce Monaſtére qui ſe detournoit de Dieu pour l'amour de l'argent. A peine la Dame Religieuſe avoit elle paſſé le ſeüil de la porte que tout le Monaſtére tomba & écraſa toutes les Religieuſes ſans qu'il en reſtat une ſeule & cette Religieuſe eſt encore en vie & demeure dans un vénerable Monaſtére de Dames Religieuſes dans la baſſe Thebaïde, où elle ſe diſtingue par ſa pieté.

Voilà la vengeance divine qui prouve qu'il y avoit un grand peché dans cette convention & à recevoir ainſi de l'argent. Qu'eſt ce autre choſe que Simonie ? Car enfin quand ce Commerce ſeroit évidamment Simoniaque s'y comporteroit t'on autrement qu'on ne fait , quoiqu'on le pallie, & quoiqu'on cherche des couleurs & des pretextes pour le faire paroître honnête & ſans tache. On fait premierement

un

un accord d'une certaine somme qui doit ê-
tre contée & qui doit être un juste prix ; ensuite on donne & on compte effectivement cette
somme & enfin on reçoit la Religieuse à ces
conditions. Que feroit on autre chose si l'on
commettoit une Simonie liquide & évidente?
Le surcroit que l'on donne & ce qu'on promet
au delà du prix , sous le nom de présent ou d'é-
trenne étant veritablement une partie du prix,
ne ressent pas moins le déguisement & la lacheté de Simon le fils aîné de Sathan. Ce qui est
condamné comme Simoniaque en pareil cas
Cap. Audivimus de Simon.

137. Il faut distinguer deux choses pour re-
soudre cette difficulté. Premierement si l'esprit
de ceux qui reçoivent ou qui promettent quelque chose pour la reception d'une Religieuse a en
vuë la dôte, comme un prix équivalant à la reception de même que si c'étoit une Marchandise, il n'y
a point de doute qu'il n'y eut quelque chose d'a-
prochant de la Simonie qui rendroit ce Commerce criminel. Car la seule pensée , quand même les paroles seroient differentes suffiroit pour
une Simonie mentale. Et il y a de l'aparance
qu'on péche quelquefois de cette maniere sur
tout dans ce temps que nous voions que par
un abus insuportable on fait des Conventions
pour les Benefices Ecclesiastiques de même
qu'on en feroit pour un Office seculier qui est
venale ou pour un pré ou pour une vigne.
Et quoiqu'il y en ait, qui par la subtilité & l'a-
dresse d'une Theologie accommodante donnent
des moyens & des detours pour faire ce trafic
sans Simonie a ce qu'ils prétendent , il y en a
toutefois beaucoup qui n'aimant point ces de-

tours

tours & ces voyes tortuës vont se jetter de dessein deliberé dans le gouffre de la Simonie achetant argent content les Benefices Ecclesiastiques , qui sont couverts du sang de Jesus-Christ , & qui sont au dessus de tout prix humain. Pourquoi donc ne s'en trouvera t'il pas encore presentement qui pensent la même chose sur tout de la part des parens de la fille qu'on doit recevoir Religieuse ? J'entens parler de ceux que St. Hierome *Epist.* 8. apelle des miserables parens & des Chrétiens sans foi , qui ayant des filles malfaites & qui ont quelque defaut corporel, & qui parce qu'ils ne peuvent trouver de gendres convenables , ou afin de décharger leur Famille , destinent leurs filles à la virginité, s'accordant à peu de frais & donnant à peine ce qui est suffisant pour leur nourriture, il est indifferent d'apeller ce que cespersonnes donnent au Monastére suivant cet accord du nom de prix ou de quelque autre nom que ce soit. C'est sans doute un prix pour eux selon l'estime qu'ils en font & par consequent c'est une Simonie. Je souhaite que tout soit pur & net de la part de ceux qui reçoivent.

138. Néanmoins c'est une vraie doctrine & receuë qu'un Monastére peut faire sans Simonie le profit dont nous parlons quoiqu'il y ait un accord, sur tout si le Couvent est véritablement pauvre & si ce qu'on donne n'est point un prix , mais s'il est donné pour la nourriture de la fille comme nous l'aprenent S. Thomas 2. 2 *q.* 100. *art.* 3. *ad* 4. Caietan au même endroit & dans sa somme *v. Simonia & v. Excommunicatio c.* 73. St. Bonaventure sur la Regle de St. François *q.* 18. Angelus *v. Simonia*

nia 4. Silveſtre au même endroit *q.* 15. Tabienna *n.* 63. Navarre *q.* 1. *de reddit. Eccl.*
Mon. ut. n. 2. Rodericus *q.* 2. *de Regul. q.* 49. *art.*
1. Suares. *l. de Sim. c.* 17. *n.* 6. & 4. 5. 3. *p.*
d. 22. *ſ.* 5. Philiarcus 2. *p. de Off. Sacerd. l.* 6.
c. 7. Rainaud *l.* 23. *n.* 193. Et c'eſt preſentement un ſentiment commun confirmé par l'u-
ſage général que Clement VII. a declaré
pur & exempt de péché, comme il eſt raporté dans l'Abregé des privileges des Mendians *v. Moniales §. Art. ult.* La Raiſon eſt
que ce n'eſt point une Simonie par le droit po-
ſitif, de recevoir ainſi de l'argent pour admettre une fille dans le Monaſtére & que l'Egliſe
n'a point defendu cette reception en vuë de
la Religion, car on ne trouve point qu'on ait
fait de ſemblable defenſe, comme Suares le
prouve au long *c.* 17. *n.* 13. ou ſi il y en a eu
quelqu'une elle a ceſſé par un uſage contraire qui s'eſt introduit du conſentement des
Prélats, ou ſans qu'ils l'aient deſaprouvé. Cette reception n'eſt point auſſi Simoniaque par le
droit naturel. Car il y a bien de la difference
entre donner à l'entrée du Monaſtére quelque
choſe comme un prix, ce qui ſeroit Simoniaque, & donner à cette occaſion quelque choſe par Aumone, ou par bienveillance à cauſe
de l'amour que les parens ont pour leur fille,
ou pour ſon entretien. De même que le
Prêtre qui reçoit la retribution ne la reçoit point
pour le prix de la Meſſe autrement il commettroit une grande Simonie, mais il la reçoit pour
ſa ſubſiſtance afin que ſervant à l'autel, il vive
de l'autel ce qui eſt juſte & raiſonnable. De
la même maniere le Mari qui reçoit la dôte de

ſon

ſon épouſe ne reçoit point cette dôte pour le prix du Sacrement par lequel il s'engage avec cette femme ; mais il la reçoit pour ſuporter les charges du Mariage , & pour la ſubſiſtance de ſa femme & de la famille que la ſuit. On voit ici la même choſe , & la Convention ne rend point vicieuſe une choſe qui n'eſt defenduë par aucun droit , parce que comme Caietan raiſonne fort bien 12. *q.* 100. *art.* 3. cette Convention regardant préciſement le ſecours de la ſubſiſtance néceſſaire , elle n'eſt point une matiere de Simonie. D'où pourroit elle donc avoir cette tache de Simonie ? Ce n'eſt point auſſi mal à propos que cette Convention ſe fait à l'entrée du noviciat ou du moins avant la profeſſion autrement les Peres & les parens qui ſe trouveroient dechargés de leur fille pourroient facilement l'oublier. Car comme Philiarcus que nous avons cité le remarque §. *eſt autem* Lorſque les Parens ont fourré une fille dans un Cloître , ils ne ſe mettent plus en peine de l'aſſiſter , ni de ce qui la regarde , ſi ce n'eſt qu'il s'agiſſe d'exciter de la confuſion & des ſéditions dans le Monaſtére , lorſqu'il faut chatier ſes déreglemens & ſon peu de Religion ; ou qu'il s'agiſſe de la ſoûtenir dans ſes Brigues & dans l'Ambition des charges. Ainſi le Commerce qui ſe fait preſentement à la reception des Religieuſes eſt exempt de l'accuſation que Denis le Chartreux & les autres que nous avons raportez font contre cet uſage.

139. Même contre le ſentiment de S. Bonaventure dans l'Apologie pour la Regle de St. François *q.* 18. il faut dire que c'eſt un Commerce exempt de la tache de Simonie. Lors

qu'à

qu'à cauſe de la pauvreté du Couvent, on reçoit une Religieuſe pour ſa dôte.   Saint Bonaventure condamne cela de Simonie, car il diſtingue quatre differentes manieres de recevoir
quelqu'un dans une communauté Religieuſe.
La Premiere eſt très ſainte lorſqu'on reçoit pour
l'amour de Dieu une perſonne qui n'aporte
rien.   La Seconde eſt bonne, lorſqu'on reçoit une perſonne avec de l'argent, mais non
pas à cauſe de l'argent parce qu'on la recevroit
également.   La Troſiéme eſt encore bonne,
lors qu'à cauſe de la pauvreté de la Maiſon,
on ne reçoit pas une perſonne ſans argent quoique pourtant on ne la reçoive point pour l'argent, parce que ſi la Maiſon avoit dailleurs dequoi ſubſiſter on la recevoit également.   La
quatriéme qu'il dit être Simoniaque, & qui
eſt ordinaire à la plûpart des pauvres Monaſtéres, ſuivant ce paſſage de l'Eccleſiaſtique
c. 27. Pluſieurs péchent à cauſe de la pauvreté.   Ce qui arrive lorſque la perſonne eſt
receuë pour de l'argent & que ſans cela, elle ne ſeroit receuë en aucune maniere quand
même le Convent auroit dequoi fournir à ia
Subſiſtance de la Fille. Saint Bonaventure dit
que c'eſt une vente manifeſte de la Societé ſpirituelle pour de l'argent, ce qui eſt Simoniaque.   Et pluſieurs, dit ce ſaint Docteur, le
font par pure pauvreté, ſouhaittant qu'il vienne quelqu'un avec de l'argent qu'ils puiſſent
recevoir, pour ſubvenir à leurs beſoins ou
pour payer leurs debtes, ou pour acheter des
biens dont ils ont envie, ou pour bâtir. Innocent VIII. étoit de cet avis dans une certaine réponſe qu'il fit à des Religieuſes de

P 5

St.

St Claire, que Rodericus raporte *Tom. 2. q 4.*
Reg. q. 49. art. 1. Mais il a fait cette réponſe
comme Docteur particulier. Car s'il faloit
s'en tenir à cela, il ſeroit étonnant de voir
combien il y a preſentement de Simonie non
ſeulement parmi les Religieuſes, mais auſſi dans
les Couvents d'hommes. Il eſt ordinaire que
des perſonnes qui d'ailleurs ſont peu propres à la profeſſion Religieuſe, & qui ne ſeroient point reçeus ſans argent, ſont toutefois
reçeus lorſqu'ils aportent avec eux quelque graſ-
ſe ſomme d'argent. Quoiqu'on puiſſe pecher
en cela d'une autre maniere, il n'eſt pourtant point néceſſaire qu'il y ait de la Simonie,
ſi cette ſomme ne ſe donne & ne ſe demande point comme un prix, mais qu'on la regarde ſeulement comme un motif d'ôter les difficultez qu'on auroit à recevoir une telle perſonne. De même qu'un mari qui ne prendroit
point en Mariage une femme laïde, l'Epou-
ſe néanmoins de bon cœur, quand elle lui
aporte une groſſe dôte, ſans que pour cela il
ſoit Simoniaque & qu'il vende le Sacrement de
Mariage, quoiqu'il s'y engage à cauſe de l'argent & que ſans cela il ne s'y engageroit
point. Parce que ces termes *à cauſe de l'ar-*
gent, ne marquent point le prix du contrac Sa-
cramental, mais un motif pour ôter les difficultez qui l'empêcheroient. Ceux qui traite
du crime de Simonie font voir plus au long,
quand eſt ce que ces termes *pour l'argent*,
ou *à cauſe de l'argent*, marquent un prix Simoniaque, ou bien ne ſignifient qu'un motif
ſans Simonie. C'eſt pourquoi quoiqu'un Monaſtére riche puiſſe contracter la tâche de la
Si-

Simonie en recevant des filles pour de l'argent; selon ce que je raporterai plus-bas néanmoins il n'en eſt point taché préciſement parce qu'il reçoit de l'argent, puis qu'un pauvre Monaſtére en recevant demeure pur & en eſt exempt. On peut donc, comme je diſois recevoir une fille ſans Simonie avec une certaine dôte dont on ſera convenu. Et nous voions dans la vie de St. Jean l'Aumonier *c.* 123. qu'autre fois cela étoit déja en uſage, car il y eſt parlé d'un Moine qui ramaſſoit des aumones pour mettre une fille dans un Monaſtére.

140. Il faut faire attention & garder exactement les conditions que j'ai propoſées ſavoir, Que le Monaſtére ſoit pauvre, qu'on ne reçoive pas plus qu'il en faut préciſement pour la ſubſiſtence d'une fille, autrement la reception ſeroit Simoniaque, ſi ce n'eſt de droit divin & naturel, au moins ſuppoſé le droit Eccleſiaſtique du Chapître. *Quoniam de Simonia.* Je ſai que Sotus *L.* 9. *de juſt. q.* 6. *art.* 2. & Philiarcus 2. *p. l.* 6. *c.* 7. ſont d'un ſentiment contraire & ſont d'avis qu'un Monaſtére riche peut recevoir ce qui eſt néceſſaire pour la ſubſiſtance d'une fille. De même qu'un Prêtre qui a d'ailleurs abondamment peut recevoir ſans Simonie du Miniſtere de l'autel ſa ſubſiſtance. Mais Suares *Tit.* 5. 3. *p. d.* 22. *S.* 5. *num.* 10. *& l. de Sim. Cap.* 17. *num.* 9. confirme fort au long ce que j'ai dit. Et la raiſon de cela eſt que l'Egliſe en conſideration de la Religion, & de peur que la Société ſprituelle & l'état qui doit tendre à la perfection ne ſemblât être mis à prix, a ordonné que les biens du Monaſtére ſuſ-

fussent donné gratuitement pour la subsistance de la personne qui y est admise. Si donc ces biens spirituels sont vendus comme il arrive lorsque cette personne n'est point reçuë pour en joüir sans argent. Non seulement on commettroit une injustice ce que Rainaut reconnoît *L.* 23. *num.* 193. & ce qui est clair de soi-même, mais aussi on se rendroit coupable de Simonie au moins en supposant la défense de l'Eglise, qui ôte au Monastére le droit de recevoir aucune chose pour admettre à la participation de ces biens communs ou afin d'en subsister. Ainsi si l'on dit qu'un Monastére riche reçoit quelque chose pour la reception sous pretexte de subsistance, le pretexte est vain & supposé ; & en effet ce Monastére ne peut avoir d'autre tître de recevoir cet argent que pour admettre la personne qu'elle reçoit à recevoir sa subsistance des biens du Monastére, ce qui est une Simonie declarée. Telle qu'elle feroit si quelqu'un disoit qu'il confere gratuitement le Benefice, mais qu'il reçoit le prix pour les fruits, ou de même que si quelqu'un disoit qu'il reçoit de celui qui à emprunté quelque chose au delà du sort principal, sous le tître de subsistance & non pas sous le tître de prêt, ce qui renfermeroit certainement une véritable usure. Afin donc qu'on puisse recevoir quelque chose en admettant une fille dans un Monastére, soit à la premiere entrée, soit à sa profession, il est nécessaire que ce Monastére soit déja rempli d'un nombre sufisant de filles qui sont reçeuës ou qu'on a resolu de recevoir & qu'il ne puisse à cause de sa pauvreté donner la subsistance à celle-ci, sans ce secours,

ce

ce qui eſt la premiere condition que j'ay dit
qu'il falloit garder.

141. L'autre condition eſt qu'on ne peut point
recevoirplus qu'il ne faut pour faire ſubſiſter commodement une fille dans cet état, c'eſt le ſentiment de Navarre que nous avons cité, de
Suares *c.* 17. *n.* 14 *& diſp.* 22. *n.* 12. de Rodericus *Tom.* 2. *qq. Reg.* 9. 49. *art.* 1. Et la
raiſon en eſt que cette ſubſiſtance eſt le ſeul
titre legitime pour traiter & pour recevoir à
l'occaſion de l'entrée & de la profeſſion, ce
qui revient ici au même, ſi l'on recevoit donc
quelque choſe au delà, on ne le recevroit point
ſous le titre de ſubſiſtance, mais à cauſe de la
reception à la Religion ce qui ſeroit une véritable Simonie. C'eſt pourquoi c'eſt une Simonie de recevoir davantage pour une fille
qui n'eſt point de naiſſance, comme Rodericus
que nous avons cité le remarque. De même
parce que la conſtruction d'un nouveau Monaſtére n'eſt point compriſe dans ce qui étoit
néceſſaire à la ſubſiſtance dans l'ancien Monaſtére, c'eſt une Simonie de recevoir quelque
choſe de celle qu'on reçoit dans ce premier
Monaſtére pour en conſtruire un nouveau ſoit
dans la même ville ou dans une autre, quand
même elle ne devroit point être admiſe dans
ce nouveau Monaſtére. De plus ce ſurcroit
de la dôte dont nous avons parlé, par exemple un preſent pour la Sacriſtie ne peut gueres
ſe raporter à la ſubſiſtance, & il y a bien du
danger que l'accord qu'on fait pour ce preſent,
ne ſoit une Simonie. Suares *L. de Sim. c.* 17.
n. 16. eſt du ſentiment que cette addition à la
dôte *Extra. v.* 1. *de Sim.* eſt frappée d'excom-

mu-

munication qui eſt encourruë *ipſo faĉto* , &
qui eſt reſervée au Pape. Car Urbain IV.
entre autres choſe y défend de donner en vuë
de la reception *toute ſorte de repas , ou diner
ou de l'argent*, [ſavoir en forme de diſtribution]
*des joyaux ou d'autres choſes mèmes deſtinées à
l'uſage de l'Egliſe , ou à quelque pieux uſage.*
Par leſquelles paroles , il ſemble qu'on retran-
che les preſens ou plutôt les extortions que l'on
fait pour la Sacriſtie , ou pour l'infirmerie par
une Convention au delà de la dôte. Quant à
ce qui regarde le repas on n'exclut point une
Collation honnête & moderée , à cauſe de la
ſolemnité ſelon la coûtume. Car une telle Collation peut facilement ſe raporter à la ſubſiſtance , & le Concile de Trente ne la point
ſupprimée *Seſſ.* 25. *c.* 19. *de refor.* défendant
ſous peine d'Anatheme de donner aucune
choſe au Monaſtére que le vivre de la Novice. Ce que le Pape Urbain n'aprouve donc
point c'eſt la maniere ſordide d'exiger ces repas, ce qui eſt beaucoup condamné *Cap. audivimus* & *Cap. tua nos.* & *Cap. qnoniam de
Simon.* en effet il ſe peut faire aiſément , lorſque ces augmentations de dôtes, ne ſe font
point par une pure & pleine bien veillance,
il y ait quelque infeĉtion de Simonie.

142. Que les Superieures des Monaſtéres
& ceux qui en ſont les Direĉteurs examinent leurs conſciences, & qu'ils voient ſi c'eſt
véritablement à cauſe de la pauvreté du Monaſtére , qui n'eſt pas en état de donner la
ſubſiſtance à une Novice , qu'ils demandent
ou plutôt qu'ils exigent outre une bonne dôte,
pluſieurs preſens quoique le nombre des Re-
li-

ligieuses soit complet suivant les constitutions
ou suivant la qualité du lieu, & qu'on ne
pense point à en recevoir davantage ni d'augmenter le Monastére, qui est déja assez étendu. Ne doit on pas raporter ces demandes à
une avidité insatiable. Que dirons nous de
certains Monastéres, qui ont été richement
fondés depuis plusieurs siécles par la liberalité & la magnificence des Rois, & qui sont
de grands revenus ou toutefois encore
aujourd'hui, on ne recoit aucune fille qu'elle
n'aporte une dôte presque assez suffisante pour
être mariée selon sa qualité ? Dieu ne mau-
dit-il pas des biens amassez par une cupidité,
qui ne peut être remplie, de même qu'il est
dit dans le Prophete Aggée, que ceux qui
mangent des fruits amassés au mépris de
Dieu n'en seront point rassasiez? Il n'y a point
de doute que si on mettoit en execution les
Décrets Ecclesiastiques, qui ordonnent qu'on
conserve en cela ses mains pures, Dieu ne fît
dans sa bonne volonté prosperer les Monastéres & ne donnat des Superieures & d'autres
Officieres des Monastéres industrieuses, qui
procureroient la paix dans la vertu du Seigneur, & qui y aporteroient l'abondance sans
se souiller par ces Commerces. Nous laissons cela à la consideration de ceux à qui il appartient.

143. De ce que nous avons dit, on peut juger ce que l'on doit penser des pensions an-
nuelles & à vie qu'on a coutûme en plusieurs
endroits de faire aux Religieuses par convention. Car si ces pensions sont necessaires pour
la subsistance de la fille, parce qu'on ne lui a

point

point donné d'autre Dote ou bien qu'on lui en a donné une si médiocre qu'elle a besoin de ce suplement ; alors rien n'empéchera qu'on ne doive & qu'on ne paye cette pension suivant la convertion. Aussi gardant la subordination necessaire pour sauver la pauvreté, on peut accorder à une Religieuse la permission de recevoir cette pension. C'est le sentiment de plusieurs qui sont raportez par Diana *Tract. de paup. Relig resol.* 32. & par Sanches *L.* 7. *in decal. c.* 22. *n.* 11. Et la raison est que supposé qu'il manque au Monastére de revenus suffisant pour pourvoir aux necessitez de la vie, des vêtemens & de la santé de la fille si elle est malade ; supposé aussi qu'on n'ait point donné à cette fille une Dote suffisante, alors la pension annuelle appartient à la subsistance necessaire de même que la Dote dont nous avons parlé ; & par consequent on ne peut improuver cette pension sans préjudice toutefois à ce que le Concile de Trente a ordonné *Seff.* 25. *c.* 2. *de regul.* Mais si on a suffisamment pourvû à la subsistance d'une fille par une Dote qui lui procure ses commoditez, on ne voit point par où on peut purger de Simonie la convention de donner encore une pension annuelle. Car le titre de la subsistance ne se trouve point là, & y ayant une convention, on ne peut alleguer le pretexte d'une donation libre & volontaire. Ainsi le titre de cette pension est la reception à la Religion, ce qui est la lepre de Simonie. Une telle reception peut être appellée du mot de *Navicularia*, dont se sert Godefroi de Vendome *L.* 2. *Epist.* 11. parce qu'elle se fait pour un certain prix afin de passer. De même St.

Au-

Auguſtin *S. 1. de vita communi Cleric.* dit qu'il
n'a point voulu ſincerement que l'Egliſe de Dieu
fut de même qu'un Navire qui commerce & qui
trafique, comme parle auſſi Hildebert *Ep. 1.*
parce qu'il y a en cela un Commerce qui n'eſt
point aprouvé.

144. Retirons nous laiſſant dehors ces Vierges folles. Car telles ſont les Religieuſes qui
ayant fait profeſſion de virginité, la ſouillent
par l'ordure de l'avarice comme dit St. Chriſoſtome *Hom. 9. de Pœnit* où il rougit que de
telles vierges ſoient conſacrées à Dieu. J'ay
honte, dit-il, & je rougis de confuſion ne pouvant m'empêcher de verſer des larmes, lorſque j'entends parler de ces Vierges folles. Je
rougis lorſque j'entends ce nom après qu'elles
ont fait tant de profit dans la vertu, après qu'elles ont eu tant d'affection pour la virginité.
Elles avoient volé juſques au Ciel, elles s'é-
toient exercées aux plus hautes vertus, elles
avoient vaincu les plus grands travaux, elles
avoient foulé aux pieds les voluptez, & maintenant elles ſont folles & inſenſées, parce qu'aiant
vaincu ce qui étoit plus dificile, elle ſe ſont
laiſſé vaincre par ce qui l'étoit moins, ſavoir
par l'avarice? Et plus bas après avoir expliqué
élegamment la grandeur de la virginité qu'elles
avoient profeſſée leur adreſſant ſes paroles,
Vous devriez rougir, dit-il, vous aviez vaincu
la volupté & vous avez ſuccombé à l'argent,
Vierges qui avez renoncé à la vie, qui avez
été crucifiée au monde, vous aimez l'argent,
ô plut à Dieu que vous euſſiez plûtôt de-
ſiré le mariage, vous n'auriez pas fait tant

Q

de

de mal , car vous auriez souhaité une chose conforme à vôtre nature & à vôtre sub-
stance.

SECTION XI.

CONCLUSION.

Du Commerce Pieux & irreprehensible des Religieux.

JUsques à present j'ai taché autant qu'il ma
été possible par les lumiéres de la raison &
de l'autorité d'éclairer & de dissiper le Commerce qui marche dans les tenebres, c'est ainsi
que St. Bernard *Serm.* 6. *in pl.* 90. apelle le
gain honteux, quelque apparence de bien qu'il
puisse avoir. Presentement que je suis à la
fin de cet ouvrage au lieu de ce Commerce
vain & laborieux, je dirai un mot de celui que
St. Gregoire de Nazianze *Orat. de St. Cypr.*
nomme le meilleur & le plus profitable de tous,
qui merite que tous les Religieux s'y apliquent,
autrement s'ils demeurent oisifs ils seront rejettez par ce Seigneur qui leur fait ce commandement dans St. Luc 19. Negotiez en attendant que je vienne.

145. Les Religieux ne peuvent à la verité
exercer le Commerce qui se fait par l'aumone & par la distribution de ses biens aux pauvres. St. Chrisostome dit, que c'est un Commerce très profitable, *Homil.* 33. *ad pop.* Il appelle

pelle les aumones une foire *Hom. 5. de Pœnit.*
St. Augustin *S. 43. de div. c. 11* dit que c'est
faire un transport de marchandise. St. Paulin.
Epist. 43. donne de grandes loüanges à l'aumone & dit, que c'est le contoir du Jouaillier
celeste où on amasse le tresor de la vie, & où
on exerce le Commerce d'une pierre precieuse
que l'on vent à Dieu avec usure. Aucun Religieux particulier, n'est donc propre à ce Commerce, parce qu'il n'a ni or ni argent. Il
peut pourtant y concourrir étant lui-même la
fin de la liberalité des Seculiers qui font subsister le Couvent par leurs aumones. On doit
considerer ce commerce comme un grand bien-
fait de Dieu, parce qu'il a soin par ce moien
que les riches amassent de veritables richesses.
Il y a dans le monde, dit St. Paulin *Epist.* 12.
une vicissitude d'abondance & de disette, ce
que l'Evangile nous fait voir par le riche qui
est dans l'enfer, & par le pauvre qui est dans
le Ciel, afin que nous puissions comprendre
le dessein de celui qui a fait l'un & l'autre,
& qui a préparé le riche pour le pauvre, & le
pauvre pour le riche. afin que les richesses du
riche servent à la subsistance du pauvre, &
que le pauvre soit au riche une matiére de
justice, & que par ce moyen il y ait comme
dit l'Apôtre de l'égalité, que s'ils ont ici bas
étendu leur abondance sur nôtre pauvreté, cette
pauvreté presente les comble dans le siécle à venir de richesses éternelles & qu'alors nôtre abondance suplée à leur pauvreté. Semons donc pour
les pauvres les choses charnelles afin que par leur
moyen nous recueillions les spirituelles, que
nos mains s'emploient à distribuer les biens de

la terre , afin qu'alors nôtre ame foit raffafiée des biens celeftes. Que l'efperance préfente établiffe les richeffes futures, bâtiffons ici des maifons qui nous mettent là à couvert, qu'ici où je fuis riche je nouriffe le pauvre, afin que là où je ferai pauvre, le pauvre qui y fera riche me nouriffe. Voyez ce Commerce fpirituel, pouvez vous nier que nous ne foions avares de vendre la terre & le tribut, afin d'acheter l'immunité du Royaume & l'éternité. Veritablement ce Commerce eft bien avantageux dans lequel on donne le Ciel pour la terre , & une recompenfe éternelle pour des chofes de neant. Qu'eft-il arrivé, dit Saint Bernard *Epift.* 4. à Guillaume de Londre qui avoit tout donné aux pauvres , mais feulement de l'argent, qu'eft-ce que cet argent en comparaifon de la juftice que vous avez en échange ? Sa juftice dit-il, demeure au fiécle du fiécle , en eft-il de même de l'argent? c'eft fans doute un Commerce honnorable & avantageux de donner cet argent qui paffe pour cette juftice qui demeure, que vous puiffiez toûjours faire le même Commerce, ô bon maître & digne de toute loüange. Mais je n'en dirai point davantage de ce Commerce qui ne convient qu'aux Seculiers & aux Superieurs des communautez.

146. Arrêtons nous au Commerce fpirituel qui eft commun à tous les Religieux mêmes particuliers. On en peut diftinguer de deux fortes à caufe des deux differens états des Religieux. Car il y en a qui en vertu de leur inftitut ne travaillent pas feulement pour eux-mêmes, mais auffi pour le prochain, & il y en a d'autres qui negotient feulement pour eux-mêmes.

n mes. Quelques-uns dis-je s'appliquent feule-
n ment à leur propre falut & à leur perfection,
& les autres font appellez de Dieu, non feulement pour avoir foin de leur propre falut & de leur perfection, ce qui eft le premier foin que tous doivent avoir, mais auffi
pour s'appliquer au falut & à la perfection du
prochain, fur tout par la Predication & la parole. Car l'emploi de la parole eft d'un grand
ufage auffi-bien que celui de l'argent, & c'eft
par le moyen de cette parole qu'on retire ordinairement de grandes avantages dans le Commerce. Ce font les paroles de Saint Ambroife
dans fon petit ouvrage fur Herode, où le mot
de *Collatio* dont il fe fert fignifie Commerce ou
emploi.

147 Ceux qui par leur propre inftitut font
obligez de travailler au falut des autres, ne doivent pas feulement faire attention à leur propre perte, s'ils s'en acquitent avec negligence,
mais auffi à la perte de l'Eglife & des ames qu'il
falloit gagner à Dieu. Cette perte eft fi confiderable que Nôtre Seigneur Jefus-Chrift a re-
pandu fon fang precieux pour la detourner &
ceux qui font caufe qu'elle arrive devroient
avoir le fcrupule qui inquiétoit S. Gregoire qui dit
Hom. 17. *in Evang.* Examinons qui font ceux qui
fe font convetis par nôtre langue, qui ont fait penitence par nos corrections, à qui avons nous apris
à fuir la volupté? Qui eft ce qui a évité l'avarice
ou l'orgueil par nôtre moien? Examinons quel gain
nous faifons pour Dieu qui nous a donné le ta-
lent & qui nous a envoyé pour trafiquer. Il
nous dit, Negotiez en attendant que je vienne.
Il eft déja venu, il demande le gain de nôtre

Com-

Commerce. Quelles ames lui ferons nous voir que nous ayons gagnées ? combien lui prefenterons nous de gerbes des ames que nous aurons receuillies dans la moiſſon de nôtre predication ? Mettons nous devant les yeux le jour du jugement , lorſque ce juge viendra & qu'il fera rendre compte à ſes ſerviteurs à qui il a confié ſes talens. Il paroîtra dans une Majeſté terrible au milieu des Chœurs des Anges & des Archanges, on fera venir à ce grand examen la multitude de tous les élus & des reprouvez & on fera voir ce que chacun aura fait. Là St. Pierre paroîtra avec la Judée qu'il a convertie & qu'il a tirée après lui. Là St. Paul ſera pour ainſi dire à la tête de tout le monde. St. André aura à ſa ſuite l'Achaïe , St. Jean l'Aſie, St. Thomas les Indes , qu'ils ont converties. Là tous les beliers & tous les chefs du troupeau du Seigneur paroîtront avec toutes les ames qu'ils ont gagnées & ſeront ſuivis du troupeau qu'ils auront attiré par leur Predication. Lors donc que tant de Paſteurs viendront avec leur troupeau en preſence du Paſteur éternel, que dirons nous miſerables que nous ſommes qui retournons à nôtre maître ſans raporter aucun profit de nôtre Commerce? C'en eſt aſſez pour animer ces Négotians au commerce des ames qui eſt ſi agréable à Dieu , à l'exemple des Apôtres que St. Auguſtin *Serm.* 2. *de Sanctis* appelle d'illuſtres Negotians, car ils ont negotié avec beaucoup d'adreſſe & c'eſt à cauſe de cela que l'Egliſe figurée par la femme forte a vu que ce commerce étoit avantageux. Mais l'exemple de Jeſus-Chriſt eſt le plus puiſſant de tous , puis qu'il a tant travaillé pour

nous

nous gagner par le commerce qu'il a fait avec
son Pere. Car qui oseroit demeurer dans l'oisiveté voyant que Jesus-Christ a travaillé avec
tant d'ardeur à gagner les ames. Vous pouvez
voir ce que nous avons dit Section troisiéme en
la neuviéme raison du commerce entre Dieu &
Jesus-Christ, afin que nous fussions gagnez à
Dieu ce qui est nôtre grand & unique bien.

148. Les mêmes exemples nous portent fortement à negotier nôtre salut, qui nous doit être
plus cher à chacun de nous que le salut d'aucun
autre. St. Bernard *Serm. de quinque negotiation.*
examine les travaux de Jesus-Christ pour ce suj-
jet. Le Verbe du Pere, dit il, le Fils unique
de Dieu, le Soleil de justice ce grand Marchand a aporté de l'extremité des cieux le prix
de nôtre salut. C'est un fidele Commerce &
digne de toute consideration dans le quel le Roi
le Fils du Roi est lui même le commerce,
c'est de l'or qui est donné pour du plomb, le
juste qui est livré pour le pecheur O misericorde excessive, ô amour qui est gratuit & à
l'épreuve, ô faveur inouie, ô douceur éton-
nante, ô bonté victorieuse. Quel Commerce
disproportionné où le Fils de Dieu est livré pour
le serviteur, le Créateur est mis à mort pour la
créature, & le Seigneur est condamné pour son
esclave. Ce sont là ô Jesus-Christ vos ouvrages, vous êtes descendu de la lumiére du
Ciel aux tenebres de l'enfer, de la droite de la
Majesté à la misere de l'humanité, & de la gloire du Pere à la mort de la croix. Vous avez
éclairé l'Enfer, racheté l'homme, vaincu la
mort & l'auteur de la mort. Vous êtes l'unique, il n'y en a point de semblables à vous, vô-

tre

tre bonté vous a invité à nous racheter, vôtre miſericorde vous a attiré, la verité de vos promeſſe, vous y a engagé la pureté des flancs de la Vierge vous a reçeu ſans alterer la virginité, la puiſſance vous à fait naître, l'obéiſſance vous à conduit, la patience vous a armé & défendu, & enfin la charité vous à fait connoître par vos diſcours & vos miracles. Loin d'ici les Marchands de la terre de Theman, que les fils d'Agar ſe retirent, tout amateurs qu'ils ſoient de la prudence. Que les Geans s'éloignent auſ-ſi de moi, ces hommes fameux qui étoient au-trefois d'une hauteur prodigieuſe & qui fai-ſoient la guerre. Ce ne ſont pas eux que le Seigneur a choiſi, ils n'ont point trouvé la voye de la diſcipline c'eſt pourquoi ils ont peri, mais il l'a donnée à Jacob ſon ſerviteur & à Iſrael ſon bien aimé. Car Seigneur vous avez caché ces choſes aux ſages & aux pru-dens, & vous les avez revelé aux petits & aux humbles. Je reçois de bon cœur ce Commerce, parceque c'eſt mon affaire. Mon ame penſe avec beaucoup de plaiſir à ce tra-fic, mais non ſeulement elle y penſe, elle admire vôtre deſſein, elle conçoit ce qu'elle ai-me, elle retient ce qu'elle a choiſi, vous lui commandez de s'exercer dans ce Commerce, afin qu'elle ſoit comme un navire Marchand qui aporte ſon pain de loin: elle negotie en at-tendant que vous veniez, j'irai avec joie au de-vant de vous & plût à Dieu que j'en-tende que vous me diſiez. Courage bon ſervi-teur, les Cieux ſont à vous, la terre vous ap-partient; je negotierai donc avec aſſurance dans vos regions, je ne veux avoir que vous pour

guide

guide dans le chemin, pour protecteur dans les dangers, & pour compagnon dans l'affliction. En suite St. Bernard parcourt les cinq regions où on tient les marchez & où il se fait un Commerce abondant & avantageux. On lit la même chose presques avec les mêmes paroles & les mêmes pensées dans St. Pierre Damien *Serm.* 59. *de St. Pierre.* St. Bernard conclud en cette maniere. Lors donc que vous aurez mis dans vôtre esprit des marchandises si pretieuses & si admirables, faites vôtre charge de l'amour de Dieu. Vous avez vû quelles font ces regions, vous en avez remarqué les foires & les marchez, vous avez fait vôtre fardeau & vous étes heureux, negotiez donc en attendant que le Seigneur vôtre Dieu vienne & que vous lui puissiez dire, Seigneur vous m'avez donné cinq talens voilà que j'en ai gagné cinq autres, & que vous puissiez entendre, entrez dans la joye de vôtre Seigneur.

149. Voilà un Commerce qui convient à tous les Seculiers, & sur tout aux Religieux & aux Religieuses, tant s'en faut que ce Commerce leur soit défendu par aucune loi Ecclesiastique qu'au contraire on ne leur défend de s'appliquer au Commerce seculier, qu'afin de vaquer à celui-ci qui est divin & surnaturel & d'emploier toute sorte d'industrie pour faire ce gain qui est le seul & le veritable. Car dit, St. Machaire à ses Religieux *Hom.* 33. de même qu'un Marchand ne pense pas à une seule sorte de gain, mais à tous les moyens d'augmenter & d'accumuler, qu'il se sert de toute sorte d'industrie, qu'il va tantôt par une route tantôt par une autre, laissant ce qui ne lui ra-

porte

porte rien & cherchant ce qui lui est plus profitable ; Nous devons aussi preparer nôtre ame diversement & avec beaucoup d'adresse afin de gagner Dieu , qui est le grand & le véritable gain.

150. Tertullien *L. ad Mart. c.* 2. Exhorte les Chrétiens à mépriser toutes les pertes pour faire ce gain ; Quoique vous perdiez, dit-il, quelques plaisirs de la vie , c'est la nature de ce Commerce de perdre quelque chose pour gagner davantage. Et quel gain y a-t'il qu'on puisse comparer à Dieu qui est lui même nôtre profit & nôtre gain.

S. Paul *Epist.* 4. nous exhorte d'être de ces Navires semblables à celui qui aportoit à Salomon de l'or choisi & des richesses de Tyr. Nous devons faire ce Commerce avec d'autant plus d'affection & de profit que Jesus-Christ nôtre Roi éternel est plus grand que Salomon ce Roi temporel. Celui-ci, dit l'Evangile est plus grand que Salomon , il ne nous brisera point par un vent véhement entre les vaisseaux de Tarses, si par les bonnes actions de nôtre vie, nous aportons du gain qui sont les Marchandises les plus précieuses à Dieu , afin qu'il reçoive de nous son prix, parce qu'il est la pierre précieuse qu'on tache d'acquerir par ce Commerce spirituel. Les Religieux de l'un & de l'autre Sexe sont apellés à ce Commerce. Et Saint Pierre Damien *opusc* 50. Loüé La Contesse Blanche qui étoit devenuë Religieuse de ce qu'elle s'y exerçoit. Car, dit-il, comme une Marchande habile qui frequente les foires & les marchez, vous avez rejetté le Monde pour acquerir le Ciel. Vous avez prévenu la mort afin d'éviter

ter la sentence de la mort , vous avez choisi
la pauvreté afin de pouvoir posseder l'abondance des richesses qui ne perissent point. Le
même Auteur *opusc.* 11. *c.* 19: confirmant l'é-
loge de la vie Religieuse dit ; O cellule qui est la
Boutique des choses celestes où est renfermé
le prix des Marchandises qui sert à acquerir la
possession de la Terre des vivans ! Heureux
Commerce par lequel on a les choses celestes
pour celles qui sont passageres! Bien heureuses
foires, où la vie éternelle est mise en vente &
qu'on peut acheter en donnant ce que l'on a,
quelque petit qu'il soit, où une légere affliction
de la chair achte le banquet celeste, ou un peu
de larmes produisent une joye perpetuelle, où
enfin on se prive d'une petite possession de la
Terre, pour obtenir le patrimoine d'un heritage éternel ! Nous faisons ce Commerce avec
Dieu, & c'est avec raison que Guerricus *Serm.*
4. *de nat. Dom.* dit qu'il est honteux, que la
plûpart des Religieux , comme si Dieu les a-
voit trompés dans ce Commerce, ou si le peu
qu'on exige d'eux étoit quelque chose de con-
séquence , se dedisent souvent de leurs Conventions & se repentent presque de ce qu'ils ont
fait & même voudroient rompre le marché
qu'ils ont écrit.

151. Avec combien d'ardeur ne devons nous
point nous porter à ce Commerce , qui est le
seul qui nous soit véritablement profitable , puisque nous voions que les enfans de ce siécle,
qui veulent paroître prudens dans leur genera-
tion & dont les Commerces vains & frivoles
sont en plus grand nombre que les étoiles du
ciel, comme il est dit en Nahum 3. & (ce que

Ri-

Ribera explique *n*. 34.) s'y portent avec tant d'ardeur quoiqu'ils se doivent trouver les mains vuides lorsqu'il dormiront leur sommeil & peut-être même avant qu'ils dorment ? St. Bernard depeint admirablement bien les travaux vains & inutiles de ces negotians dans le même Sermon *de quinque negot* , & il dit entre autres choses. Je voi tout le genre humain , depuis l'Orient jusques à l'Occident courir par les foires de ce Monde, les uns pour chercher des richesses, les autres obtenir des honneurs, plusieurs pour se faire une reputation. Mais que dirons nous des richesses ? Ne les aquiere-t'on pas avec travail , ne les possede-t'on pas avec crainte , ne les perd t'on pas avec douleur ? Vous tesaurisez & vous ne savez pourquoi vous amassez. Voiez combien vous avez pris de peine pour des richesses perissables. Vous vous exposez sur la Mer , vous vous mettez à deux doits de la mort, vous fuiez vôtre patrie, vous laissez vos parens , vous vous separez de vôtre femme , vous ne pensez point à vos enfans , vous oubliez tous vos besoins, vous cherchez à aquerir , vous aquerrez pour perdre, vous perdez pour être dans la douleur, enfans des hommes jusques à quand aurez vous le cœur appesanti ? Pourquoi aimez vous la vanité, & cherchez vous le mensonge ? N'est ce pas une grande folie à l'homme d'écumer les mers, de parcourir la Terre, d'aller dans un nouveau Monde, avec de grands travaux , en soufrant la faim, & les veilles, en s'exposant souvent à la mort, & cela pour avoir des richesses. Que dirons nous des honneurs ? êtes vous dans un degré élevé , êtes vous établi le Chef des au-

tres?

tres? Voiez Dieu si ne vous jugera point, si vous ne
ferez pas exposé à la vûê des hommes, s'ils ne
vous déchireront point par leur médisances.
Etes vous dans la profession des armes? Il faut que
vous soiez assidu à la porte des Princes afin d'obtenir quelque Gouvernement, il faut vous revetir
de fer & vous attendre plûtôt aux blessures qu'aux
honneurs, à la mort qu'à la vie , au peril qu'à la
recompense. Etes vous de ceux qui font le fort
du Seigneur, vous aurez toûjours quelque chose
à craindre, quand vous seriez Evêque n'auriez vous pas le Pape au dessus de vous , un
Archidiacre ou un Diacre n'ont ils pas l'Evêque
au dessus d'eux ? Voyez aussi si vous n'avez point
retenu dans vos mains de present, & si l'on ne
peut point vous dire comme à Simon , il n'y a
point là de part pour vous ni de fort, parceque
vous avez voulu posseder pour de l'argent le
don de Dieu. Ce n'est point à nous à juger
ceux qui gouvernent l'Eglise, que les amis de
l'époux voient ce qu'ils auront à dire , lors que
celui qui juge toute la terre avec équité , fera
rendre comte à son épouse. On ne peut être en
honneur sans douleur, dans l'élevation sans tri-
bulation & dans les dignitez sans vanité ? Que
dirons nous de la gloire ? quel sujet avez vous
de vous glorifier vile poussiere, limon de la terre, vaisseau d'abjection? ne vous atribuez point
la gloire, mais rendez la au nom du Seigneur. Laiss-
sez la gloire à celui qui est glorieux parmi les
saints, loüez celui qui est loüé des Anges dans
le Ciel. Vôtre gloire n'est elle pas vaine, est-ce
autre chose qu'un vent & un bruit qui rempli
les oreilles & qu'on ne peut posseder sans envie?
Voyez qui sont ceux que vous avez precedez,

ne

ne leur avez vous pas caufé de l'envie, ne vous
regardent ils pas de travers? Vôtre profperité
les afflige, vôtre avantage leur fait de la peine
ce qui vous rend glorieux vous rend aufli odieux,
vôtre grandeur fait vôtre humiliation & vôtre
affurance vous donne de la crainte & de l'in-
quiétude ; vous voyez donc qu'il n'y a point
d'homme qui foit dans le repos & exempt de
trouble. Voilà les Commerces qui fe font dans
cette region de difcorde. Voici la confequence de
ce vain travail du Commerce du fiécle. Le
Marchand prudent qui voit qu'il y a tant de
peine dans les plaifirs, tant de travail dans les
honneurs, tant d'envie dans la gloire, fait fa
charge du mépris du monde & prend la fuite.
Queftce qu'il fuit ? Rien autre chofe que ces
vains travaux & ce qui y engage, quelque gain
qu'on en puiffe efperer, on n'en reçoit effectivement qu'un continuel tourment & une perpetuelle agitation de l'efprit.

1 3 2. C'eft pour cela que St. Eucher dans
fon Epiftre à Valerien méprifoit les Commerces, parce qu'ils ne laiffent aucun repos dans
la vie & que même ce n'eft prefque point vivre que d'être dans ces embarras. Voici comme il parle à fon Parent, qu'il vouloit retirer
du fiécle & l'attirer à la folitude Religieufe &
au port de la tranquilité. Je voudrois dit il,
que vous euffiez experimenté les chagrins &
les inquiétudes de cette vie laborieufe & que
vous en puffiez porter un jufte jugement, afin
de la méprifer & de la rejetter, afin de rompre
cette chaine infinie d'affaires qui fe fuccedent
les unes aux autres, & ce travail qui dure toute la vie. Rompons les liens de ces foins inutiles

tiles & embarassez d'une longue suite de nœuds
& de difficultez qui se succedent & recom-
mencent sans cesse à nous occuper. Eloignons
ces occasions qui se tiennent ensemble, qui
engagent les hommes dans des affaires qui ne
finissent jamais, dont l'application rend la vie
plus courte qu'elle n'est en effet, qui amei-
ne avec soi de vaines joyes, de rudes chagrins; des desirs inquiétes, des craintes suspec-
tes. Enfin réjettons toutes ces choses qui font
que la vie est courte pour les occupations &
longue pour les afflictions.

153 Malheur à ceux qui après avoir mépri-
sé les Commerces du siécle, & s'être retirés au
port de la Religion afin d'éviter la tempête &
de passer une vie tranquille, étant éloignez des
flots & faisant profession de negotier pour Dieu
seulement, oublient cette profession & du port
se jettent de nouveau au milieu de flots, &
reprennent mal à propos le Commerce qu'ils
avoient abandonné & contre le commandement du Seigneur, ils font de la maison de
Dieu une maison de negoce. La Religion dit
de Foliet *L. 1. de claust. anim. c.* 8. devient une
maison de Commerce, lorsque nous cherchons
le marché de la faveur humaine en ce que nous
faisons, nous y vendons, nous y achetons, &
comme des Marchands mal avisez, pour nos
actions nous y recevons des loüanges.

La Religion est une maison de Commerce,
lors qu'on tache d'entrer dans les charges publiques par les presens que l'on fait en particulier, lors qu'au lieu de vaquer au service de
Dieu dans un saint repos, on cherche un profit sordide & des Commerces peu seants & peu

con-

convenables à l'état religieux. C'eſt pourquoi diſoit l'Abbé Juſte, je vous avertis
& je vous prie, mes très chers freres, que
ſous quelque pretexte que ce ſoit de beſoins, de
néceſſitez & d'utilité nous ne retournions point au
monde que nous avons quitté. Nous ne pouvons le diſſimuler, car il n'y a rien de caché
qui ne ſoit revelé & ſuivant ce proverbe commun, s'il y a quelqu'un qui fait il y a quelqu'un qui parle. Le bois a des oreilles & la
campagne des yeux. Suivons donc avec plus
d'aplication que perſonne la voie étroite & glorieuſe, dans laquelle nous nous ſommes engagez
par nos vœux & par nôtre profeſſion, ne reculons point & ne nous detournons point ni à
droit ni à gauche. Que le Seigneur Jeſus vous
préſerve de ces trois égaremens, il eſt la voie,
la verité & la vie, il vit & regne avec le Pere
& le Saint Eſprit pendant tous les ſiécles des
ſiécles, Amen. Ce ſont les paroles que l'Abbé Juſte a adreſſé à ſes Religieux de Cîteaux,
qui tomboient ou qui étoient déja tombez dans
le déreglement par un Commerce qui ne
convient qu'aux Seculiers. Je finis avec lui
& comme lui ce diſcours. Mais aurai-je la
même recompenſe qu'il eut du ſien ? Il y a au bas
de ſon Sermon cette remarque, il y en eut peu
qui repondirent, Amen, car leurs yeux étoient
pleins d'indignation & ils ne ſavoient que lui
répondre, & Juſte dit alors. Les plaies de
celui qui aime ſont meilleures, que les baiſers
trompeurs de celui qui flatte.

AU

AU LECTEUR.

Lorsque l'Auteur écrivoit cet Ouvrage, il n'avoit point encore entre les mains le Decret de la Sacrée Congregation de la Visitation Apostolique. Un bruit qui n'étoit point faux en étoit venu jusqu'à lui duquel il a parlé au commencement de la neuvieme Section. Presentement qu'il a ce Decret, & qu'il a fait voir la justice & l'honnêteté de ce qu'il contient, il a jugé que le Lecteur ne seroit point faché de le voir ici, afin de remarquer la conformité de sentiment de l'Auteur avec celui de ces vigilans Pasteurs.

DECRET.

De la Sacrée Congregation de la Visitation Apostolique de nôtre S. Pere Le Pape Urbain, par la providence divine huitiéme de ce nom, tenuë contre les Religieux & tous les Ecclesiastiques, qui exercent des mêtiers pour en tirer du profit comme les Seculiers.

N'Etant point convenable que ceux qui font destinez au Ministere Sacré, s'engagent trop avant dans les affaires séculieres en exerçant des Métiers lucratifs, la Sacrée Congregation de la Visitation Apostolique pour ôter les divers abus, qui se font glissez dans plusieurs Monastéres de la ville & de son district, dans lesquels les Religieux, par eux mêmes ou à la follicitation de leur communautés ou des autres Seculiers exercent des professions Mecaniques, ce qui

› qui doit être entiérement éloigné de
la Difcipline Ecclefiaftique, principalement à caufe du tort confiderable
que cela caufe aux ars & métiers,
aux pauvres Artifans & à leurs familles tant en la ville qu'aux environs.
Elle a ftatué & ordonné & défend
tant aux Superieurs de tous Ordres,
Congregations, Monaftéres, Couvents, Colleges, Maifons & lieux
reguliers dedans & hors de la ville
qu'à tous particuliers Religieux &
Ecclefiaftiques quels qu'ils foient, d'ô-
fer & de préfumer dans la fuite exercer foit en leur nom ou au nom de
la Religion, foit par eux ou par d'autres, dans leurs Couvents ou en quelque autre lieu que ce foit aucune profeffion lucrative, comme de Parfu-
meur, de Boulanger, de Drapier ou
quelque autre art que ce foit, fi ce
n'eft pour l'ufage feulement de leurs
Religieux, & de ceux de leurs
Maifons. Et qu'il ne leur foit point
permis en aucune maniére de vendre
aux Seculiers, ou aux autres Religieux

& Ecclefiaftiques des medicamens, du pain, des viandes ou aucuns autres ouvrages qu'ils aient travaillé, même fous pretexte d'amité & de familiarité; fans une permiffion fpeciale par écrit que les Religieux mêmes à qui cela feroit permis par leur inftitut particulier, feront auffi obligés de demander.

Et fi quelqu'un d'entre eux prefume de faire ou d'entreprendre contre ce Décret, quelque chofe en quelque maniére que ce foit qu'il encourre, fans qu'il foit befoin d'autre Declaration, la peine de la fufpenfion *à divinis ipfo facto*, qu'il foit privé de tous les Offices qu'il obtiendra & qu'il foit toûjours inhabile à en obtenir d'autres dans la fuite & qu'il foit auffi privé de voix active & paffive.

Que le Tréforier Général procede cependant contre eux, comme contre des Marchands qui exercent un Commerce défendu, en confifquant le Profit & le Capital qui regardent les métiers & les ouvrages.

Non

Non obstant, quant à tout ce qui
est marqué ci-dessus & contenu dans
le présent Décret, toutes Constitutions & Ordonnances Apostoliques
en faveur de quelques personnes &
de quelques ordres que ce soit, soit
de la Congregation du Mont-Cassin,
des Freres Prescheurs, de la Société
de Jesus, des Minimes, soit de quelques autres Congregations ou Socie-
tés que ce soit de Mendians, ou non
Mendians, ou de quelque autre institut, qu'on deuvroit même exprimer en particulier. Non obstant
aussi les statuts des Eglises, Monastéres,
Couvents, Colleges & autres lieux
reguliers, même de ceux qui sont a-
puiez & confirmez par l'autorité A-
postolique; Les coûtumes même im-
memoriales, Privileges, Indults,
Lettres Apostoliques, aux quels
quant à ce qui est contraire à ces pre-
sentes le reste demeurant dans son
entier, la Sacrée Congregation par l'autorité de sa Sainteté déroge speciale-
ment & expressement, & à toutes
R 3

au-

autres chofes à ce contraires.

Et afin que perfonne ne puiffe prétendre caufe d'ignorance, la dite Sacrée Congregation à voulu que les prefentes Ordonnances foient attachées aux portes des Bafiliques de Saint Jean de Latran, & du Prince des Apôtres de la ville & à la place du champ de Flore fuivant la coûtume ; qu'elles obligent & engagent toutes les perfonnes qu'elles regardent, comme fi elles avoient été infinuées à chacun d'eux en particulier & qu'on ajoûte la même foi aux Copies Manufcrites ou imprimées, qui feront fignées de la main d'un Notaire Public & féellées du feau d'une perfonne conftituée en dignité Ecclefiaftique, comme aux prefentes mêmes. Fait à Rome le 29 Août, 1637.

J. B. Ev. *Cam. vice & Secret.*

ODOARD TIBALDESCUS *Notaire de la vifitation Apoftolique.*

Le

Le même jour & an le Décret ci-deſſus a été publié & afiché aux portes de la Chambre Apoſtolique & en la place du champ de Flore & aux autres lieux ordinaires & ac- coûtumez , ſelon la coûtume par moi Pierre Paul Didier, Courrier Apoſtolique , pour M. le Maître des Courriers. André Schalmanus Courrier.

F I N.

9 782329 278810